産業組織論

理論・戦略・政策を学ぶ

Industrial Organization

小田切宏之

有斐閣

は し が き

「独占価格はあらゆるばあいに獲得しうる最高の価格である。これに反して，自然価格または自由競争価格は，あらゆるばあいというわけではないにしても，かなりの長期間にわたって取得しうる最低の価格である。前者は，あらゆるばあいに買手からしぼりとることのできる最高の価格，すなわち買手がそれをあたえることを承諾するものと思われる最高の価格であり，後者は，売手がふつう取得しうると同時に，その仕事をつづけうる最低の価格である。」[1]。

これは経済学の父，アダム・スミスが 240 年も前に記した文章である。「産業組織論」という言葉が定着したのは 1959 年に J. S. ベインが同名の著書を出版して以来で，このため新しい学問分野と思われがちだが，実は，独占が害をもたらすという産業組織論の基本精神は，スミス以来の経済学の歴史の中で脈々と続いてきたものであることが理解できるだろう。政策への応用としての競争政策を考えても，日本の独占禁止法にあたる反トラスト法が米国で制定されたのは 1890 年で，それから 120 年以上経つ。

この間，産業組織論・競争政策論は理論，実証，政策すべての面で大きな進化を遂げた。今や単に競争か独占かだけではなく，さまざまな市場構造に応じてどのような行動を企業がとるか，そしてその結果，消費者や社会一般に対してどのような成果をもたらしているかの理解が大きく進んだ。そうした理解は理論的貢献によるだけではない。事例やデータの蓄積とともに実証分析も広がり，また独占禁止法や反トラスト法も今ではさまざまな産業分野で幅広い問題に適用され，世界的には，旧社会主義諸国を含め 100 を優に超える国や地域に広がっている。

しかも社会・経済・技術の変容に伴い，新たな問題も生まれてきた。最近では，情報通信革命とそれに伴う経済のグローバル化が大きな変革を生んでいる。

こうした諸問題を正しく理解し，また正しい政策的対応をするために，産業組織論の基本的理解が今ほど必要なときはない。このためのスタンダードともなるべき教科書であることをめざして本書は書かれた。本書を書くにあたって

1　アダム・スミス『諸国民の富』(大内兵衛・松川七郎訳，岩波文庫，(一)，1959，214 ページ，原著初版は 1776 年)。

i

主要読者として想定したのは，大学経済学部2〜4年生である。経済学入門や基礎的ミクロ経済学を学んだうえで，現実産業への応用を学びたい，あるいは自ら考えてみたいという学生諸君を念頭に置いた。ただし，大学から離れて久しい社会人諸氏などにもわかりやすいように，最初の数章は基礎的知識の復習も兼ねる形で記述している。

　優れた産業組織論の教科書はもちろん多いが，本書の特徴をあげるとすれば，3部構成になっていることでわかるように，基礎理論編・戦略編・政策編という3つの分野間のバランス，そして理論・実証・事例研究という3つのアプローチ間のバランスを重視したことである。このことは筆者自身の経験と関係する。筆者は大学におけるキャリアが中心ではあるものの，産・学・官のいずれでも勤務し，最後は公正取引委員会委員として競争政策の現場を経験した。また研究面では理論，実証，歴史，政策研究のいずれのアプローチでも著書を世に問うた。こうした多面性は産業組織論の理解ではことのほか大切なように思われる。問題意識を持ち，分析や命題と現実との対応を理解するには，企業・産業の現場ではどうとらえられているのか，より良い政策を遂行するのにどう役立たせるのかという問題意識がなければならないからである。

　筆者はこれまでに関連分野でいくつかの教科書・参考書を書いている。おおむね本書との関連性の近さの順に列挙すれば，以下のとおりである。

① 『新しい産業組織論——理論・実証・政策』（有斐閣，2001）

② 『競争政策論——独占禁止法事例とともに学ぶ産業組織論』（第2版，日本評論社，2017）

③ 『イノベーション時代の競争政策——研究・特許・プラットフォームの法と経済』（有斐閣，2016）

④ 『バイオテクノロジーの経済学——「越境するバイオ」のための制度と戦略』（東洋経済新報社，2006）

⑤ 『企業経済学』（第2版，東洋経済新報社，2010）

①は学部上級レベルから大学院レベルを対象とする産業組織論の教科書であり，本書より理論分析のウェイトが大きい。よって本書で学んでさらに上級レベルを知りたい読者にお勧めする。逆に②は法曹界や実業界の実務家や社会人の読者も念頭に置いて著しており，その副題が示すように，事例をもっと知りたいという読者にお勧めする。③もその副題が示すように，本書第9章や第

14章の内容についてさらに学びたいという読者にお勧めする。こうした研究や特許の問題について，競争政策に限定せずアウトソーシング，産学連携や科学技術政策まで幅広く知りたい読者には，バイオテクノロジー・医薬品分野に例をとって著した④が役に立つだろう。そして産業を構成する企業の統治，行動，戦略，組織などの問題により関心が強ければ⑤をお勧めする。

　このように，これら著書と本書とは補完関係にあるので，参考にしていただければ幸いである。本書ではこれら著書との重複を避けたが，関連性の強い部分，またさらに学んでいただくためにこれら著書が役に立つと思われる部分では，注でこれら著書に言及している。

　本書では，経済学部の「産業組織論」や「産業経済学」の授業科目で教科書として利用していただくことを念頭に置いた。4単位科目（週1回通年または週2回半年）ではおおむね本書の全体を講義可能と考えるが，2単位科目（週1回半年）では難しいであろう。このときは，第Ⅰ部基礎理論編を押さえたあと，第Ⅱ部戦略編または第Ⅲ部政策編のいずれかに重点を置いて講義されることをお勧めする。

　すでに述べたように，産業組織論の発展は数理経済学やゲーム理論を応用した理論的分析の発展に負うところが多い。それだけに，産業組織論に関心を持ちつつも，その理解に苦労する読者も多い。本書では原則として数式による記述を最小限に留め，その骨子を言葉や図で伝えるよう配慮したつもりである。また，数式の展開は章末の数学注に記し，本文ではその結果のみを言葉で理解していただけるようにしたところもある。

　多くの章では，現実との対応を実感してもらうためにコラムを加えた。その多くは独占禁止法事例で，そのほか実例や実証分析を紹介しているところもある。これらを通じ，理論と実証・政策との近さを実感していただければ幸いである。また各章には練習問題を加えた。読者の手軽な復習に役立つよう，その多くは3択問題としている。そのほか一部では，読者自らが関心を持つ産業を例に，考察や分析してもらうことを促す問題も加えている。こうした調査・分析は，かつては図書館に行って資料を探し出すことから始める必要があったが，現在ではネット上で直ちに資料にアクセスできることが多い。時間もかからず，しかも一度実践してみることで，講義内容と実際との接点を実感できる

はしがき　iii

ので，ぜひ試してみてほしい。学生読者の多くは就職活動を実施中，あるいは今後実施することになるだろうと想像するが，こうした形で産業・企業の実際に触れておくことには大きな意味があるはずである。

　筆者自身は実はもう教壇を離れているが，本書をまとめることができたのは数十年にわたる講義や学生諸君とのやりとりの経験があったからである。この意味で，何よりも，これまで筆者の講義やゼミで反応してくれた学生諸君に感謝したい。そうした中には，今や若手研究者として活躍し，いくつかの大学で産業組織論や企業経済学の講義を担当して次の世代に教えている諸君がいる。本書は彼ら彼女らに励まされ，いくつかの示唆を受けながらできた。また公正取引委員会などにおける元同僚で，現在は大学で教えている仲間からも助言を受けた。個々の名前をあげることは差し控えるが，深く感謝する。

　公正取引委員会では，広報活動の一環として「独占禁止法教室」をいくつかの大学（および高校，中学）で実施しており，経済学部の産業組織論や法学部の経済法（独占禁止法）などの授業科目の 1 コマに委員や職員が出張講義している。筆者は委員時代も，また退任して顧問となっている現在も，いくつかの大学でこの講義をさせてもらう機会があり，担当教員や学生諸君と交流する機会を持ち続けている。これもまた，筆者に本書執筆への大きな励ましを与えてくれた。このように独占禁止法教室は受講者に独占禁止法や公正取引委員会の活動を実感してもらうよい機会なので，関連授業担当教員の方々には，授業の一環として，その開催をお勧めする。公正取引委員会広報担当（kouhou@jftc.go.jp）に依頼すればよい。

　本書が読みやすいものになっているとすれば，それは何よりも編集を担当していただいた有斐閣の柴田守・渡部一樹両氏のおかげである。第一稿に目を通していただき，読みやすくするための多くの貴重な助言をいただいた。また筆者の見落した誤りをいくつも指摘していただいた。その多くを反映させ，より良い本にしたつもりであるが，まだ不十分とすれば，もちろんそれは筆者の能力不足による。

　最後に，自室にこもって執筆を続ける筆者を呆れながら支えてくれた妻・真理に感謝することをお許しいただきたい。

　　2019（令和元）年夏　　　　　　　　　　　　　　　　小田切　宏之

◎ 主な目次

序　章　産業組織論で学ぶこと　1

第Ⅰ部　基礎理論編

第1章　消費者と生産者——需要曲線・費用曲線は何を表すか？　8

第2章　完全競争と独占——競争はなぜ望ましいか？　26

第3章　寡　占——企業間の相互作用をどう分析するか？　43

第4章　参入とコンテスタブル市場——規制緩和をいかに進めるか？　62

第Ⅱ部　戦　略　編

第5章　価格戦略の多様性——消費者にとって得か損か？　84

第6章　製品差別化と参入の戦略
　　　　——製品バラエティは過剰か，過大か？　107

第7章　品質と価格戦略・広告戦略——広告は社会的害か？　130

第8章　競争優位の戦略——競争者を排除し参入を阻止するには？　150

第9章　技術戦略——研究開発や特許は競争とどう関係するか？　171

第Ⅲ部　政　策　編

第10章　市場画定と市場構造——市場とは何か？　196

第11章　カルテル——いつ起きるか，なぜ持続するか？　210

第12章　企業結合——なぜ企業は合併しようとするのか？　231

第13章　垂直的取引制限——定価販売は消費者に不利か？　255

第14章　マルチサイド市場とプラットフォーム
　　　　——GAFA は何が問題か？　276

付録　ゲーム理論　295

練習問題解答　304

索　引　309

◎ 目　次

序　章　産業組織論で学ぶこと ———————————— 1

1　産業組織論とは何か ……………………………… 1
　　本書の構成　3

2　競争政策と独占禁止法 …………………………… 4
　　競争政策の関連文献　6

第Ⅰ部　基礎理論編

第1章　消費者と生産者 ———————————————— 8
　　——需要曲線・費用曲線は何を表すか？

　はじめに　8

1.1　消費者——需要と消費者余剰 …………………… 8
　　需要曲線はなぜ右下がりか　8　　限界効用と消費者余剰　11　　代替財と
　　補完財　13

1.2　生産者——費用，収入，利潤 …………………… 14
　　費用の概念　15　　平均費用曲線・限界費用曲線の形状　15　　利潤最大
　　化　18

1.3　企業と会社，利潤と利益 ………………………… 19
　　企業の多様性　19　　株式会社の仕組み　20　　利潤とは何か　21

1.4　社会的余剰基準と消費者余剰基準 ……………… 22
　　生産者余剰　22　　社会的余剰　23　　消費者余剰基準という考え方　24

第2章　完全競争と独占 ———————————————— 26
　　——競争はなぜ望ましいか？

　はじめに　26

2.1　市場構造・市場行動・市場成果 ………………… 26
　　市場構造　27　　市場行動　29　　市場成果　30　　市場構造・市場行動・
　　市場成果の関係　30

2.2　完全競争——供給曲線の導出と市場均衡 ……… 31

vi

線形モデルにおける完全競争均衡 31　　U 字型平均費用曲線の場合の完
全競争均衡 33

2.3 見えざる手の定理とゼロ利潤の定理 ……………………………… 34
利潤の決定 35

2.4 独占——限界収入の決定と市場均衡 ……………………… 36
線形モデルにおける独占均衡 37

2.5 独占による社会的厚生の損失 ……………………………… 39
プライス・コスト・マージンとラーナーの公式 40

【数学注】ハーフィンダール指数とシェアの企業間分散　42

第3章　寡　占 ——————————————————— 43
——企業間の相互作用をどう分析するか？
は じ め に　43

3.1 クールノー・モデル ……………………………………… 45
利潤最大化 46

3.2 線形モデルにおけるクールノー均衡 …………………… 48
ケース 1：複占均衡 49　　ケース 2：対称均衡 50

3.3 ベルトランの逆説 ………………………………………… 52
同質財ベルトラン・モデル 52　　生産能力の制約とベルトラン均衡 54

3.4 差別化市場でのベルトラン・モデル …………………… 55

3.5 リーダーのいる寡占モデル——シュタッケルベルグ・モデルと
プライスリーダーシップ・モデル ……………………… 58
シュタッケルベルグ・モデル 58　　プライスリーダーシップ・モデル 59

第4章　参入とコンテスタブル市場 ——————————— 62
——規制緩和をいかに進めるか？
は じ め に　62

4.1 参入阻止価格戦略 ………………………………………… 63

4.2 コンテスタブル市場 ……………………………………… 64
コンテスタブル市場における均衡 65　　コンテスタブル市場理論と競争
政策 67

4.3 自然独占とラムゼイ最適 ………………………………… 69
社会的最適性 70

目　次　vii

4.4 参入障壁とサンクコスト ・・・ 72

　　機会費用とサンクコスト　73　　電撃的参入という考え方　75

4.5 価格規制から規制撤廃へ ・・・ 76

　　価格規制がもたらす過大資本投資　76　　価格規制が生む生産性向上意欲
　　の欠如　77　　規制撤廃に必要な制度設計　78

第 II 部　戦　略　編

第5章　価格戦略の多様性 ━━━━━━━━━━━━━━ 84
——消費者にとって得か損か？

はじめに　84

5.1 完全価格差別（第一種価格差別）・・・・・・・・・・・・・・・・・・・・・・・・・・・・・・・ 85

　　完全価格差別がもたらす最適参入　86　　完全価格差別に必要な条件　87

5.2 非完全価格差別（第二種・第三種価格差別）・・・・・・・・・・・・・・・・・・ 88

　　第二種価格差別と自己選抜　88　　第三種価格差別とラムゼイ定理　90
　　価格差別と社会的厚生　91　　価格差別と独占禁止法　92

5.3 料金体系の多様性 ・・ 92

　　料金プランによる自己選抜　93

5.4 最恵待遇と価格対抗 ・・・ 95

　　価格対抗　97

5.5 忠誠リベート，セット割引，抱き合わせ販売 ・・・・・・・・・・・・・・・・ 98

　　数量割引と忠誠リベート　98　　セット割引　100　　抱き合わせ販売　102

【数学注】第二種価格差別における価格と利潤の決定　　105

第6章　製品差別化と参入の戦略 ━━━━━━━━━ 107
——製品バラエティは過剰か，過大か？

はじめに　107

6.1 製品差別化とは何か ・・・ 108

　　水平的差別化と垂直的差別化　109　　製品バラエティと製品ポジショニ
　　ング　109

6.2 チェンバリンの独占的競争モデルと過剰差別化定理 ・・・・・・・・・ 110

　　過少生産・過剰差別化　111

6.3 ホテリングの立地モデルと最小差別化定理 ・・・・・・・・・・・・・・・・・・ 112

最適立地の選択　114

　6.4　価格決定と最大差別化 ……………………………………… 116

　　　3社の場合　116　　ホテリング・モデルとベルトラン均衡　117　　交通
　　　費が非線形のモデル　118

　6.5　過剰差別化・過剰参入定理——参入の社会的効果を改めて考える … 119

　　　円環モデル　120　　参入の純社会的余剰に及ぼす効果　122　　円環モデ
　　　ルへの応用　123　　同質財寡占モデルへの応用　124

　【数学注】線分モデルにおける価格と立地の決定　　128

第7章　品質と価格戦略・広告戦略 ——————————— 130
　　　　——広告は社会的害か？

　は じ め に　130

　7.1　品質と価格——ヘドニック関数 ………………………………… 131

　　　物価指数への利用　133

　7.2　経験財の最適価格戦略 ……………………………………… 134

　　　浸透価格戦略　136　　上澄み価格戦略　137

　7.3　先行者の優位性 …………………………………………… 138

　　　後発者の価格戦略　138　　先行者の優位性を生むその他の要因　139

　7.4　広告の機能は情報提供か説得か ……………………………… 141

　　　広告の社会的効果　142　　情報提供的広告と説得的広告　143　　メッセ
　　　ージのない広告　144　　広告メッセージの偏り　146

　7.5　広告は参入障壁を高めるか ………………………………… 147

　　　参入手段としての広告　148

第8章　競争優位の戦略 ————————————————— 150
　　　　——競争者を排除し参入を阻止するには？

　は じ め に　150

　8.1　参入阻止価格戦略と略奪的価格戦略 ………………………… 151

　　　実態としての廉売　153

　8.2　コミットメントとしての投資戦略 …………………………… 154

　　　ディキシット・モデル　155　　生産能力の逐次決定　156　　参入阻止の可
　　　能性　157

　8.3　コミットメント戦略はなぜ競争優位を生むか ………………… 158

目　次　ix

経営戦略としてのコミットメント　159

8.4 ライバルの費用を高める戦略——市場閉鎖・囲い込み ………… 161
市場閉鎖は独占禁止法違反か　161

8.5 参入遅延・参入回避で合意する戦略——逆支払いと市場分割 …… 163
逆支払いあるいは参入遅延のための支払い　164　　医薬品産業における逆
支払い　165　　市場分割カルテル　167

第9章　技術戦略 ——————————————— 171
——研究開発や特許は競争とどう関係するか？

はじめに　171

9.1 市場構造と研究開発——理論的考察 ……………………… 172
置換効果　172　　粗利潤消失効果　175　　競争と独占の比較　176

9.2 シュンペーター仮説と実証分析 ……………………………… 177
実証分析結果　178

9.3 特許制度と競争 ………………………………………… 181
特許制度の意味　181　　特許を巡る競争　182

9.4 標準規格と特許 ………………………………………… 184
標準規格と競争政策　185　　標準必須特許と反共有地の悲劇　186

9.5 パテントプールとFRAND ……………………………… 188
パテントプールの難しさ　190　　FRAND　191

第III部　政策編

第10章　市場画定と市場構造 ——————————— 196
——市場とは何か？

はじめに　196

10.1 市場画定 ……………………………………………… 196
仮想的独占テスト　197　　地理的市場の画定　199

10.2 市場構造の決定要因 …………………………………… 201
製品差別化と参入障壁の影響　202　　市場構造の国際比較　203

10.3 日本の市場集中 ………………………………………… 204
「工業統計調査」で見る市場集中度　204　　公取委データで見る市場集中度

の変化 207　　海外との比較 208

第11章　カ ル テ ル ———————————————— 210
——いつ起きるか，なぜ持続するか？

は じ め に　210

11.1　カルテルからの逸脱と報復　……………………………… 211
トリガー戦略による報復 212　　カルテルが持続するための条件 213

11.2　カルテルの成立と持続性　………………………………… 214
市場需要の成長と変動 215　　事業者団体を通じた共謀 217

11.3　共謀，協調と不当な取引制限　…………………………… 218
「共同して決定」とは何か 219　　暗黙の協調 220

11.4　ハブ・アンド・スポーク型カルテル　…………………… 221

11.5　インセンティブ・メカニズムとしての課徴金と減免制度　……… 224
課徴金による抑止効果は十分か 224　　課徴金減免制度 226

【数学注】逸脱が起きないための条件——定理 11.1 の証明　229

第12章　企 業 結 合 ———————————————————— 231
——なぜ企業は合併しようとするのか？

は じ め に　231

12.1　合併の経済効果　…………………………………………… 232
利潤への影響 233

12.2　合併による効率性向上　…………………………………… 235
ウィリアムソンの厚生トレードオフ 236　　合併会社のみの効率性向上 237

12.3　合併がもたらす協調的行動　……………………………… 239

12.4　差別化市場における価格上昇圧力　……………………… 241
転換率 242　　利潤への影響 243　　GUPPI を用いた合併審査 244

12.5　少数株主，株式持合と共通株主　………………………… 245
少数株主と株式持合の価格上昇圧力 247　　共通株主を通じた価格上昇圧力 249　　共通株主についての事例と実証分析 250

【数学注】合併による効率性向上の影響——定理 12.2 と表 12.1 の導出　253

目　次　xi

第13章　垂直的取引制限 ———————————— 255
　　——定価販売は消費者に不利か？

はじめに　255

13.1　卸売モデルと代理店モデル ………………………… 256
ブランド間とブランド内の競争　257

13.2　二重の限界化 …………………………………………… 259
小売店の最適化行動　259　　メーカーの最適化行動　260　　独占均衡
の比較　260　　二重の限界化がもたらす損失　262

13.3　フランチャイズ制と再販売価格維持行為 ………… 262
フランチャイズ制　262　　再販売価格維持行為　263　　再販と競争政
策　264　　代理店モデルと再販　266

13.4　小売店サービスとただ乗り問題 ……………………… 266
再販とただ乗り問題　267　　再販と競争政策（続）　269

13.5　プラットフォーム間同等性条項 ……………………… 270
代理店モデルのプラットフォーム　271　　APPA の競争制限効果　273

第14章　マルチサイド市場とプラットフォーム ———— 276
　　——GAFA は何が問題か？

はじめに　276

14.1　マルチサイド市場と間接ネットワーク効果 ……… 277
間接ネットワーク効果　277　　マルチサイド市場の分類　279

14.2　プラットフォームのビジネスモデル ……………… 281
ロシェ＝ティロール・モデル　282　　アームストロング・モデル　282

14.3　プラットフォームの経済分析 ………………………… 283
シングルホーミングとマルチホーミング　283　　需要関数の導出　284
利潤最大化行動　284　　均衡条件　285

14.4　「鶏が先か卵が先か」問題と参入戦略 …………… 286
参入者の価格戦略　287　　参入促進のための競争政策　289

14.5　データがもたらす市場集中 …………………………… 291
もう1つの螺旋効果——データ・フィードバック　291　　データは誰
のものか　292

xii

付録　ゲーム理論 ——————————————— 295

プレーヤーの戦略と利得　295　　支配型ゲーム　296　　ナッシュ均衡　296
囚人のジレンマ　297　　逐次ゲームとコミットメント　298　　逐次ゲームにおける手番の影響　299　　繰り返しゲーム　300　　最終期問題　301
無限回繰り返しゲーム　301　　現在価値と割引率　301　　成長率の影響
302

練習問題解答　304
索　　引　309

コラム・補論一覧

3.1　市場集中度と利益率の実証分析 ……………………………………… 47

3.2　差別化ベルトラン・モデルを用いたシミュレーション分析 ………… 57

4.1　出光興産による昭和シェル石油の株式取得および JX ホールディングスによる東燃ゼネラル石油の株式取得（2016 年度）……………………………… 68

4.2　NTT 東日本事件（2010 年 12 月最高裁判決）………………………… 80

5.1　インテル事件（2005 年 4 月審決）…………………………………… 99

5.2　マイクロソフト事件（米国，日本，EU）…………………………… 102

補論　公正競争阻害性とトーカイ事件（2004 年 3 月東京地裁判決）…… 106

6.1　過当競争論 ………………………………………………………………… 126

7.1　不当景品類及び不当表示防止法（景品表示法）……………………… 146

8.1　不当廉売規制 ……………………………………………………………… 154

8.2　垂直型企業結合における市場閉鎖（2012，2014 年度）……………… 163

8.3　マリンホース事件（2008 年排除措置命令）………………………… 169

9.1　パチンコ機製造パテントプール事件（1997 年審決）……………… 189

9.2　アップル対サムスン事件（2014 年知財高裁判決）………………… 192

10.1　企業結合審査における市場画定 ……………………………………… 200

11.1　壁紙販売業者によるカルテル（2017 年 3 月排除措置命令）……… 215

11.2　東芝ケミカル事件（1995 年 9 月東京高裁判決）…………………… 219

11.3　福井県経済連事件（2015 年 1 月排除措置命令）…………………… 223

12.1　出光・昭和シェル統合と JX・東燃ゼネラル統合（再）…………… 240

13.1　コールマンジャパン事件（2016 年 6 月排除措置命令）…………… 265

13.2　アマゾンジャパン事件（2017 年公表）……………………………… 272

本書のコピー、スキャン、デジタル化等の無断複製は著作権法上での例外を
除き禁じられています。本書を代行業者等の第三者に依頼してスキャンや
デジタル化することは，たとえ個人や家庭内での利用でも著作権法違反です。

序　章

産業組織論で学ぶこと

1　産業組織論とは何か

　産業組織論（または産業経済学）は，ミクロ経済学を個別市場に応用することにより，消費者や生産者の行動を分析し，社会にとって望ましい価格や生産・販売，さらには品質や製品開発などが実現しているかを分析し評価する学問分野である。

　読者は，入門経済学で，すべての市場が完全競争であればパレート最適な資源配分が実現されるという定理を学んだであろう。**パレート最適**とは，他の誰をも不利にすることなく，誰か 1 人の効用や利益を高めることがもはや不可能である状態を意味し，社会的最適性を判断するための基準として広く受け入れられている。この定理には「厚生経済学の基本定理」という厳めしい名前が付いているが，はしがきでも紹介した経済学の父，アダム・スミスの有名な言葉から「**見えざる手の定理**」とも呼ばれる。

　　「その生産物が最大の価値をもちうるようなしかたでこの産業を方向づけることによって，かれは自分自身の利得だけを意図しているわけなのであるが，しかもかれは，このばあいでも，その他の多くのばあいと同じように見えない手（an invisible hand）に導かれ，自分が全然意図してもみなかった目的を促進するようになるのである。」[1]。

1　アダム・スミス『諸国民の富』（大内兵衛・松川七郎訳，岩波文庫，（三），1965，56 ページ，原著初版は 1776 年）。

I

「見えない手」または「見えざる手」として働く仕組みこそ競争メカニズムであり，「かれ」（企業者）が「自分自身の利得」（利潤）だけを意図しているにもかかわらず，「自分が全然意図してもみなかった目的」（社会的最適性）を促進するのは，市場で競争があるからこそである。

しかし，現実には競争メカニズムが十分に機能しない場合がある。そして，市場における競争が不完全であれば，価格は社会的最適レベル，すなわちスミスのいう「自然価格または自由競争価格」よりも高くなり，独占企業が「買手からしぼりとる」ことで消費者は損失を被る（いずれもはしがき冒頭での引用文より）。

それでは，どのような場合に競争は不完全になるのか，この問題を取り上げるのが産業組織論である。コメやスマホから通信サービスや検索サービスまで，どんな産業でもよい。その産業では競争は十分におこなわれているだろうか。十分でないとすれば，どのように競争が不完全であり，その結果，どのような歪みが生じているだろうか。こうした問題を考えていくための理論や分析手法を提供するのが産業組織論である。

競争が不完全なために社会的弊害が生じているのであれば，どのような政策をとれば改善できるだろうか。この政策を**競争政策**と呼ぶ。競争が不十分なために価格が高止まりしているのであればどうすべきか。政府が価格を規制して下げさせるのではなく，競争が十分に働くように環境を整備し，その中で企業が競い合って創意工夫を発揮し，見えざる手が機能することで，価格がスミスのいう自由競争価格に落ち着かざるをえないようにする。これが競争政策の基本的考え方である。

こうした競争政策の基礎を与え，分析ツールを提供するのも産業組織論である。この意味で，産業組織論は経済理論に基づきながらも，きわめて実践性・政策応用性の高い学問分野である。また，現実に日々活動している産業や企業のデータを用いた統計分析やケーススタディを活用することにより，理論と実証の対話が活発におこなわれている学問分野でもある。

このため，産業組織論における考え方や分析手法も，理論や実証における研究が蓄積されるにつれ進化してきた。新しい研究成果が競争政策に応用され，競争政策における新しい課題が産業組織論研究への新しいチャレンジをもたらすという，産業組織論と競争政策の共進化というべき現象も起きている。

本書の構成

このように産業組織論はきわめて実践的・現実的な学問分野であり，また，経済学の発展につれ，あるいは経済・社会の変化につれ，新しい分析が生まれている先進的な学問分野でもある。学生諸君には，基礎の理解とともに，こうした現実性と先進性に触れてほしい。そうした願いを込めて本書は書かれた。基礎理論編・戦略編・政策編という3部構成になっているのも，このためである。

より詳しくは次のとおりである。

第Ⅰ部は基礎理論編である。第1章では基礎知識として消費者と生産者の理論を説明する。ミクロ経済学などを受講済みの読者は省略してもよいが，1.3節・1.4節は実証や政策に密接に関連するので読んでおくことをお勧めする。第2~4章では完全競争と独占，寡占，コンテスタブル市場という代表的な市場構造における価格や生産量の決定を解説する。またこれら理論はゲーム理論と共通するところが多いので，本書末尾に付録として，ゲーム理論の基本的な考え方を説明した。

第5~9章は第Ⅱ部戦略編として価格戦略，差別化戦略，広告戦略，競争優位の戦略，技術戦略という企業のさまざまな戦略的行動を解説する。経営学分野で教えられることの多い競争戦略論や経営戦略論とも，密接に関連する分野である[2]。

第10~14章は第Ⅲ部政策編である。企業の行動が競争を阻害することにより高価格その他の弊害をもたらしているのであれば，そうした行動を禁止し，あるいはそうした行動につながる市場構造を防ぐことが望まれる。このための政策が競争政策であり，日本では独占禁止法がその中心となる。

最初に，第10章で，「市場」とは何かを考える。経済学では1つの市場を考え，そこではn社の企業が存在する，などという。また1社しかないのであれば独占だ，などという。しかし現実には，何をもって市場というかは簡単ではない。この問題を考え，またそうした市場における集中の実態について概観

2　競争戦略論の代表として世界のビジネススクールで広く教えられている M. E. ポーターの『競争の戦略』（新訂，土岐坤ほか訳，ダイヤモンド社，1995，原著初版は1980年）は，産業組織論の考え方を戦略論に取り入れたパイオニアである。より最新の産業組織論の成果を取り入れたものとしては，D. ベサンコらの『戦略の経済学』（原著第2版，奥村昭博・大林厚臣訳，ダイヤモンド社，2002，原著は2017年に第7版）が広く用いられている。

序　章　産業組織論で学ぶこと　　3

する。

　第11～13章では，競争政策の中心であるカルテル規制，企業結合規制（合併規制），垂直的取引制限の規制についての経済学的根拠を明らかにするとともに，政策現場において実践可能な分析ツールとしての産業組織論を紹介する。

　最後に第14章で解説するのは，プラットフォームに関する産業組織論である。インターネットの発達に伴い，商取引や検索など幅広い分野でプラットフォーム事業者が巨大化している。プラットフォームとは何なのか，その事業者はどのような行動をとり，どのような競争上の問題が生まれているのか，どのような競争政策が可能なのか，これらは今日的な課題として，世界の競争政策当局が関心を持ち，模索しつつ政策を実施している分野である。その中での基本的な論点につき解説する。

　これらの章構成とその問題意識を見るだけでも，産業組織論がきわめて今日的，また政策指向的であることが理解されよう。毎日の新聞報道やネットニュースを見れば，競争戦略，競争政策を含め，産業組織論が対象とする諸問題が広く起きていることが実感されるはずである。この手助けのため，章によっては独占禁止法違反事件などの実例をコラムとして紹介している。また各章末に付した練習問題でも，現実への応用可能性を実感してもらう問題を加えている。

　読者がこうした諸問題に関心を持ち，産業組織論で学んだことを生かして自ら理解するようになって下さること，それこそが本書の願いである。

2　競争政策と独占禁止法

　競争政策とは市場において競争を促進し，また，競争を制限する行為を禁止することにより，より良い市場成果の実現をめざす政策である。こうした競争政策を実行するための法律は**競争法**と一般に呼ばれ，日本では独占禁止法がこれにあたる。本書では産業組織論の政策への応用の理解に資するよう独占禁止法に言及することが多いので，ここで簡潔にその内容を紹介しておこう[3]。

　3　独占禁止法についての法学的立場からの教科書は数多い（書名は「独占禁止法」または「経済法」）。手軽なものとしては公正取引委員会のホームページ（https://www.jftc.go.jp/

4

独占禁止法は正式名称を「私的独占の禁止及び公正取引の確保に関する法律」として，1947年，すなわち第2次大戦終了まもなく制定された。同年，独占禁止法に基づいて競争政策を執行する政府機関として，**公正取引委員会**が発足している[4]。

独占禁止法は100を超える条文といくつかの附則よりなるが，その基本は4つの行為の禁止である。

キーワード序1 | **独占禁止法**

独占禁止法は，①私的独占，②不当な取引制限，③不公正な取引方法，④競争を実質的に制限することとなる企業結合（合併，買収など），という4つの行為を禁止する。

私的独占とは，他の事業者の事業活動を排除し，または支配することにより，競争を制限する行為である。第8章の内容はこれに関わりが深い。

不当な取引制限とは，事業者間で共同して価格その他を決定してお互いに守らせる行為をいい，いわゆるカルテルや談合がこれにあたる。第11章はこの問題に焦点をあてる。

不公正な取引方法には価格差別（第5章），抱き合わせ販売（第5章），再販売価格の拘束や拘束条件付取引（第13章），不当廉売（コラム8.1）その他の行為が含まれ，そうした行為により公正な競争が阻害される場合には違法とされる。

以上の3つは競争制限行為がなされたときにそれを禁止するものであるのに対し，④の**企業結合規制**は，競争制限的な市場構造や行動が生まれそうなときにそれを禁止するという，いわば予防にあたるものである。すなわち，有力企業同士が合併や買収などにより結合することで市場集中度が高まり，競争が不活発になったり，カルテルが起きやすくなったりすると予測されるのであれば，そのような合併を禁止するものである。これについては第12章で詳しく

---

houdou/panfu.html）よりダウンロードできる『知ってなっとく独占禁止法』などのパンフレット，さらには，独占禁止法の内容を解説しつつ事例などを紹介する『最近の活動状況』が便利である。

4　公正取引委員会は委員長と委員4名の計5名（いずれも常勤）の合議によって決する委員会であり，それをサポートする事務総局には800名超の職員がいる。経済学の重要性が認識されるようになり，ここ十数年は委員のうち1名に産業組織論研究者が就任している。

序章　産業組織論で学ぶこと　　5

述べる。

競争政策の関連文献

このように，独占禁止法に基づいた競争政策は産業組織論の応用である。このため読者は，学んでいく理論がどのような競争政策上の問題に適用可能か，また，新聞等で報道される事例の理解にどのように役立つかを念頭に置いて本書を読んでいくと，いっそう高い関心を持つことができるはずである。

筆者の『競争政策論』（第2版，日本評論社，2017）は弁護士などの実務家にも理解しやすいよう，産業組織論の内容は初歩的レベルに留める一方で，競争政策事例を多く取り上げ産業組織論との関係を意識しつつ解説しているので，本書と補完的関係にあり，参考にしていただきたい。また，多くの事例を知るには『経済法判例・審決百選』（金井貴嗣・泉水文雄・武田邦宣編，第2版，有斐閣，2017）や『ケースブック独占禁止法』（金井貴嗣・川濱昇・泉水文雄編，第4版，弘文堂，2019）が便利である（本書でこれらを引用するときは書名のみ記す）。もちろん，公正取引委員会が扱った最近5年間程度の事例については，そのホームページ（https://www.jftc.go.jp/）に報道発表文が掲載されているので参考になる。

第 I 部

基礎理論編

第 1 章

消費者と生産者

需要曲線・費用曲線は何を表すか？

❖ は じ め に

　市場において取引に参加するのは売り手と買い手である。それぞれ代表的には消費者と生産者である。よって産業組織論を学ぶためには，まず，消費者と生産者についての基礎理論を知っている必要がある。これらはミクロ経済学の基礎をなすから，ミクロ経済学受講済みであれば周知のはずであり，省略して次章に進んでもよい。ただし，特に 1.3 節・1.4 節は実践との関わりが深いこともあり，復習を兼ねて目を通すことをお勧めする。

1.1　消費者──需要と消費者余剰

　財に対する需要者は消費財では消費者である。機械などの投資財や原材料などの中間財においては，需要者は最終財生産者であり，需要は最終財の生産活動に派生して生じるので，**派生需要**と呼ばれる。とはいえ，この場合も，最終財の需要は消費者から来るため，間接的ではあるがやはり消費者の選択行動に依存することになり，消費者行動の分析は欠かせない。以下では，消費財を念頭に市場需要を考える。

需要曲線はなぜ右下がりか

　需要曲線は，異なる価格に応じて需要される量を示す曲線であり，通常は右下がり，すなわち価格が上がれば需要量は減少するという関係にある。このこ

8　第 I 部　基礎理論編

とは周知であろうが，なぜそうなるか，改めて考えてみよう。

　消費者は多種多様な財のリストに直面して，その中から，自らにとって最も満足のいく財の組み合わせを選んで購入する。このことを経済学では，効用を最大化するように財の組み合わせを選択する，という。効用とは満足度のことである。ただし，消費者には予算という制約がある。よって予算制約のもとで**効用最大化**する。

　すると，価格が上がったときのその財の需要量への影響には2つの効果がある。第1は，相対的に低価格になり，しかも同様の効用を与えてくれる他財への代替による効果，第2は，実質所得が減少する，すなわち与えられた予算のもとで購入可能な財の量が減少してしまうことによる効果である。それぞれ代替効果，所得効果という。

　代替効果は常にマイナスである。すなわち，価格が相対的に上がった財から下がった財への代替が起きる。一方，**所得効果**は通常はマイナスである。すなわち，価格上昇により実質所得が減少すれば，需要量は減少するのが普通である。ただし，実質所得が減少することにより，これまで高価格品を購入していた人が低価格品に切り替えるようになれば，低価格品についてはむしろ需要量が増える可能性がある。こうした財を**下級財**と呼ぶが，例外的と考えられている。

　このため，通常は代替効果・所得効果の両面から，価格の需要量への影響はマイナスとなる。すなわち右下がりの需要曲線である。これをすべての消費者について足し合わせたものが市場にとっての需要曲線である。繰り返すが，需要曲線は価格に応じて需要量が決まる関係を示しており，これを数式化した**需要関数**も市場への需要量（Q）を価格（p）の関数として表す。しかし図1.1に見られるように縦軸に p，横軸に Q をとって需要曲線を描くのが慣例であり，数式としても p を Q の関数として書く方が便利である。これを**逆需要関数**という。以下の分析でも，逆需要関数を用いることが多い。

　価格の需要量への影響の程度は財により異なる。すなわち，価格上昇により大きく需要量が減るものも，あまり減らないものもある。この影響の程度を見るためにまず考えられるのは，価格が1円上がったときに需要量が何個減少するかである。すなわちこれは，Δ で増分を表せば $-\dfrac{\Delta Q}{\Delta p}$（全体をプラスにするためにマイナスを乗じる）であり，図1.1の需要曲線の傾きの逆数にマイナス

第1章　消費者と生産者　　9

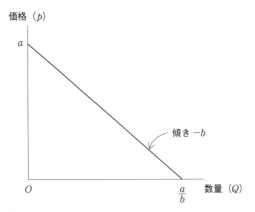

● 図 1.1　需要曲線——線形モデル

を乗じたもので表される。

　より広く使われる指標は，価格が 1% 上がったときに需要量が何 % 減少するかで，$-\dfrac{\Delta Q/Q}{\Delta p/p}$ である。これを**需要の価格弾力性**あるいは単に需要弾力性と呼び，需要量 % 変化の価格 % 変化に対する比率（ふたたび，全体をプラスにするためマイナスを乗じる）として定義される。

　より厳密な定義とするためには，Δp をゼロに近づけたときの $\Delta Q/\Delta p$ を考える必要があり，これは微分そのものなので，微分記号 dQ/dp を用いて定義すれば以下のとおりである。

キーワード 1.1　**需要の価格弾力性**

価格が 1% 上がったときに市場需要量が何 % 減少するかを示す比率。市場需要量を Q，価格を p として，需要の価格弾力性 η（イータと読む）は次で定義される。

$$\eta = -\frac{dQ/Q}{dp/p} = -\frac{dQ}{dp}\frac{p}{Q} \tag{1.1}$$

例えば直線の需要曲線にこの定義を当てはめると，次の結果を得る。

キーワード 1.2　**線形需要曲線**

逆需要関数が $p = a - bQ$（ただし a, b は定数で通常はプラス）であるとき線形の逆需要関数と呼び，需要曲線は直線となる。このとき，需要曲線の傾きは

$-b$，価格弾力性は p/bQ である。

この需要曲線は図 1.1 に示されているが，需要曲線の傾き（絶対値）の逆数は $1/b$ で一定であるのに対し，需要の価格弾力性は $(1/b) \times (p/Q)$ であり，価格・需要量比率 p/Q が上がるにつれ大きくなる。図 1.1 で，需要曲線に沿って左上に行くと，価格弾力性は上昇する。逆にいえば，需要の価格弾力性が一定の需要曲線は原点に向かって凸の形をしたもので，逆需要関数が対数関数，すなわち $\log p = \alpha - \beta \log Q$（ただし α，β は定数）で示されるような関数であれば，需要の価格弾力性は $1/\beta$ で一定となる。

限界効用と消費者余剰

次に，需要曲線の意味を異なった視点から見るため，効用最大化の意味に戻ろう。あなたはある商品を何個買うか決めようとしている。最初の 1 個については，あなたは 99 円の価値があると考えている。つまり，価格が 99 円かそれ以下であれば，あなたはこの 1 個を買う。逆に，100 円あるいはそれ以上であれば，あなたは購入しない。

2 個目はどうだろうか。2 個目も 99 円の価値があり，2 個あわせて 198 円（＝ 99 ＋ 99）の価値をあなたにもたらすだろうか。実際には，多くの場合そうではなく，最初の 1 個についてはうれしさが大きいが，2 個目以下については，次第にうれしさが低下していくことが観察されている。これは，ケーキを 1 個もらうとうれしいが，2 個もらってもうれしさは倍になるわけではないからである。すなわち 1 個目は 99 円の価値があるとしても，2 個目の価値は 99 円以下，例えば 98 円であるとあなたは考えるだろう。

もう 1 個追加的に消費したときにどれだけうれしさ（効用）が増すかを**限界効用**という。上の例では，1 個目についての限界効用は 99 円，2 個目についての限界効用は 98 円，よって 2 個買ったときの総効用は 197 円（＝ 99 ＋ 98）となる。3 個目についての限界効用はさらに減少して，例えば 97 円になるだろう。このことを**限界効用逓減の法則**と呼ぶ[1]。

1　効用には基数的効用と序数的効用の 2 つの概念があり，需要関数導出には序数的効用の概念で十分であることを学んだ読者もいるかもしれない。説明を簡単化するため，本文では基数的効用を用いているように記述したが，序数的効用のもとでも，貨幣に対する相対比としてこの財の効

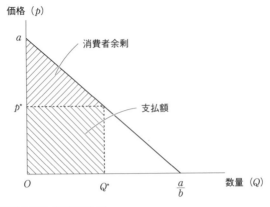

● 図1.2 需要曲線と消費者余剰

　そうすると，あなたは，1個目については価格が99円以下であれば購入し，2個目については98円以下であれば購入し，3個目については97円以下であれば購入し，等々となる。よってあなたの購入行動は，線形需要曲線（図1.1）で $a=100$, $b=1$ としたもの（逆需要関数は $p=100-Q$）と一致する。

　需要曲線の高さは，その追加的1単位を最大どれだけの価格だったら買うかを意味し，この価格を**留保価格**（あるいは**リザーブ価格**）と呼ぶ。留保価格は，以上の議論から，限界効用と解釈できる。また，需要曲線の下の面積は限界効用を足し合わせたもの，すなわち総効用を示している。上の例では，あなたが2個購入したときの総効用は197円（$=99+98$），3個購入したときの総効用は294円（$=99+98+97$）等々となるからである。

　図1.2を見よう。需要曲線は図1.1と同じである。いま価格が p^* であるとすれば，需要量は Q^* に決まる。言い換えれば，消費者は限界効用が p^* になる数量まで購入するが，その数量が Q^* である。このとき，① Q^* より左側で，②需要曲線の下という2つの条件を満たす部分の面積，すなわち図での斜線部分（右上がり斜線部分と右下がり斜線部分の合計）の面積は，Q^* までの限界効用の総和であり，総効用を示す。このうち，右下がり斜線部分の面積は $p^* \times Q^*$ に等しいから，支払総額を示す。残りの右上がり斜線部分は，総効用から支払額を引いたもので，消費者にとっての余剰，すなわちこの取引からの効用の純

用を考えれば，議論は変わらない。拙著『新しい産業組織論』第2章補論を参照。

増を示す。これを消費者余剰と呼ぶ。

キーワード1.3 消費者余剰

取引によって得られる総効用から支払額を引いたものを消費者余剰と呼ぶ。需要曲線の下で，価格を超える部分（すなわち価格レベルを示す水平線の上の部分）の面積として図示される。

代替財と補完財

　需要曲線は当該財の価格以外の要因が変わればシフトする。例えば，消費者の所得レベルが上がれば，予算制約が緩められることにより，同じ価格でも需要量が増加する（下級財の場合を除く）から，需要曲線は右にシフトする。

　他の財の価格が変わることによってもシフトする。当該財と代替関係にある財（**代替財**）の価格であれば，その財の価格が上がれば消費者はその財の購入を減らし，当該財で代替するから，当該財の需要曲線は右にシフトする。一方，当該財と補完関係にある財（**補完財**）もある。補完的に消費される財を意味し，自動車とガソリン，ブルーレイ・レコーダーとブルーレイ・ディスク，ビールと枝豆などがその例にあたる。このときには，補完財の価格が上がれば，補完財への需要量が減少し，それにあわせ当該財への需要も減少する。よって需要曲線は左にシフトする。こうしたシフトの程度を表すため，需要の価格弾力性（キーワード1.1）の概念を応用した次の指標を用いる。

キーワード1.4 需要の交叉弾力性

2つの財を考え，一方（j 財とする）の価格（p_j）が1%上昇したときに他方（i 財とする）の需要量（Q_i）が何%増加するかを j 財と i 財の間での需要の交叉弾力性という。これを η_{ji} で表せば，以下で定義される。

$$\eta_{ji} = \frac{dQ_i/Q_i}{dp_j/p_j} = \frac{dQ_i}{dp_j}\frac{p_j}{Q_i} \tag{1.2}$$

　代替財では需要の交叉弾力性はプラス，補完財ではマイナスとなる。なお，需要の価格弾力性では，需要曲線の傾きがマイナスであることから全体をプラスにするため（1.1）式のようにマイナスを乗じたが，交叉弾力性については

マイナス符号がないことに注意してほしい。

需要の交叉弾力性がプラスで大きいなら，消費者は少しでも価格が上がれば他財に需要先を変更する。これは，両財がほぼ同等で代替可能なものであると消費者が認識していることになる。このことは市場画定と呼ばれる問題に密接に関連していることを，第10章で学ぶ。

1.2 生産者——費用，収入，利潤

生産者の理論に移ろう。生産者は，生産に必要な原材料，労働，資本（機械，建物など）を投入し，生産というプロセスで価値を付加したうえで販売する。それによって得られる収入から，生産に要する費用を引いた残余が生産者にとっての利潤である。これは有形の製品についても無形のサービスについても同様である。例えば大学は生産者であり，原材料として紙や電気，労働として教員，資本として校舎やコンピュータなどを投入して，教育というサービスを生産・販売している。

生産量が多いほど，生産に必要な投入物も多くなり，費用は増加する。この関係を**費用関数**と呼び，図にしたものが**費用曲線**である。最初に2点の注意が必要である。

第1は，この費用が，その生産量を生産するのに必要となる最小の費用を意味することである。例えば必要以上に労働者を雇用しても，あるいは原材料や水道光熱費を無駄使いしても，同一量を生産することは可能である。このときは費用も過大になる。生産者はそういう行動をとらず，その生産量を実現するために最小費用となるような各種投入物の組み合わせを実現していることを前提とする。

第2は，生産に必要な投入物すべてについての費用が含まれることである。原材料費用や労働費用はもちろん，建物や機械など資本についての費用も含まれる。もちろん，これらについては長期にわたり使われるから，機械などの購入費用そのものではなく，その資本コストという形で費用計上される。この点については次節でより詳しく説明する。

費用の概念

費用には，次のキーワードにまとめるようにいくつかの概念がある。なお，本書では，小文字 q を各社生産量，大文字 Q を市場生産量の意味で使い分ける。$Q = \Sigma q$ で，Σ はその市場に参加するすべての生産者についての合計を意味する。

キーワード1.5 費用に関わる用語[2]

総費用（TC）＝生産に要するすべての費用（単に費用と書けば総費用を表す）
平均費用（AC）＝生産量1単位当たり費用
限界費用（MC）＝生産量をもう1単位増やすときの費用の増分
固定費用（FC）＝生産量にかかわらずかかる費用
可変費用（VC）＝生産量に応じて変動する費用（変動費用ともいう）
平均固定費用（AFC）＝生産量1単位当たり固定費用
平均可変費用（AVC）＝生産量1単位当たり可変費用
よって，生産量を q，総費用（TC）を C で表せば，以下の関係がある。

$$C = FC + VC,$$
$$AC = C/q = AFC + AVC$$
$$= FC/q + VC/q,$$
$$MC = dC/dq$$

例えば，固定費用とは生産に最小限必要な機械などの費用であり，可変費用とは原材料費や労働費である。定義により，生産量を増やしたときに，可変費用は増えるが固定費用は増えないので，固定費用についての限界費用はゼロであり，総費用についての限界費用は可変費用についての限界費用と一致する。

平均費用曲線・限界費用曲線の形状

平均費用曲線（AC 曲線）と限界費用曲線（MC 曲線）の形状としては，図1.3に示した4種類が代表的である。

最初は，直線の場合である。

---

2 それぞれ略字は以下による。TC = total cost, AC = average cost, MC = marginal cost, FC = fixed cost, VC = variable cost, AFC = average fixed cost, AVC = average variable cost。

第1章 消費者と生産者　15

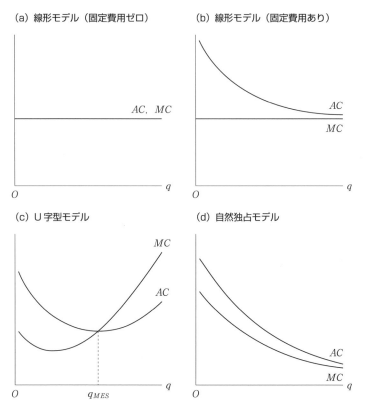

図1.3 平均費用（AC）曲線と限界費用（MC）曲線

> **キーワード1.6** 線形費用関数
>
> 費用関数が $C = f + cq$ であるとき線形費用関数と呼ぶ。f は固定費用を示し、限界費用は生産量にかかわらず c で一定である。

よって、$AC = (f/q) + c$、$MC = c$ である。図の (a) は固定費用がゼロ ($f = 0$) のケース、(b) は固定費用がプラス ($f > 0$) のケースを示す。MC 曲線は (a) (b) で同一で、また (a) では、$AC = MC = c$ であることから、AC 曲線と MC 曲線が一致する。これに対し (b) では、平均費用として、平均固定費用 (f/q) が限界費用 (= 平均可変費用) c に加わるため、MC 曲線の上に原点に向かって凸の曲線が上乗せされたものとして AC 曲線が描かれる。

16　第Ⅰ部　基礎理論編

もう1つが (c) に見られる U 字型である。

キーワード 1.7 **U 字型平均費用曲線**

平均費用（AC）曲線が U 字型をしているものをいう。生産量 q が増加するにつれ，最初は AC が減少するが，一定の生産量（q_{MES}）を超えると，AC 曲線は右上がりとなる。限界費用（MC）は生産量が q_{MES} 未満であれば AC を下回り，q_{MES} に等しければ AC と一致し，q_{MES} を超えれば AC を上回る。

　生産量 q が増加するにつれ最初は AC が減少するのは規模の経済が働くためで，生産量が増えるにつれ原材料を大量発注できるようになったり，分業が可能になって労働者の生産性が上がったりすることによる。しかし，規模の経済には限界があり，一定の生産量（q_{MES}）を超えると，逆に，多数の工場を管理する費用が逓増的にかかることなどにより，むしろ規模の不経済が生じ，AC 曲線は右上がりとなる。

　MC 曲線が，AC 曲線が右下がり（右上がり）の部分では AC 曲線の下（上）にあるのは，生産量が1単位増えるにつれ平均費用が低下（増加）するためには，追加的な費用である MC が平均費用である AC を下回っている（上回っている）ことが必要だからである。このため，MC 曲線は AC 曲線の底になる部分で AC 曲線と交差する。

　この AC 曲線の底になり MC 曲線と交差する生産量は，平均費用が最小になるという意味で最適な生産量であるから，最適規模を示す。図では U 字の底が1点である場合を描いているが，これがある程度の幅の生産量にわたって水平な線となり，その間では図 1.3 の (a) と同様に，規模に関して AC 一定となる場合もある。この場合には，最適規模は幅を持つことになるが，その中で最小の生産量を**最小最適規模**または**最小効率規模**（minimum efficiency scale の頭文字を取り **MES**）と呼び，図 (c) では q_{MES} で表している。

　MES の大きさは産業によりまちまちである。重要なのは市場需要の大きさとの比較で，この意味で大きければ，市場で存続できる生産者数は小さくならざるをえず，市場集中は高くなりがちである（第 10 章参照）。極端なケースとしては，市場の需要に比べて MES がきわめて大きいため，現実には AC 曲線が右下がりの部分でしか市場均衡が起きえない場合がある。図の (d) で示されたケースで，これを**自然独占**と呼ぶ（より詳しくは第 4 章）。ケース (b) も

第 1 章　消費者と生産者　17

また，AC 曲線が常に右下がりという意味では自然独占のケースである。

以上4つのケースは，以下でさまざまな分析で用いられる。

利潤最大化

次に，生産者の収入について考えよう。以下では在庫変動を無視し，生産量と販売量が一致するケースに限定する。

キーワード1.8 収入と限界収入[3]

収入（R）= 価格 × 生産量
平均収入（AR）= 生産量1単位当たり収入（= 価格）
限界収入（MR）= 生産量を1単位増やすときの収入の増分
企業の生産量が q，価格が p のとき
  $R = p \times q$, $AR = R/q = p$, $MR = dR/dq = d(p \times q)/dq$

生産量を増やしても価格が変わらないときには限界収入は価格に一致する。次章で見るように，完全競争と呼ばれる市場構造の場合がこれにあたるが，それ以外の場合には，限界収入は価格よりも小さくなる。

収入から費用を引いたものが利潤である。生産者が営利企業であるかぎり，利潤を最大化するように生産量を決めようとするはずである。このための条件は限界収入と限界費用が等しいこと，すなわち $MR = MC$ である。

これはなぜか。仮に $MR > MC$ としよう。すると，生産量をもう1単位増やせば，収入は MR だけ増え，費用は MC だけ増えるから，その差である利潤も増える。すなわち，$MR > MC$ であるなら生産量を増やすことによって利潤をより大きくできる。逆に，$MR < MC$ であるなら，生産量を減らすことによって利潤をより大きくできる。よって，

定理1.1 利潤最大化条件

利潤を最大化するように生産量を決定するには，限界収入と限界費用が等しくなる生産量を選ぶ必要がある。

費用のうち生産量決定に関わるのは限界費用だけなので，固定費用の有無は

---
3 略字は以下による。R = revenue, AR = average revenue, MR = marginal revenue。

18　第Ⅰ部　基礎理論編

影響しない。次章以下でさまざまな市場構造のもとでの生産量や価格の決定を
議論するが，固定費用を無視することが多いのはこのためである。

1.3　企業と会社，利潤と利益

企業とは財（サービスを含む）の生産活動をおこなう主体である，と経済学
では定義される。よって，これまで生産者と呼んできた主体と同じである。ま
た，独占禁止法では，「この法律において『事業者』とは，商業，工業，金融
業その他の事業を行う者をいう」（第2条）と定義し，多くの規定が**事業者**の
行為についてなされている。これも同義と考えてよい。

そこで，これからは企業の言葉を用いるが，企業には多様な形態の主体が含
まれる。

企業の多様性

まず，営利を目的とする企業と，必ずしも営利を目的としない企業がある。
例えば大学などの教育機関は，国公立大学（国立大学法人など）であれ私立大
学（学校法人，株式会社など）であれ，教育サービスを生産する企業ではある
が，営利を第一目的としないところが多く，存続しうるかぎりにおいてという
条件付きではあるが，教育・研究成果を最大の目標とする。また中央あるいは
地方の政府系企業（独立行政法人，公益法人，公社など）も，政策的あるいは社
会的目的を第一義的目的としている。政府系以外でも，例えば農業協同組合
（農協）や生活協同組合（生協）などの協同組合は，さまざまな事業活動（農産
品出荷，小売などのサービスの生産活動）をしているから企業であるが，営利を
目的としていない場合がある。

したがって，これら企業については，利潤最大化を目的とせず，定理1.1が
成立しない場合がある。ただし利潤が継続的にマイナスであれば組織として
存続できなくなるから，利潤が非負，すなわち負（マイナス）ではないことは，
他のどのような経営目的を持つにせよ必要条件として残る。この非負利潤の条
件は，価格規制などにおいて大きな役割を果たすことを第4章で学ぶ。

経済活動の圧倒的部分は民間の営利企業によって担われている。民間企業に
は農業，小売店，飲食店などに多く見られる**個人事業者**と，会社組織になって

第1章　消費者と生産者　　19

いるものとがある。個人事業者の場合，原材料や従業員への賃金支払い，また事業者自身の賃金部分（これは次ページで述べる機会費用，すなわち，他で働いていたとすれば得ていたはずの収入を稼得する機会を失ったことによる費用として測られる），あるいは店舗や機械などの資本コストが費用を構成し，収入からこれを引いたものが利潤である。個人事業者は，この利潤を最大化することで自らの所得（賃金分プラス利潤）も最大になるから，利潤最大化は所得最大化につながる。

株式会社の仕組み

会社には株式会社と持分会社（合同会社，合資会社，合名会社）がある。これらの間には出資形態や責任のあり方について差異があるが，以下では代表的なものとして株式会社を考えよう。**株式会社**の利点は，譲渡可能な株式を発行でき，株主には有限責任しか問わないことである。すなわち，会社が負債を抱えて倒産しても，保有する株式が無価値になる以上の責任を株主は追及されない。これにより株主リスクが軽減され，多くの投資家からの出資を容易にした。

株式会社では，株主総会で基本的経営方針を決定し，取締役を選任する。そして取締役会が経営者を選び監督するから，株主が究極的な所有者であり，主権者である。よって，株式会社の経営目標は，株主利益の最大化である[4]。

株主利益とは株式保有から得られる利益であり，配当収入とキャピタルゲイン（株式値上がり益）からなる。利潤が大きければ，この合計は大きくなる。株式会社は利潤の一部または全部を配当として株主に支払い，残りは社内に留保するが，留保利潤は何らかの形で投資されるから，将来的な利潤増加が期待され株価上昇をもたらす。つまり，配当として直ちに支払うにせよ，留保するにせよ，株主の利益になる。このため，利潤最大化は株主利益最大化につながり，会社は利潤最大化を目標とすると仮定してよいことになる[5]。

4　現実には株主による支配は不十分であり，経営者が裁量的行動をとりうるという議論に基づいた企業理論もある。拙著『企業経済学 第2版』第4章参照。

5　これは**モジリアニ＝ミラー定理**による。これについても拙著『企業経済学 第2版』第3章参照。

20　第I部　基礎理論編

利潤とは何か

それでは**利潤**とは何か。利潤は収入から費用を引いたものであり，費用には生産に必要な投入物すべてについての費用が含まれることを前節で強調した。特に，機械や建物など資本についての費用も含まれなければならない。この点で，会計上の費用，すなわち会社の損益計算書で計上される営業費用（売上原価，販売費・一般管理費など）より大きくなる。

資本への投資に必要な資金を，会社は，前述した留保利潤で賄うか，負債（金融機関からの融資や社債の発行）で賄うか，あるいは新株発行（増資）により賄う。負債については利子支払いを伴うから費用として認識されやすく，損益計算書でも，純利益の計算にあたり差し引かれる。これに対し，留保利潤や増資については会計上では費用とみなされない。しかし，株主にとってみれば，留保利潤の場合，それが他の形で投資されていたとすれば得られていた収益の放棄という形で，また増資の場合，増資に応じて払い込んだ金額を他に投資していたとすれば得られた収益の放棄という形で，費用を払っている。このように，他の収益獲得機会を放棄したことによる費用を**機会費用**という。

経済学における費用では，こうした機会費用も考慮する。よって，経済学上の費用は会計上の費用より大きく，この結果，収入より費用を引いた利潤は，会計上の利益より小さい（これを区別するため，利益ではなく利潤という言葉を用いる）。

こうした機会費用は，競争の有無にかかわらず会社が本来的に稼得すべき利益といえ，**正常利潤**とも呼ばれる。これとの対比で（正常利潤を差し引いた後の）利潤を**超過利潤**と呼ぶことがある。

正常利潤と（超過）利潤の区別は経済学を理解するうえで，また政策上も重要な意味を持つ。例えば，次章以下で，競争が十分に機能を果たしていれば利潤はゼロになることを学ぶが，あくまでも超過利潤がゼロであることを意味し，正常利潤はプラスである。よって，株主は他に投資するのと同じだけの収益を得ている。言い換えれば，損益計算書で計上される利益（営業利益や純利益）がプラスであっても利潤がプラスとは限らないから，利潤がゼロであることと純利益がプラスであることとは矛盾しない。

また，公益事業などで価格規制をする場合には利潤がゼロになるレベルに価格を規制するが，この価格を計算するためには，正常利潤あるいは機会費用が

第 1 章　消費者と生産者　21

どれだけかを推定する必要がある。これは容易な問題ではなく，これを誤ると規制が何らかの歪みをもたらす可能性もあることを第4章4.5節で学ぶ。

このように，利潤と利益の違いを認識することは重要である。

1.4 社会的余剰基準と消費者余剰基準

キーワード1.3で消費者余剰を説明した。同様の概念を生産者についても考えることができる。

生産者余剰

図1.4を見よう。ここでは産業にとっての右上がりの限界費用（MC）曲線が描かれている。図1.3（c）のU字型MC曲線のうち右上がり部分を中心として，産業内のすべての企業について水平方向に足し合わせたものである。ただし，以下の議論は図1.3（a）や（b）に描かれた水平なMC曲線であっても成立する。

産業生産量がQ^*であるとすると，MC曲線の下で，Q^*の左の面積，すなわち図で右下がりの斜線で示した部分の面積は，総可変費用となる。消費者余剰を説明した図1.2で，限界効用を表す曲線でもある需要曲線の下の面積が総効用であったのと同じ理由である。ただし，生産量が増えるにつれ追加的に発生する費用，すなわち可変費用を足し合わせたものなので，生産量にかかわらず発生する費用である固定費用は含まれていない。

価格がp^*で生産量がQ^*であれば，収入は$p^* \times Q^*$である。これは図ではp^*より下，Q^*より左の長方形の面積で示される。このうちMC曲線より上の面積，すなわち図で右上がりの斜線部分として示した部分の面積は，収入より総可変費用を引いたものになる。これを生産者余剰と呼ぶ。費用＝固定費用＋可変費用，利潤＝収入－費用，であることを考えれば，次のようにまとめることができる。

キーワード1.9 生産者余剰

生産・販売から得られる利潤に固定費用を加えたものを生産者余剰と呼ぶ。限界費用曲線の上で価格を下回る部分の面積として図示される。

---

22 第I部 基礎理論編

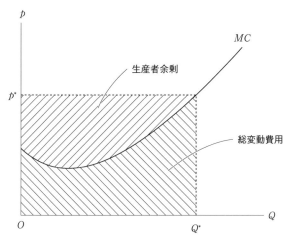

● 図 1.4 　生産者余剰

　固定費用は生産量にかかわらず発生する費用なので，生産量決定を考える際には考慮する必要がない。よって，生産者余剰を最大化する生産量は利潤を最大化する生産量である。ただし，企業の参入を考える場合には，参入企業の固定費用分だけ産業としての費用が増えることを考慮する必要がある。

社会的余剰

　前節で述べたように，利潤は，個人事業者であればオーナー経営者の，株式会社であれば株主の，それぞれ所得となる。したがって，生産者余剰は投資家（オーナーや株主など）の，そして消費者余剰は消費者の，それぞれ市場取引から享受できる余剰として，社会的にプラス効果をもたらすものといえる。そこでこれらをあわせて社会的余剰と呼び，キーワード 1.3（図 1.2）とキーワード 1.9（図 1.4）から次のことがわかる。

キーワード 1.10　社会的余剰

消費者余剰と生産者余剰の和を社会的余剰と呼ぶ。需要曲線の下で限界費用曲線の上の面積として図示される。

　以上の説明より，社会的余剰は消費者・投資家をあわせた社会構成員に還元される余剰であることから，固定費用の増減を考慮する必要がないかぎり，社

会にとって社会的余剰を最大化することが望ましいことがわかる。これを**社会的余剰基準**と呼ぶ。経済学ではこの考え方が主流であり，次章以下でも，原則としてこの基準を用いる。

消費者余剰基準という考え方

しかし実は競争政策の実務では，**消費者余剰基準**，すなわち消費者余剰のみを最大化すべきという議論によることがある。これは主として3つの理由による。第1は，競争政策の基本を消費者保護と考えるべきだとする考え方である。第2は，生産者余剰が分配される投資家には富裕層が多いことから，消費者余剰が減って生産者余剰が増えることは所得分配の観点から許容されないとする考え方である。これら2つの議論については，論者の主観により賛否が分かれるであろう。

これに対し第3の理由は，国境を考えたときに起きる。日本の国民の大多数は，日本の競争政策は日本国民の利益を優先すべきと考えている。すると，消費者余剰は（国籍にかかわらず）日本国内に居住し購入する消費者に属するものと見なしてよいのに対し，生産者余剰については判断が困難である。輸入され日本国内で販売されるものについては，利潤の大部分は海外企業に帰属する。また国内で生産・販売されていても，海外企業が株式保有する日本子会社による場合があり，利潤はやはり海外企業に帰属する。さらに，生産・販売しているのが日本企業であっても，利潤の分配を受ける株主については，今日では海外居住の投資家が無視できない比率を占める（日本の株式上場企業平均で約3割に達する）。こうした理由から，生産者余剰のうち国内に帰属する部分だけを分けて計算することは不可能であり，さらに上述の第1，第2の理由もあわせると，消費者余剰のみに焦点をあてるのが現実的と考える論者が多いのである。

図1.2から明らかなように，消費者余剰は価格が下がれば増える。よって，消費者余剰基準によれば価格への影響を重視することになる。競争政策において価格上昇をもたらす行為を反競争的行為と見なすことが多いのは，このためである。

24　第I部　基礎理論編

● ポイント

1.1 需要曲線は価格に応じて決まる需要量を示す曲線であり，その高さは限界効用を示す。このため，需要曲線の下で価格より上の面積を消費者余剰と呼ぶ。

1.2 価格変化に対する需要量変化のパーセント比率を示すのが需要の価格弾力性である。

1.3 利潤最大化の条件は限界収入と限界費用の均等である。

1.4 経済学でいう利潤と会計上の利益は一致しない。

1.5 経済学では判断基準として社会的余剰（消費者余剰と生産者余剰の和）の大きさを考えるが，競争政策の実務では消費者余剰のみを基準とすることがある。

◎ 練習問題 ◯

1.1 ある商品の価格を 100 円から 105 円に値上げしたところ，需要量は 1000 個から 940 個に減少した。需要の価格弾力性を計算しなさい。

1.2 次のうち代替財の関係にあると思われるのはどれか。①航空と新幹線，②航空とホテル，③航空とスキーツアー。

1.3 価格が下がれば消費者余剰は増加する。この理由として正しいのはどれか（複数回答可）。①売り手のもうけが減るから。②以前からの消費者がより安い価格で買えるようになるから。③以前は買えなかった消費者も買うようになるから。

1.4 費用に関する関係として正しくないのはどれか。①平均費用×生産量＝総費用。②限界費用×生産量＝総費用。③可変費用＋固定費用＝総費用。

1.5 トヨタ自動車は 2017 年度におよそ 2 兆 5000 億円の当期純利益（連結）をあげていた。この事実から，トヨタ自動車は独占利潤をあげていると結論してよいか。

第 1 章　消費者と生産者　　25

第2章

完全競争と独占

競争はなぜ望ましいか？

❖ はじめに

　本書第Ⅰ部ではさまざまな市場構造のもとでの価格や生産量の決定を解説する。その出発点となるのは，市場構造としても市場成果としても両極端にある完全競争と独占である。これらの理解なくしては，次章以降で展開していく中間的なさまざまな市場構造のもとでの均衡分析を理解することはできない。そこで本章では完全競争と独占についての経済分析を説明するが，最初に，市場の構造・行動・成果とは何を意味しているのか整理しておこう。

2.1　市場構造・市場行動・市場成果

　産業組織論とは，個別市場を取り上げ分析するための学問分野である。しかし「市場」や「産業」とは何か。

　筆者の手元にある『三省堂国語辞典』は，「市場」を「物やサービスが商品として売り買いされる場の総体」と説明する。「商品」には物に限らずサービスも含まれることは重要である。前章では「財」（英語で goods）と呼んだが，これも同じ意味である。また「場の総体」という表現も重要である。1つの場に限定されず，特定の商品が取引される日本全国の，あるいは世界全体の場の総体をいう。しかも，物理的な場（店舗や市場など）に限定されず，いわばバーチャルな場も含んだ総体である。特に第14章で取り上げるようにネット取引が日常となった今日，このことを忘れてはならない。

26　第Ⅰ部　基礎理論編

また「産業」を「生産とそれに関係のある事業のすべて」と説明する。つまり，市場に供給する事業者（企業）の集まりである。

ただし，「物やサービス」，「商品」あるいは「財」として何を一括りとするかは難しい問題である。ビールと発泡酒と第三のビールとは同じ財で1つの市場で取引されていると考えてよいか，それとも別々に考えるべきか。さらにいえば，ビールのブランドAとブランドKはどうか。これは**市場画定**の問題として，単に概念上の頭の体操ではなく，競争政策において大きな論点となっている。詳しくは第10章で説明する。当面は，1つの市場，1つの産業が明確に画定されているものとしよう。

序章で「**見えざる手の定理**」，すなわち市場における競争が完全であれば社会的最適が達成されるという定理を述べたが，この定理は現実の市場で実現されているだろうか。このことを評価するには，この市場で，①完全競争の仮定は満たされているか，満たされていないとすればどのような構造にあるか，②市場参加者（消費者，生産者など）はそのもとでどのような行動をとり，どのように価格や生産量などが決まっているか，そしてその結果として，③これら市場参加者に市場はどのような成果をもたらしているか，という問題を考えていく必要がある。

これら①，②，③をそれぞれ市場構造，市場行動，市場成果の問題と呼ぶ。

市 場 構 造

市場構造はさまざまな観点から分析・分類されるが，最も重要なのが売り手企業の数である。買い手の数も問題になることがあるが，消費財市場であれば買い手は消費者なので，通常は十分に多いと仮定される。正確な定義はあとで示すが，売り手が十分に多数存在する市場を完全競争市場，1社のみの市場を独占市場（モノポリー），複数だが少数の市場を寡占市場（オリゴポリー）と呼ぶ。

売り手の数だけではなく，その分布も問題になる。例えば寡占市場で4社あるとしても，4社が同一規模で，それぞれに25%のマーケットシェアを持っている場合（例①）と，1社が圧倒的に大きく97%のシェアを持ち，残りの3社が1%ずつのシェアを持つ場合（例②）では，競争の程度は大きく異なる。**マーケットシェア**（略してシェア）とは，**市場占有率**と訳され，各社の販売量

を産業全体の販売量で割った比率である。市場内の全企業のシェア合計は 1 または 100% である[1]。

そこで，売り手の数とともにシェア分布をも反映させた指標として，**市場集中度**（または単に集中度）が幅広く使われている。いくつかの指標が提案されているが，一般的なのは次の 2 つの指標である。

第 1 は，1 社集中度，2 社集中度，3 社集中度，10 社集中度など，一般に k **社集中度**（$k = 1, 2, 3, 10$ など。Concentration ratio の頭文字をとり CRk または Ck と書く）と呼ばれるもので，上位 k 社のシェア合計を意味する。よって上記の 4 社の例での 3 社集中度（CR3）を % で表示すれば，例①では 75%（$= 25 + 25 + 25$），例②では 99%（$= 97 + 1 + 1$）となる。1 社集中度（CR1）ではそれぞれ 25%，97% であり，4 社集中度（CR4）や 10 社集中度（CR10）では例①も例②も 100% となる。

第 2 は，**ハーフィンダール指数**あるいはハーフィンダール゠ハーシュマン指数（Herfindahl-Hirschman Index）と呼ばれるもので，その頭文字を取り HHI と表記される。これは各社シェアの 2 乗和として定義される。絶対数で計算される場合もパーセントで計算される場合もあるが，上の例①でいえば，絶対数で 0.25（$= 0.25^2 + 0.25^2 + 0.25^2 + 0.25^2$），% 表示で 2500（$= 25^2 + 25^2 + 25^2 + 25^2$），例②ではそれぞれ 0.9412（$= 0.94^2 + 0.01^2 + 0.01^2 + 0.01^2$），9412（$= 94^2 + 1^2 + 1^2 + 1^2$）となる。同じ 4 社であっても，企業間のシェアのバラツキ（統計学でいう分散）が大きければ HHI は大きいことがわかる。また 1 社で独占であれば HHI は 1 または % 表示で 10000（$= 100^2$）であるから，企業数が少なければ HHI は大きくなるであろうこともわかる。

このことは次の定理で示される（証明は章末の数学注参照）。

定理 2.1 ハーフィンダール指数

ハーフィンダール指数（HHI）は各社シェアの 2 乗和として定義され，企業数が小さいほど，また，企業間のシェアの分散が大きいほど，大きい値をとる。独占の場合に最大値である 1（または % 表示で 10000），完全競争の場合に最小

---

1 マーケットシェアは本文では販売量についての比率と定義したが，販売量で測るか生産量で測るか（輸入は前者にのみ含まれ，輸出は後者にのみ含まれる。生産され自家消費されたものや売れ残ったものは後者に含まれるが，前者に含まれない），また量で測るか額で測るか（高価格商品メーカーのシェアは後者で大きくなる）により違いが生まれる。

28　第 I 部　基礎理論編

値である 0 となる。

完全競争の場合に HHI ＝ 0 であるのは，各社のシェアは 0 に近く，それを 2 乗すればさらに小さくなるため，すべての企業について足し合わせても 0 となるためである。

HHI は寡占モデルとの関係で重要な役割を果たすことを第 3 章で，また合併規制の実務においても重要な役割を果たすことを第 12 章で学ぶ。また日本における HHI や 3 社集中度の分布の実態については第 10 章で概説する。

市場構造は，企業数や集中度以外の多くの要因によっても規定されるが，中でも参入障壁と製品差別化が重要である。**参入障壁**は，その市場へ新規の売り手が参入しようとするときに，既存の売り手に比較してどれだけ不利であるかを示す。よって，参入障壁が高ければ，既存企業が新規参入の可能性から受ける競争圧力は弱い。詳しくは，第 4 章で説明する。

製品差別化とは，売り手 A の供給する商品と売り手 B の供給する商品がどれだけ異なるものとして買い手に認識されているかをいう。製品差別化がなければ，買い手は A の商品と B の商品のいずれを買うか無差別である。よって，価格が異なればより安い商品にすべての需要は殺到するから，需要の交叉弾力性（キーワード 1.4）は無限大に大きい。逆に差別化の程度が大きければ，価格差があっても，高価格の商品を気に入って買い続ける消費者がいる。よって需要の交叉弾力性は小さく，同一市場で競争している売り手間で価格差が永続する可能性がある。製品差別化については第 3 章や第 6 章で説明する。

このほかにも市場における情報の不完全性の程度（主として第 7 章），技術の独占の程度（第 9 章），流通市場のあり方（第 13 章）など，幅広い要因が市場構造に影響する。

市 場 行 動

市場行動とは，市場への参加者，代表的には売り手と買い手がどのような行動をとるかを意味する。本書では基本的に売り手の行動に注目するので，これは企業による戦略の分析にほかならない。第Ⅱ部戦略編は，さまざまな状況での市場行動の分析が中心となる。

市場成果

市場成果とは，その市場が，社会的に見て，あるいは市場参加者に対し，どのような成果を上げているかを意味する。第1章1.4節で述べたように，通常は，社会的余剰が最大になれば市場成果が最大であると考える。

このほか，イノベーション（革新）や経済成長の速さを市場成果として重視する議論もある。また，生産者間あるいは消費者間での分配の公平性を重視する議論もある。これらは政策目標に応じて使い分けられることになるが，特に断りのないかぎり，以下では社会的余剰を市場成果として考える。研究開発など異時点に効果が及ぶ行動については，成長も考慮した長期的な余剰への影響を考えていく。

市場構造・市場行動・市場成果の関係

いわゆる**伝統的産業組織論**では，これら市場構造，市場行動，市場成果の間に単線的で一方向の関係を想定することが多かった。この考え方を **SCP パラダイム**と呼ぶ。

┌─**キーワード2.1** │ SCP パラダイム ──────────

市場構造が市場行動を決定し，その結果として市場成果が決まるという考え方。構造 (structure)，行動 (conduct)，成果 (performance) の頭文字をとって，SCP パラダイムと呼ぶ。

例えば2.3節で説明するように，独占の場合，市場構造 (S) ＝ 独占，よって，市場行動 (C) ＝ 独占価格，この結果，市場成果 (P) ＝ 社会的余剰の損失，ととらえることができ，$S \rightarrow C \rightarrow P$ の関係といえる。これから類推し，独占以外の市場構造でも，集中度が高い市場構造のもとでは市場行動として高価格が実現し社会的余剰の損失が起きる，と伝統的産業組織論では考える傾向があった。

ただし今日では，$S \rightarrow C \rightarrow P$ という直線的な関係が成立するのは完全競争と独占など限定的で，多くの場合，関係は一方向でも決定的でもなく，さまざまに相互作用したり同時決定したりすることが認識されている。この考え方を，伝統的産業組織論に対し**新産業組織論**と呼ぶこともある。

本章では，出発点として，SCP パラダイムが成立しやすい完全競争と独占

30　第I部　基礎理論編

を学ぶ。これに対し次章の寡占市場の分析以降では，SCP パラダイムが必ずしも成立しないことをさまざまに学んでいくことになる。

2.2 完全競争——供給曲線の導出と市場均衡

前節で，売り手が十分に多数存在する市場を**完全競争市場**と呼んだが，正確な定義は次のとおりである。

> **キーワード2.2** 完全競争市場
>
> 企業数が十分に多数であり，参入障壁は存在せず，製品差別化はない（よって各社の製品は同質的である）市場。企業数が十分に多数とは，各社が市場規模に比べ自らが十分に小さい存在であり，その行動が市場価格に影響を与えることはないと考えるほど多数であることをいう。

このため，各社は市場価格を所与として考え，自社の行動によってそれが影響されることはないと考える。これを**プライステーカー**すなわち価格受容者の仮定という。この仮定により，各社は，自社生産量を増やしても市場価格は変わらず，1 単位生産量を増やせば，その価格の分だけ収入は増えると考える。すなわち限界収入（MR）は価格（p）に等しい（$MR = p$）。また，定理 1.1 より利潤最大化条件は限界収入と限界費用（MC）の均等である（$MR = MC$）。よって，

> **定理2.2** 完全競争均衡
>
> 完全競争市場においては，各企業は，限界費用が価格に等しくなるように生産量を決定する（$MC = p$）。

線形モデルにおける完全競争均衡

わかりやすい例として，需要曲線が図 1.1 にあるように直線で，費用曲線が図 1.3（a）にあるように限界費用一定，固定費用ゼロのケースを考えよう。これを本書では線形モデルと呼ぶ。

第 2 章　完全競争と独占　**31**

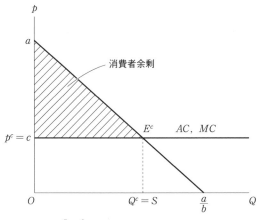

（注） $S = \frac{a-c}{b}$。斜線部分の意味については 2.3 節で述べる。

● 図 2.1　完全競争均衡——ケース①線形モデル

> **キーワード 2.3** 線形モデル
>
> 逆需要関数は線形（キーワード 1.2）で $p = a - bQ$，費用関数も線形（キーワード 1.6）で固定費用ゼロのため $C = cq$ となるモデル。よって平均費用（AC）も限界費用（MC）も c に等しい。

ただし，前章で述べたように，Q は産業生産量，q は各社生産量であるから，Q は q の全企業についての和である（第 i 企業生産量であることを示す下付き添字 i を略す）。定理 2.2 にこれら関数を代入することにより次の定理を得る（完全競争下での均衡値を上付き添字 c で示す）。

> **定理 2.3** 線形モデルの完全競争均衡
>
> 線形モデルであれば，均衡価格（p^c）および均衡市場生産量（Q^c）は次式を満たす。
>
> $$p^c = c \tag{2.1}$$
>
> $$Q^c = \frac{a-c}{b} \equiv S \tag{2.2}$$

(2.2) 式右辺の $(a-c)/b$ という表現はこれからも何回か出てくるので，S

という記号を用いる（≡ とは定義的に等しいことを示す）。これは図 2.1 に示されるように，価格が限界費用に等しいときの需要量であり，本書では市場規模（size）を表す指標と考えるため S と記す。

c は平均費用でもあるから価格は平均費用にも等しく，よって利潤も生産者余剰（キーワード 1.9）もゼロである。

U 字型平均費用曲線の場合の完全競争均衡

U 字型の平均費用曲線（キーワード 1.7，図 1.3（c））の場合の均衡は，図 2.2 で示されている。図 2.2（a）は企業についての図である。企業はプライステーカーであるから，例えば p^c が市場価格であれば，それと限界費用が一致する生産量 q^c が最適生産量である[2]。$p^{\#}$ が市場価格であれば $q^{\#}$ が最適生産量である。このことから，限界費用曲線の右上がり部分（水平部分を含む）は，それぞれの価格に対応して企業がどれだけの生産量を供給するかを示す曲線でもあることがわかる。このことを踏まえて，供給曲線は次のとおり定義される。

> ┌─ **キーワード 2.4** 供給曲線 ─
> 価格を所与として，それに応じて供給される量を示す曲線。これは，プライステーカーである企業にとり限界費用曲線の右上がり部分に一致する。これを市場内のすべての企業について水平方向に足し合わせたものが市場供給曲線である。

市場供給曲線（あるいは単に供給曲線）は図 2.2（b）で右上がりとして示された曲線である。一方，右下がりで示されているのは図 1.1 と同じ市場需要曲線（あるいは単に需要曲線）である。この 2 つの曲線の交点が完全競争均衡となり，p^c は均衡価格，Q^c は市場均衡生産量（＝ 市場均衡消費量），q^c は各社均衡生産量である。

> ┌─ 定理 2.4 **完全競争均衡** ─
> 完全競争市場では需要曲線と供給曲線の交点が均衡を示す。

---

2 q' もまた価格と限界費用が一致する生産量であるが，これは利潤を最小化する生産量であり，最大化する生産量ではない。q' より生産を増やせば $p > MC$ となって利潤を増やせるからである。数学的には最大化問題の 2 階の条件を満たさない。

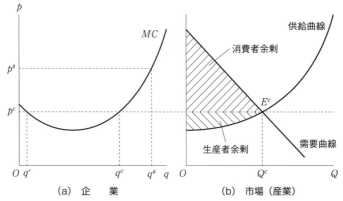

(注) 図(b)は図(a)を企業数だけ水平方向に足し合わせたものであるから，通常は横により長く，Q^c は q^c より大きい。ただし，スペースの制約から図(b)を横に圧縮し，図(a)とほぼ同じ大きさの図として描いている。

● 図2.2　完全競争均衡——ケース② U字型限界費用曲線

ただし**均衡**とは，次のように定義される。

キーワード2.5　均　　衡

需要量と供給量が一致し，その価格で購入しようとする買い手はすべて買うことができ，その価格で販売しようと思う売り手はすべて売ることができるため，価格や数量を変えようとする動きがもはや存在しない状態。

供給曲線は，キーワード2.4にあるように，価格が所与である場合，すなわち企業がプライステーカーである場合に得られる曲線である。したがって，完全競争以外の市場構造では供給曲線という概念はない。また，図2.1のように限界費用が一定の場合には水平な限界費用曲線が供給曲線となり，この供給曲線と需要曲線の交点が均衡になることには変わりがない。

2.3　見えざる手の定理とゼロ利潤の定理

図2.2(b)には，斜線部分が図示されている。キーワード1.3およびキーワード1.9により，このうち右上がり斜線部分の面積が消費者余剰，右下がり斜線部分の面積が生産者余剰である。両方の面積をあわせたものは社会的余剰

（キーワード1.10）である。

図2.1の線形モデルの場合にも，消費者余剰が右上がり斜線部分の面積として示されている。生産者余剰がゼロのため，これは社会的余剰でもある。

いずれの場合でも，Q^c は社会的余剰を最大化する生産量である。なぜなら，生産量を Q^c より減少させれば図の斜線部分合計の面積は縮小し，Q^c より増加させれば，供給曲線（限界費用曲線の和）が需要曲線を上回るようになり，マイナスの追加的社会的余剰を発生させるからである。このため次の定理を得る。序章では**見えざる手の定理**を市場全体についての定理として紹介したが，これは個別市場についての見えざる手の定理である。

┌─ 定理2.5 | **完全競争均衡における社会厚生** ──────────

完全競争均衡は社会的余剰を最大化し，パレート最適を実現する。

完全競争均衡では価格が限界費用に等しいが，キーワード1.3の説明で述べたように，消費者は価格が限界効用に等しくなるように需要量を決めている。よって，完全競争均衡では限界費用と限界効用が等しい。これより少ない生産量では限界効用が限界費用を上回るので，もう1単位生産量を増やせば，効用増が費用増を上回る。よって，他の消費者の効用を変えることなく，ある1人の効用を増やすことができる。これはパレート最適の定義（序章1節）に反する。逆に限界効用が限界費用を下回るなら，1単位生産量を減らすことで1人の効用を増やすことができ，ふたたびパレート最適の定義に反する。よって，パレート最適のためには限界効用と限界費用の均等が必要で，完全競争均衡はこれを実現する，これが定理2.5の意味である。

利潤の決定

企業の利潤はどうか。ここで完全競争市場の定義（キーワード2.2）に戻り，これまで重要な役割を果たしてきたプライステーカーの条件に加え，参入障壁がないという条件があったことを思い起こそう。よって，新規企業も既存企業とまったく対等に競争できる。すなわち，新規企業も既存企業とまったく同じ平均費用曲線・限界費用曲線で生産・販売できる。このため，市場均衡で価格が平均費用（AC）を上回るなら，すなわち $p^c > AC$ であれば，新規企業も

第2章　完全競争と独占　　35

参入して p^c で販売してプラスの利潤を得ることができる。

こうした参入が起きれば，企業数が増え，市場供給曲線（図 2.2(b)）は右にシフトし，均衡価格は下落する。このプロセスは利潤がゼロになるまで続く。よって，

定理 2.6 **ゼロ利潤の定理**

完全競争市場では，長期的には企業の参入・退出により企業数の調整も起きるため，利潤はゼロに等しい。よって，$p^c = AC$ が成立する。

$p^c = MC$ でもあるから，$AC = MC$ であり，このことは，図 1.3(c)において，各社生産量が q_{MES} であること，すなわち最小最適規模（MES）で生産されていなければならないことを意味する。言い換えれば，均衡企業数は Q^C（線形モデルでは市場規模 S に等しい）を q_{MES} で割った数として決まる（企業数は整数でなければならないという「整数問題」を無視する）。これが十分に大きいこと，すなわち，市場規模が最小最適規模の生産量に比べて十分に大きいことが，市場が完全競争であるためには必要である。なお，線形モデルではどの生産量でも最適規模であるため，q_{MES} は不定で，このためどのような企業数も均衡でありうる。

2.4 独占——限界収入の決定と市場均衡

次に**独占**を考えよう。

キーワード 2.6 **独　占**

企業数が 1 社であり，しかも参入障壁が十分に高いため，どのような価格であっても参入は起きないと企業が考える市場。

企業数が完全競争での多数に比べて独占では 1 社であることに加え，参入障壁についても独占では高い。この両方の意味で，独占と完全競争は市場構造の両極端にある。なお，1 社しかないため製品差別化の有無は問題にならない。

完全競争ではプライステーカー（価格受容者）の仮定により企業が価格を所与と考えるのに対し，独占企業は自ら価格を決定するので**プライスメーカー**（価格決定者）と呼ばれることがある。ただし，自らの生産量（q）は市場への

36　第 I 部　基礎理論編

総供給量（Q）でもあるため，それを増やすためには需要曲線に沿って価格（p）を下げなければならないことに留意する必要がある。

このため，生産量を1単位増やしたときの収入増，すなわち限界収入（MR）には，その1単位からの追加的収入とともに，その追加的1単位が売れるようにするために価格を下げることからの収入減が加わる。例えば100個販売しているときにもう1個多く売れば，その1個分からの収入は価格 p であるが，この1個を追加的に売るためには需要量（Q）が1個増えるように価格を下げざるをえず（必要な価格減少は dp/dQ），この下がった価格は追加的1個だけではなく，最初の100個（$= Q$）についても適用されざるをえない。一物一価の法則があるから，最後の顧客だけに値引きするわけにはいかないからである。よって，限界収入 MR は，積の微分の公式を用いて，次式のとおりとなる。

$$MR = \frac{d(pQ)}{dQ} = p + \frac{dp}{dQ}Q = p\left(1 + \frac{dp}{dQ}\frac{Q}{p}\right) \tag{2.3}$$

カッコ内第2項は，キーワード1.1より，**需要の価格弾力性**の逆数にマイナスを乗じたものである。そこで，次の定理を得る。

定理2.7 **限界収入と需要の価格弾力性**

独占では，限界収入（MR）と需要の価格弾力性（η）に次の関係が成り立ち，η が大きいほど MR は大きい。

$$MR = p\left(1 - \frac{1}{\eta}\right) \tag{2.4}$$

需要の価格弾力性が大きければ，少しの値下げで需要は大きく増えるから，追加的1個の販売のために必要な値下げは少なくて済み，このために，限界収入は大きい。このことを定理2.7は示す。需要の価格弾力性が無限に大きければ（$\eta = \infty$），値下げは不要となり，$MR = p$ となる。完全競争の場合である。

線形モデルにおける独占均衡

利潤最大化のために限界収入 MR と限界費用 MC の均等が必要であることは，独占であっても変わらない（定理1.1）。よって（2.4）式右辺が限界費用

第2章　完全競争と独占　37

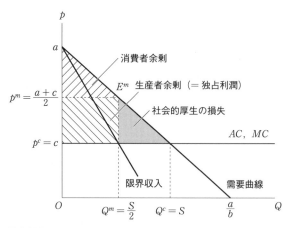

● 図 2.3 独占均衡——線形モデル

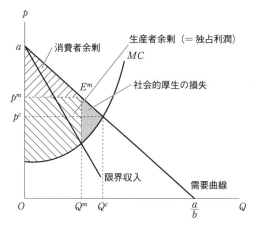

● 図 2.4 独占均衡——右上がりの限界費用曲線

(MC)に等しくなければならない。

ここでふたたび線形モデルを考えよう。$MC = c$, $p = a - bQ$, $\eta = p/bQ$（キーワード 1.2）である。これらを代入し，(2.4)式を利用して，次の均衡値（独占均衡を m の上付き添字で示す）を得る。

定理 2.8 | **線形モデルの独占均衡**

線形モデル（キーワード 2.3）であれば，均衡独占価格（p^m），均衡独占企業生

38　第 I 部　基礎理論編

産量（q^m），均衡産業生産量（Q^m）は次式を満たす。

$$Q^m = q^m = \frac{a-c}{2b} \equiv \frac{S}{2}$$

$$p^m = \frac{a+c}{2}$$

S は定理 2.3 で定義したように完全競争均衡の産業生産量 Q^c であるから，$Q^m = Q^c/2$ であり，独占均衡では完全競争均衡に比べ産業生産量（＝消費量）が半減することがわかる。また $p^m > p^c$ であり，価格も高くなる。このことが図 2.3 で示されている。

U 字型モデルの場合には図 2.4 で示されるように限界費用曲線が右上がりになるため，$Q^m = Q^c/2$ とはならないが，完全競争均衡に比べ過少生産（$Q^m < Q^c$），高価格（$p^m > p^c$）であることに変わりはない。

2.5　独占による社会的厚生の損失

以上から，独占を完全競争と比較すると，均衡では価格がより高く，生産量（＝消費量）がより少ないことが明らかになった。それでは，このことは社会にどれだけの損失をもたらしているのだろうか。社会的余剰（キーワード 1.10）の概念を用いてこのことを検討しよう。

図 2.3，図 2.4 には消費者余剰（右上がり斜線部分）と生産者余剰（右下がり斜線部分）も図示した。これらの合計が社会的余剰である。一方，完全競争均衡では，図 2.1，図 2.2 が示すように，需要曲線以下，限界費用曲線（供給曲線）以上のすべての面積が社会的余剰である。このことから，社会的余剰のうち，図 2.3，図 2.4 でのグレー部分，すなわち生産量が $[Q^m, Q^c]$ 間で需要曲線と限界費用に挟まれた三角形部分が独占均衡では失われていることがわかる。

定理 2.9　**独占による社会的厚生の損失**

完全競争均衡に比べ独占均衡では，生産量が少なく，価格は高くなる。この結果，独占による社会的厚生の損失が発生する。この損失をデッドウェイト・ロス（死荷重と訳される）ともいう。

第 2 章　完全競争と独占　　39

消費者余剰はどうか。図2.3を図2.1と比較すると，独占により，消費者余剰は社会的余剰の減少以上に減少していることがわかる。社会的余剰のうち，$(p^m - p^c) \times Q^m$，すなわち図2.3での右下がり斜線部分だけ独占利潤として消費者から生産者に移転しているからである。図2.4を図2.2と比較しても同様である。このため，消費者余剰基準によれば，社会的余剰基準による以上に，独占は厚生を減少させることになる。

プライス・コスト・マージンとラーナーの公式

定理2.5の説明で，パレート最適のためには限界効用と限界費用の均等が必要であることを述べた。独占均衡では過少生産であり，限界効用が限界費用を上回っている。消費者の効用最大化により限界効用は価格に等しいから，価格と限界費用の差が大きいほど限界効用と限界費用の差が大きく，限界的に（すなわち，追加的に1単位だけ生産量・消費量を減少させたときの）社会的厚生の損失は大きい。

そこでこの差を価格で割った比率を**プライス・コスト・マージン**と定義しよう。PCMと略され，限界マージン率と訳されることもある。

キーワード2.7 プライス・コスト・マージン

プライス・コスト・マージン（PCM）とは価格（p）と限界費用（MC）の差を価格で割った比率をいう。すなわち，

$$PCM \equiv \frac{p - MC}{p}$$

独占均衡では$MC = MR$であり，(2.4)式を代入すれば，次式を得る。

定理2.10 ラーナーの公式

独占均衡ではプライス・コスト・マージンは需要の価格弾力性（η）の逆数に等しい。すなわち，

$$PCM = \frac{1}{\eta}$$

これをラーナーの公式という。

需要の価格弾力性が大きいほどPCMは小さく，$\eta = \infty$になれば$PCM =$

0 となる。これは完全競争均衡の場合である。逆に η が小さいなら，価格が上がっても消費者は購入量をあまり減らすことができないので，独占企業にとって価格を上げることが有利になり，PCM を高めるのである。このため，PCM を**独占度指標**と呼ぶことがある。

　線形モデルのように限界費用（MC）と平均費用（AC）が等しければ，PCM の分母・分子に生産量 Q を乗じれば，分母は売上高，分子は売上高マイナス総費用，すなわち利潤となるから，PCM は売上高に対する利潤率に一致する。

　ラーナーの公式は，実証分析で，①需要関数の推定から η 推定値を得たうえでその逆数として PCM を求め，それにより MC を計算するために，あるいは②費用曲線の推定から MC 推定値を得て PCM を計算したうえで，η の推定値を求めるために，しばしば利用されている。また，AC が MC を近似できるという仮定のうえで，売上高に対する利潤率を計算して PCM 推定値とし，それから η を計算する場合もある。これらの方法で得られた推定値を利用して合併の効果などをシミュレーション分析することがある。

● **ポイント**

2.1　市場はその構造，行動，成果という 3 つの観点から分析され，市場構造については市場集中度の指標が広く使われる。

2.2　ハーフィンダール指数は産業内のすべての企業のマーケットシェアの 2 乗和として計算され，完全競争でゼロ，独占で 1（％ 表示で 10000）となる。

2.3　完全競争均衡は，限界費用曲線から導出される供給曲線と需要曲線の交点で定まり，社会的余剰は最大化される。

2.4　独占均衡を完全競争均衡と比較すると，価格は高く，生産量・消費量は少なく，社会的厚生の損失が発生する。

2.5　ラーナーの公式は，独占のときプライス・コスト・マージンが需要の価格弾力性の逆数に等しいことを教える。

◎ **練習問題**○

2.1　2017 年のビール系飲料（ビール，発泡酒，第三のビールの合計）の出荷量のマーケットシェアは，アサヒ 39％，キリン 32％，サントリー 16％，サッポロ 12％，オリオン 1％ であった（『日本経済新聞』2018 年 1 月 16 日）。この市場の 3 社集中度，10 社集中度，ハーフィンダール指数（HHI）を計算しなさい。

第 2 章　完全競争と独占　**41**

2.2 （前問に引き続き）ビール系飲料のうち最も低価格の第三のビールに限定すると，3位のサントリーのシェアが上昇し，1位のアサヒのシェアは低下する。他の3社のシェアはほぼ変わらない。このとき第三のビールに限定して集中度を計算すると，前問で計算したビール系飲料全体についての集中度と比較して，正しいのはどれか（複数回答可）。① 3社集中度は変わらない。② 10社集中度は変わらない。③ハーフィンダール指数は変わらない。

2.3 逆需要関数が $p = 100 - Q$ であるとする。また限界費用は生産量にかかわらず 40 円であるとする。このときの完全競争均衡，独占均衡それぞれのもとでの価格，生産量，利潤を計算しなさい。

2.4 独占のために消費者が被る損害として正しいのはどれか。①高い価格を払わされた。②価格が高いので買えなくなった。③ ①と②の両方。

2.5 法人企業統計によれば，2017年度の全産業平均の売上高営業利益率は 4.4％ であり，化学産業では 8.9％ と高かった。これをプライス・コスト・マージンと考え，化学産業では独占度が高いと結論してよいか。

【数学注】ハーフィンダール指数とシェアの企業間分散

市場に n 社あり，各社シェアを $s_i (i = 1, \cdots, n)$ とすれば，ハーフィンダール指数（HHI）の定義は以下で表される。

$$\text{HHI} = \sum_{i=1}^{n} s_i^2 \tag{2補.1}$$

シェアの合計（$\sum_{i=1}^{n} s_i$）は 1（100％）であるから，シェア平均は $\frac{1}{n} \sum_{i=1}^{n} s_i = \frac{1}{n}$ である。このことを利用すれば，分散 σ^2 は以下のとおり定義される。

$$\sigma^2 = \sum_{i=1}^{n} \left(s_i - \frac{1}{n} \right)^2 / n$$

この式を展開し（2補.1）式を代入して整理すれば，次式を得る。

$$\text{HHI} = n\sigma^2 + \frac{1}{n}$$

すなわち HHI は，企業数（n）が小さければ，また，σ^2 が大きければ大きい。

42　第 I 部　基礎理論編

第**3**章

寡　占

企業間の相互作用をどう分析するか？

❖ はじめに

　私たちは日々の生活でいろいろな産業に関わっている。電車やバスに乗り，衣料品やパソコンを買い，携帯電話サービスに契約し，オンラインで各種コンテンツに有料・無料でアクセスし，さらにはスーパーマーケットやコンビニエンス・ストアに行ってカップ麺を買ったりビールを買ったりするだろう。すると製造業，サービス業から小売業まで，どの産業も完全競争とは思えず，かといって競争品がまったくないわけでもないことに気がつくだろう。実際，ほとんどの産業は完全競争と独占の中間にあり，企業は複数あるが完全競争というほど十分に多数でもない。この結果，各企業は市場において一定の影響力を持っているが，他社からの競争圧力も受けている。こうした市場を**寡占**市場という。その中で企業はどう行動するか，その結果どのような市場成果がもたらされるか。これを分析するのが寡占理論である。このために市場構造や行動のあり方に応じてさまざまなモデルが提案されてきた。そのうち代表的なものを本章で解説する。

　寡占では企業数（nとする）は2以上だが，十分に多数ではない。よってプライステーカーではない。**参入障壁**については次章で扱うこととし，本章では，参入障壁が高く参入も退出も起きない場合のみを考えよう。よってnは固定されている。**製品差別化**については，ない場合（製品が同質的なケース）とある場合（差別化のケース）がある。

　寡占モデルでもう1つ重要な区別が，企業にとっての戦略変数が生産量か

43

● 表3.1　寡占モデルの分類

企業間関係	財	数量決定モデル	価格決定モデル
対等（リーダーなし）	同質的	クールノー・モデル	（同質的）ベルトラン・モデル
	差別化	（差別化クールノー・モデル）	差別化ベルトラン・モデル
リーダーあり	同質的	シュタッケルベルグ・モデル	プライスリーダーシップ・モデル

価格かという違いである。前者を**数量決定モデル**，後者を**価格決定モデル**と呼ぶ。この違いは決定的な意味を持ちうる。

　多くのモデルでは，寡占企業間で費用条件などは異なるとしても，意思決定においては対等関係にあると考える。これに対し，ある1社，例えばトップ・シェアの企業が**リーダー**として行動し，他のすべての企業は**フォロワー**（追随者）としてリーダーに追随するモデルもある。

　これらをまとめたのが表3.1である。A. A. クールノーと D. ベルトランは19世紀のフランスの経済学者で，**クールノー・モデル**がまず提案され，これに対しベルトランは，寡占企業が生産量を決定するとのクールノーの前提を批判し，価格を決定するのであれば結果が大きく異なるとして，後に**ベルトラン・モデル**として一般化されるようになる考え方を提示した。ベルトラン自身の議論では同質的な財のケースを扱ったので，単にベルトラン・モデルといえばこのケースを意味するが，その後，差別化された市場についての価格決定型モデルが普及し，これもベルトラン・モデルと呼ばれることが増えた。そこで本書では，後者を差別化ベルトラン・モデルと呼んで区別する。なお，差別化された数量決定モデル（差別化クールノー・モデル）もあるが，一般的ではないので説明しない。また，H. F. von シュタッケルベルグは20世紀前半のロシア生まれで，ドイツの大学で教鞭を執った経済学者である。

　寡占では企業間の相互作用が重要である。すなわち，自社がある戦略をとったときに得られる利潤は他社の戦略に依存し，このため，最適な戦略をとるには他社がとる可能性のある戦略群について考慮する必要がある。この，自分の打つ手がもたらす結果（利得）が相手の打つ手に依存するというのはゲームと共通しており，寡占理論は**ゲーム理論**でもある。よって本章や次章以降での多くの理論はゲーム理論でもあるが，本書では基本的に生産量，価格，あるいは広告費や研究費など連続変数を用いて分析するため，離散型戦略（するかしな

44　第Ⅰ部　基礎理論編

いか，上げるか下げるか，など）の分析で知られるゲーム理論特有の考え方や用語を用いるわけではない。それでも，モデルや定理の解説にあたってゲーム理論の考え方を利用することがあるので，その基本を本書末尾に付録として簡略に説明しておく。

3.1 クールノー・モデル

クールノー・モデルでは各社（i 社とする，$i = 1, \cdots, n$）は自社生産量 q_i を決定する。製品は同質的で企業間で差別化されていないから，各社生産量を合計することができ，$Q = q_i + Q_{-i}$ である。ただし Q は産業生産量，q_i は自社生産量，Q_{-i}（$= q_1 + \cdots + q_{i-1} + q_{i+1} + \cdots + q_n$）は他社生産量合計である。逆需要関数により価格 p は Q に応じて決まる。

自社生産量を 1 単位増やしたときの産業生産量 Q への影響は q_i が増えたときに Q_{-i} がどう変わるかに依存する。数学的に書けば，

$$\frac{dQ}{dq_i} = \frac{d(q_i + Q_{-i})}{dq_i} = 1 + \frac{dQ_{-i}}{dq_i} \tag{3.1}$$

である。したがって最適生産量を決定するには，上式右辺の第 2 項，すなわち他社生産量合計 Q_{-i} が自社生産量にどう反応するかを推測しなければならない。これを**推測的変動**と呼び，それにより寡占モデルは変わる。**クールノー・モデル**では推測的変動をゼロ，すなわち $dQ_{-i}/dq_i = 0$ と仮定する。

┌─ キーワード3.1 **クールノー・モデル** ─────────

寡占市場において，各社が，自社生産量の決定が他社の生産量決定に影響することはないと推測して，最適な自社生産量を決定するモデル。

まず i 社の限界収入 MR_i を分析しよう。独占の場合の (2.3) 式と同様に式を展開すれば，次式を得る。

$$MR_i = \frac{d(pq_i)}{dq_i} = p + \frac{dp}{dq_i}q_i = p\left(1 + \frac{dp}{dQ}\frac{Q}{p}\frac{dQ}{dq_i}\frac{q_i}{Q}\right) \tag{3.2}$$

カッコ内第 2 項の最初の 2 つの積は，キーワード 1.1 より，**需要の価格弾力性**（η）の逆数にマイナスを乗じたものである。その次の dQ/dq_i は (3.1) 式およびクールノーの仮定により 1 に等しい。また最後の q_i/Q は i 社の**マーケ**

第 3 章 寡 占 **45**

ットシェア（シェア，s_i）である。よって次式を得る。

$$MR_i = p\left(1 - \frac{s_i}{\eta}\right) \tag{3.3}$$

　需要の価格弾力性 η は産業内全企業に共通であるから，η が大きければ全企業の限界収入が大きい。一方，企業間ではシェア s_i の小さい企業ほど限界収入が大きい。第2章2.4節でも説明したが，供給を1単位増やすと価格が下がり，この低価格で全供給量を販売しなければならなくなるというマイナス効果があるため，独占や寡占では限界収入は価格を下回るが，シェアの小さい企業では，販売量が相対的に少ないためこのマイナス効果が小さく，よって限界収入が相対的に大きくなるのである。

利潤最大化

　利潤最大化条件は限界収入（MR_i）と限界費用（MC_i）の均等である（定理1.1）。よって（3.3）式の右辺が MC_i に等しくならなければならない。この関係を整理し，プライス・コスト・マージンの定義（キーワード2.7）を利用すれば，次の定理を得る。

定理3.1 **クールノー均衡における各企業のプライス・コスト・マージン**

クールノー均衡では各企業（第 i 企業）のプライス・コスト・マージン（PCM_i）はそのマーケットシェア（s_i）を需要の価格弾力性（η）で割った比率に等しくなる。すなわち，

$$PCM_i \equiv \frac{p - MC_i}{p} = \frac{s_i}{\eta} \tag{3.4}$$

---

　p および η は産業内すべての企業に共通であるから，上式は限界費用（MC_i）の小さい企業が大きなシェア（s_i）を獲得することを意味している。また PCM_i も高い。シェアが最大値である1であれば独占になり，ラーナーの公式（定理2.10）に一致する。

　次に産業レベルでの PCM を考えよう。このために，（3.4）式の両辺に q_i を乗じ Q で除した式を，すべての企業について総和する。すると Σ で $i = 1, \cdots, n$ の総和を表して，

46　第I部　基礎理論編

$$\frac{\sum p \frac{q_i}{Q} - \sum MC_i \cdot \frac{q_i}{Q}}{p} = \sum \frac{s_i}{\eta} \frac{q_i}{Q} \tag{3.5}$$

となるが，$\sum q_i = Q$，$s_i = q_i/Q$，$\mathrm{HHI} = \sum s_i^2$（定理 2.1）を代入して次の定理を得る。

定理 3.2 **寡占均衡における産業レベルのプライス・コスト・マージン**

産業レベルのプライス・コスト・マージン（PCM）はハーフィンダール指数（HHI）が大きいほど大きい。すなわち，

$$\frac{p - \sum MC_i \cdot s_i}{p} = \frac{\mathrm{HHI}}{\eta} \tag{3.6}$$

この左辺をこれまでの PCM の定義と比較すると，限界費用として 1 社（定理 2.10 では独占企業，定理 3.1 では第 i 企業）の MC ではなく，全社の MC_i をシェア s_i で加重平均（加重和）した産業平均限界費用が用いられている。この意味で左辺は産業レベルでのプライス・コスト・マージンである。

定理 3.2 は，HHI で測られる市場集中が高いほど，価格が限界費用を大きく上回ることを意味している。よって社会的厚生の損失も HHI が高いほど大きくなる。HHI が最大値 1 をとるのは独占だが，そのときには (3.6) 式はラーナーの公式（定理 2.10）に一致する。

定理 3.1 や定理 3.2 についてはこれまで実証分析もなされてきた。これらについては，コラム 3.1 で紹介しよう。

コラム 3.1 市場集中度と利益率の実証分析 ◇◇◇◇◇◇◇◇◇◇◇◇◇◇◇

前章 2.5 節で説明したように，限界費用と平均費用が等しく利潤と利益が同じであるとすれば，PCM は売上高営業利益率に等しい。このことを利用して，定理 3.1 に基づき企業別データにより利益率とマーケットシェアの関係を実証し，あるいは定理 3.2 に基づき産業別データにより利益率とハーフィンダール指数（またはその他集中度指標）の関係を実証しようとする分析が多くなされてきた。

企業レベルでは，例えば日本の 376 社のデータを用いてシェアの有意なプラス効果を確認した分析があり，これ以外にも，多くの分析でプラス効果が確認されている。一方，産業レベルの分析では，集中度のプラス効果を確認した結果もある

が，上記分析を含め，統計的に有意なプラス効果は確認されていないものも多い。これはなぜか。5つの理由が考えられる。

第1は，限界費用と平均費用の違いおよび利潤と利益の違いである。第2は，データにおける市場や産業の範囲や産業分類の不完全さや不正確さである。これについては第10章でより詳しく議論することになる。第3は，産業間の技術，製品特性，買い手特性，あるいは国際環境などの多様性が大きく，それらの影響をコントロールしきれていないことである。

第4は，推定方法が不適切な可能性である。これら分析の多くは利益率を従属変数，シェアや集中度を説明変数として回帰式を推定しており，このため上記でもシェアのプラス効果と書いたが，定理3.1や定理3.2は PCM とシェアや集中度との関係を示しているだけで，これらの間での因果関係を意味していない。このため通常の最小2乗法による推定では不正確な可能性がある。

そして最後に，クールノー・モデルが寡占分析に常に有効とはいえない可能性である。そこで，本章3.3節以降では他の寡占モデルを説明する。

(参考) 小田切宏之「市場集中度・マーケットシェアと企業利潤率——実証分析」(『公正取引』450号，1988, 39-45)。より最近のものとして土井教之・本庄裕司・工藤恭嗣「モビリティー指数を利用した我が国主要産業の市場構造の変化の検証と競争政策の実務への利用可能性の検討——生産・出荷集中度データに基づく分析」(公正取引委員会競争政策研究センター，共同研究報告書 CR01-14, 2014)。

3.2 線形モデルにおけるクールノー均衡

線形モデル (キーワード2.3) では逆需要関数は $p = a - bQ = a - b(q_i + Q_{-i})$ であり，$\eta = p/bQ$ (キーワード1.2) となる。これらを (3.3) 式に代入し，$s_i = q_i/Q$ を用い，さらに利潤最大化条件 $MR_i = MC_i$ に代入して，線形モデルでは限界費用が一定で $MC_i = c_i$ であることを利用すれば，

$$a - 2bq_i - bQ_{-i} = c_i \tag{3.7}$$

を得る。これを整理すれば次式となる。

$$q_i = \frac{S_i - Q_{-i}}{2}, \quad \text{ただし } S_i \equiv \frac{a - c_i}{b}, \; i = 1, \cdots, n \tag{3.8}$$

48　第I部　基礎理論編

この式は，自社の最適生産量が他社生産量合計 (Q_{-i}) に依存して決まることを示している。これをクールノー・モデルにおける**反応関数**と呼ぶ。

キーワード3.2 反応関数

自社最適生産量が他社生産量合計に応じてどう決まるかを示す関数。

　反応関数は線形モデルでは (3.8) 式となる。前章で述べたように S_i は i 社限界費用 (c_i) に価格が等しいときの需要量であり，(i による違いを無視すれば) 市場規模の指標である。完全競争均衡での生産量であり (定理 2.3)，社会的に最適な生産量でもあり (定理 2.5)，また独占均衡生産量はその半分であった (定理 2.8)。この S_i と他社生産量合計の差の 2 分の 1 として自社最適生産量が決まることを (3.8) 式は示している。

　(3.8) 式はすべての i ($= 1, \cdots, n$) について成立するから，n 本の連立方程式として n 個の未知数，$q_1, \cdots, q_n$ について解けば，各社均衡生産量を求めることができる。これがクールノー均衡である。この特徴を見るために 2 つのわかりやすいケースを考える。

ケース 1：複占均衡

　第 1 は，$n = 2$ のケースである。すなわち 2 社のみの市場で，こうした市場を**複占**（デュオポリー）という。このときには両社生産量は q_1，q_2 であり，$Q_{-1} = q_2$，$Q_{-2} = q_1$ であるから，横軸に q_1，縦軸に q_2 をとって両社の反応関数を図示することができる。これを**反応曲線**と呼ぶ。図 3.1 に示されているように線形モデルでは右下がりの直線となる。

　これらの反応曲線の交点は図で E^2 点として示されているが，ここでは第 1 企業にとっては第 2 企業生産量を与えられたときの最適自社生産量，第 2 企業にとっても第 1 企業生産量を与えられたときの最適自社生産量を実現しているから，双方にとってクールノーの仮定のもとで最適行動となっており，均衡である。各社均衡生産量は (3.8) 式を両社について連立させて解けば得られ，図の注に示したとおりである (2 社均衡を示すため上付き添字 2 を付している)。よって，$c_1 < c_2$ であれば $S_1 > S_2$ であり $q_1^2 > q_2^2$ となる。つまり限界費用がより低い企業がより大きなマーケットシェアを得る。これは定理 3.1 と合致す

第 3 章　寡　占　49

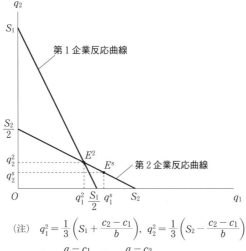

図 3.1　複占市場のクールノー均衡（線形モデル）

る。

ケース2：対称均衡

　第2のケースとして，企業数は一般的に n 社（$n = 2, 3, \cdots$）とするが，各社の限界費用は等しく c である場合を考えよう。このとき，すべての企業は同一条件で生産しているから，均衡で各社の生産量は同一になる。こうした均衡を**対称均衡**という。よって $Q_{-i} = (n-1)q_i$ となるから，これを (3.8) 式に代入し，n 社均衡を示すために上付き添字 n を付せば，各社均衡生産量 q^n および市場均衡生産量 Q^n は次のように求められる。

$$q^n = \frac{S}{n+1} \tag{3.9}$$

$$Q^n = nq^n = \frac{nS}{n+1} \tag{3.10}$$

これを逆需要関数（$p = a - bQ$）に代入し均衡価格を求めれば，以下のとおりである。

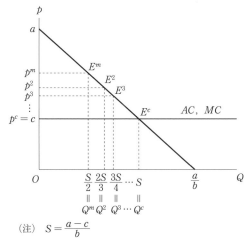

(注) $S = \dfrac{a-c}{b}$

● 図 3.2　寡占市場のクールノー対称均衡（線形モデル）

$$p^n = c + \frac{a-c}{n+1} \equiv c + \frac{bS}{n+1} \tag{3.11}$$

よって，

> **定理 3.3　対称均衡での企業数と生産量・価格**
>
> 線形モデルで各社が同一の限界費用を持つ対称均衡では，企業数（n）が増えるにつれ，各社生産量は減少するが，産業生産量は増加し，価格は低下する。企業数が無限大に近づけば産業生産量は S に，価格は限界費用 c に近づく，すなわち完全競争均衡（定理 2.3）に近づく。

定理の後半は，(3.10) 式，(3.11) 式で $n \to \infty$ とすることにより得られる。逆に $n = 1$ のときは $Q = S/2$，$p = (a+c)/2$ であるから，独占均衡（定理 2.8）と一致する。これら両極端の間では，n が小さいほど価格は高く産業生産量は少なくなって，独占均衡に近づく。この関係は図 3.2 に示されている。

企業数 n が小さいほど産業利潤は大きくなり，価格の限界費用からの乖離も大きくなるから，**社会的厚生の損失**（定理 2.9）も大きくなる。ハーフィンダール指数（HHI）は大きく（定理 2.1），しかも各社シェアが等しければ $\text{HHI} = 1/n\ (= (1/n)^2 \times n)$ であるから，HHI が高いほど産業利潤も社会的厚生の損失も大きいということもできる。すなわち市場構造がより独占的であれ

ば，市場成果も独占による弊害に近づくことを示しており，SCP パラダイム（キーワード 2.1）が成立している。

　しかしこの結果は，あくまでも，各社が生産量決定行動をとり，また他社生産量は自社決定に影響されないというクールノーの仮定を前提としており，これら仮定が満たされなければ結果は大きく変わりうる。このことを次節以下で示していこう。

3.3　ベルトランの逆説

　ベルトラン・モデルは価格決定型の寡占モデルである。

┌─ キーワード3.3　ベルトラン・モデル ─────────────────
│ 寡占市場において，各社が他社の価格を所与として，自社価格を決定するモデ
│ ル。
└─────────────────────────────────────

　ベルトラン・モデルにおける均衡（ベルトラン均衡）は，製品差別化のない同質財か，あるいは製品差別化があるかで決定的な違いがある。自社価格が他社価格を上回ったときに，同質財であればすべての需要が他社に行ってしまうのに対し，差別化されていれば，自社製品を買い続けてくれる顧客が少なくはなってもゼロにはならないからである。つまり自社への需要曲線は前者では不連続になるが，後者では連続性が残る。このことが決定的な違いを生む。

同質財ベルトラン・モデル

　まず同質財の場合を考える。なお，企業数 2 社の複占として議論するが，3社以上であっても議論は変わらない。また線形モデルで各社の限界費用は一定かつ同一とする。

　他社（第 2 企業）の価格が $\tilde{p}_2$ であるとき，自社（第 1 企業）への需要曲線は図 3.3 で示される。市場需要曲線はこれまでと同じ直線である。すると自社価格を p_1 として，$p_1 < \tilde{p}_2$ であれば，すべての顧客は自社より購入するので自社需要は市場需要に一致する。逆に $p_1 > \tilde{p}_2$ であれば，すべての顧客は他社に移り，自社需要はゼロである。両価格が同じなら，両社への需要の配分は不確定だが，とりあえず折半とする。よって，自社への需要曲線は図の太線で示

52　第 I 部　基礎理論編

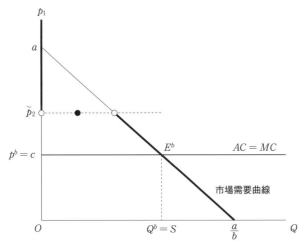

(注) 太線は第2企業の価格が $\tilde{p}_2$ であるときの第1企業への需要曲線を示す。○を含まず●を含む。$S \equiv \dfrac{a-c}{b}$

● 図 3.3　同質財ベルトラン・モデル

されるように $\tilde{p}_2$ を境に不連続となる。

　すると，$\tilde{p}_2 > c$ であるかぎり，明らかに，自社（第1企業）の最適戦略は $\tilde{p}_2$ より少しだけ低く c より高い価格にすることである。それによりすべての市場を独占でき，しかも利潤をあげられる。

　しかし第2企業は需要ゼロになってしまうので，もちろん対抗値下げするだろう。すると今度は第1企業がこれに対抗値下げせざるをえない。この値下げ競争は価格が c に等しくなり，それ以上の値下げは損失を生むところまで続く。よって，上付き添字 b でベルトラン均衡を表せば，次の定理を得る。

定理 3.4　**同質財市場におけるベルトラン均衡**

製品が同質的であり，限界費用が一定で各社同一であれば，2社以上の寡占市場におけるベルトラン均衡では，価格は限界費用に一致する。すなわち $p^b = c$ である。均衡生産量は $Q^b = S \equiv (a-c)/b$ となる。

　これは驚くべき結果である。2社以上が市場で競争すれば，企業数に関わりなく，完全競争均衡と同様に，価格と限界費用の一致がもたらされ，利潤ゼロとなり，社会的厚生の損失も生じないというのである。**ベルトランの逆説**（ベ

ルトラン・パラドックス）と呼ばれるのもこのためである。

　一方で，読者はこれは当たり前ではないかと思うかもしれない。製品面でもコスト面でもまったく差がなく，価格だけで競争しているのなら，利潤ゼロまで競争が厳しくなるのは当然とも思えるからである。とはいえ，この結果の現実性にはいくつかの留保が必要である。特に生産能力による制約あるいは製品差別化があれば，結果は大きく変わる。製品差別化のもとでのベルトラン・モデルについては次節で検討するとして，先に**生産能力**の問題を考えよう。

生産能力の制約とベルトラン均衡

　均衡では両社は市場を分けているから，均衡生産量の半分（$S/2$）ずつ生産しているとする。このとき，何らかの理由で，第2企業が少しだけ価格を上げたとしよう。もちろん第2企業はすべての顧客を失い，すべての需要は第1企業に集中する。この需要に応えるためには第1企業は生産量を倍増しなければならず，生産能力を倍増し，従業員数も倍増することが必要になるだろう。これは可能だろうか。特に生産能力の場合，いったん建設すると長期間にわたり利用可能なのが普通である。生産量倍増という状況はそれだけ続くと期待できるだろうか。

　こう考えると，最適生産能力の決定という問題も付随して分析しなければならないことがわかる。しかも，生産能力の建設には時間がかかり，また，いったん建設したらしばらくは廃棄できないという不可逆性がある。この意味で，直ちに変更できる価格の決定とは異なる。この事実を考慮するため，まず第1段階で最適生産能力を決定し，第2段階では，その生産能力を超えては生産できないという制約条件付きで最適価格を決定する，という2段階のモデルを考えよう。これが**クレップス＝シャインクマン・モデル**である[1]。

　2段階モデルでは後ろから，すなわち第2段階から分析する[2]。第2段階での価格競争を考えると，各社とも生産能力いっぱいに生産できるよう価格を決定するのが最適である。価格をより高くすれば需要が減少して稼働率が下がり，遊休能力分のロスが発生するからである。次に，第1段階では，建設する

1　D. M. Kreps and J. A. Scheinkman, "Quantity Precommitment and Bertrand Competition Yield Cournot Outcomes" (*Bell Journal of Economics*, 14(2), 1983, 326–337).

2　本書巻末の付録「ゲーム理論」の逐次ゲームの項で説明する「後ろからの推論」である。

54　第1部　基礎理論編

生産能力いっぱいに第2段階で生産されることを予測しつつ，また他社の生産能力を所与として，最適生産能力を決定することになる。実はこれは生産量についてのクールノー均衡ではないものの，生産能力についてのクールノー均衡にほかならない。すなわち，

定理3.5 **クレップス＝シャインクマンの定理**

ベルトランの仮定に基づいて価格決定型の競争がおこなわれるが，生産能力が事前に決められ，それにより最大生産量が制約される場合には，クールノー均衡が実現される。すなわち，「数量の先決とベルトラン競争はクールノーの結果をもたらす」。

カギカッコ内の引用文は，クレップス＝シャインクマンの論文タイトルそのものである。現実に多くの産業では生産能力の制約が存在することを考えると，価格が限界費用に一致するというベルトランの逆説は短期的には起こりうるとしても，生産能力の調整がおこなわれる長期的には，逆にクールノー均衡の方が幅広く成立している可能性をこの定理は示唆している。

3.4 差別化市場でのベルトラン・モデル

製品が差別化されていれば，第1企業製品（製品1）への需要曲線と第2企業製品（製品2）への需要曲線は別個のものとして考える必要がある。ただし，両製品は代替財（キーワード1.4前後の説明を見よ）であり，他社製品の価格が上がれば自社製品への需要は増えるという関係にある。すなわち，製品2の価格が上がれば，製品1への需要曲線は右上にシフトする。

第1企業は，製品1については独占的な供給者であるから，独占市場として考えることができる。図3.4がこれを示す。すると，製品2の価格上昇により需要曲線が右上にシフトすれば，最適価格は p_1' から p_1'' へと上昇することがわかる[3]。クールノー・モデルにおける反応関数（キーワード3.2）が両社の最適生産量に関してのものであったのに対し，これは最適価格に関しての**反応関数**である。すなわち，

---

3 需要曲線の形状やシフトの仕方によっては最適価格がむしろ下がる場合もあるが，例外的である。

第3章 寡 占 55

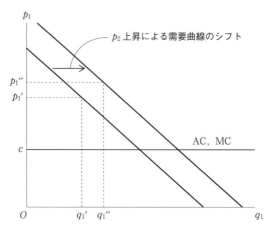

● 図 3.4　差別化市場での第 1 企業への需要曲線

> **定理 3.6　差別化市場での価格に関する反応関数**
> 差別化された市場において価格決定型行動を各社がとるとき，他社価格が上昇すれば最適自社価格は上昇する。

　このため，両社の価格を横軸と縦軸にとると，差別化ベルトラン・モデルでは反応曲線は右上がりの曲線となる[4]。図 3.5 にこれを示す。これは，図 3.1 でクールノー・モデルにおける反応曲線を右下がりの曲線として描いたのと対照的である。一般に，他社戦略に応じて最適自社戦略が同方向に動くとき両戦略は**戦略的補完関係**，逆方向に動くとき**戦略的代替関係**というが，クールノー・モデルでは両社の生産量が戦略的代替関係にあるのに対し，差別化ベルトラン・モデルでは両社の価格が戦略的補完関係にある。

　図 3.1 のクールノー均衡でそうであったように，差別化された (differentiated) ベルトラン均衡も，これら反応曲線の交点として決まるから，上付き添字 d を付した (p_1^d, p_2^d) が両社の均衡価格となる。両社の需要関数や費用関数が同じであれば反応曲線は 45 度線を挟んで対称的になり，$p_1^d = p_2^d$ となるが，一般的には均衡価格は異なる。またこれら均衡価格は限界費用を上回る。差別化により各社とも一定の独占力を持ち，限界費用を上回る価格設定でもす

---

[4]　線形モデルでは図のように直線であるが，需要曲線や費用曲線の形，そして両製品間の代替関係の形などによっては曲線になる。

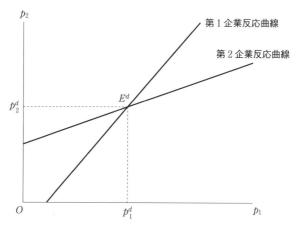

● 図 3.5 差別化市場でのベルトラン均衡

べての顧客を他社に奪われることがないためである。よってベルトランの逆説は成立せず，社会的厚生の損失が発生している。

多くの産業で企業間の製品差別化が見られ，また各社は価格を決定して，それに対する需要に対応すべく生産していることから，差別化ベルトラン・モデルは多くの現実産業に当てはまると考えられている。このため，競争政策でも，差別化ベルトラン・モデルを用いたシミュレーション分析がなされることがあり，これについては，コラム 3.2 に紹介する。

コラム 3.2　差別化ベルトラン・モデルを用いたシミュレーション分析

競争政策，特に合併規制において，合併が価格に与える影響をシミュレーション分析するために差別化ベルトラン・モデルが用いられることがある。これは，例えば以下の手順による。

① 市場内各社製品に対する需要関数を競争製品間相互の代替関係を意識しながら推定する。

② その需要関数に基づいて利潤最大化問題と均衡を解き，各社均衡価格を限界費用の関数として計算する。

③ 各社は現実に利潤最大化していると仮定し，計算上の均衡価格と現実価格が一致するように限界費用を計算する。

④ 推定された需要関数と限界費用に基づき，仮想的状況（例えば A 社と B 社が合併）のもとでの均衡価格を予測する。

こうして予測された価格が現在の（合併前の）現実価格より高いのであれば，合併による価格上昇効果が予想されるから，消費者余剰基準に立つかぎり，合併は禁止されるべきである。ただし，合併により効率性が向上し限界費用が低下することが期待できるのであれば，④でこの効果を勘案する必要がある。

こうした合併の効果については第12章で詳しく説明する。

（参考） A. Nevo, "Mergers with Differentiated Products: The Case of the Ready-to-Eat Cereal Industry" (*Rand Journal of Economics*, 31(3), 2000, 395-421).

3.5 リーダーのいる寡占モデル——シュタッケルベルグ・モデルとプライスリーダーシップ・モデル

クールノー・モデルにせよベルトラン・モデルにせよ，企業間で費用条件が異なったり，差別化により製品人気が異なったりしても，各社は対等な立場で意思決定すると考えてきた。しかし，市場によっては明らかなリーダー（先導者）が存在し，このリーダーが，他社がフォロワー（追随者）として追随することを予測したうえで自社の最適行動を決定する場合がある。リーダーになるのはトップ・シェアの企業であったり，最も技術が優れている企業であったりすることが多いが，2位以下でも，歴史的に先発した企業であったり，いわゆる「汗をかいた企業」（例えば，業界団体トップを永年勤めたり，政府への陳情の中心になったりした企業）がリーダーになっている例も見られる。

こうしたリーダーのいる寡占市場での均衡を，生産量決定型のケースと価格決定型のケースについて説明しよう。それぞれ，シュタッケルベルグ・モデル，プライスリーダーシップ・モデルである。

シュタッケルベルグ・モデル

あなたはリーダーであり，あなたが生産量を決めれば，他社はそれを所与としてそれぞれにとっての最適生産量を決めることを知っている。このとき，あなたはどうすれば利潤を最大化できるか。

複占で線形モデルを仮定し，図3.1に戻ろう。あなた（第1企業）は第2企

業が追随することを知っている。すなわち，あなたの生産量に応じて第2企業はどれだけの生産量を選択するかを知っている。これはまさに第2企業反応関数が示すものである（キーワード3.2）。つまり，あなたは第2企業がその反応曲線に従って生産量を決定することを知っている。

すると，あなたにとっての最適戦略は，この第2企業反応曲線上であなたの利潤を最大化する点を選ぶことである。これは図3.1で E^S 点として示されている。あなたは q_1^S を生産量として選び，第2企業はそれに反応して q_2^S を生産量として選択する。これがシュタッケルベルグ均衡である。

シュタッケルベルグ均衡（図での E^S 点）をクールノー均衡（E^2 点）と比較すると，リーダーの生産量はより大きく，フォロワーの生産量は少ない。これを反映して，利潤もリーダーはより大きく，フォロワーは小さくなる[5]。

プライスリーダーシップ・モデル

今度は価格決定型行動を考える。財は同質的である。あなたはリーダーとして価格を決定する。すると他社（フォロワー，複数であってもよい）はこの価格を所与として，自社にとって利潤最大化する生産量を決定する。この，価格を所与として生産量を決定するという行動様式には覚えがないだろうか。そう，完全競争における**プライステーカー**の仮定そのものである（キーワード2.2）。よって，これらフォロワーの最適生産量は彼らの供給曲線によって示される。

図3.6を見よう。市場需要曲線は今までと同じである。フォロワーの供給曲線は，1社であればその限界費用曲線そのもの，複数企業であれば，それら企業の限界費用曲線の水平和として導出される（キーワード2.4）。すると，リーダーに対する需要量は，市場需要量マイナスこれらフォロワー供給量として決まる。図では市場需要曲線から，フォロワー供給曲線分を水平方向に差し引いた残余を示す曲線で，リーダーへの需要曲線（残余需要曲線）と記されているのがこの曲線である。

この需要曲線はリーダーが間違いなく確保できる需要を示しており，この分については独占企業と同じである。よって限界収入と限界費用が等しくなるように生産量と価格を決定すればよく（定理1.1），リーダーの限界費用が c_1 で

---

5 証明は略す。例えば長岡貞男・平尾由紀子『産業組織の経済学』（第2版，日本評論社，2013）第5章を参照。

第3章 寡 占 **59**

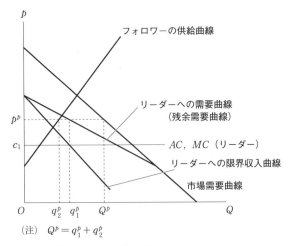

● 図3.6 プライスリーダーシップ・モデル

あれば、この最適生産量は q_1^p，価格は p^p である（上付き添字 p でプライスリーダーシップ・モデルの均衡を表す）。市場全体の生産量は Q^p となる。残余需要曲線の定義により、これからリーダー生産量 q_1^p を引いた量は生産量 q_2^p に等しい。フォロワーが複数であれば、各社供給曲線にあわせ、この生産量が配分される。

価格が限界費用を上回っている（$p^p > c_1$）から、社会的厚生の損失が発生している。ただし、図2.3に比べれば、フォロワーによる供給がある分だけ、リーダーへの需要曲線は左下にシフトしており、この結果、均衡価格 p^p は独占価格 p^m より低くなっている。この意味で、フォロワーによる競争圧力があると解釈でき、社会的厚生の損失は独占の場合よりも少ない。

競争政策の観点から悩ましいのは、プライスリーダーシップ・モデルによる行動を企業間の共謀と解釈できるか、である。この問題は、カルテルとの関連で第11章で説明する。

● ポイント

3.1 寡占モデルには、価格決定型か数量決定型か、製品は同質的か差別化されているか、リーダーがいるかいないか、により多様なモデルがある。

3.2 同質財のクールノー均衡では、プライス・コスト・マージン（PCM）は、

ハーフィンダール指数（HHI）が高い産業ほど，また需要の価格弾力性が低い産業ほど大きくなる。

3.3 同質財のベルトラン・モデルでは，2社以上であれば，企業数にかかわらず，価格と限界費用が等しくなる。このため社会的厚生の損失は発生せず，ベルトランの逆説と呼ばれる。

3.4 製品が差別化されていれば，ベルトラン均衡でも価格は限界費用を上回り，社会的厚生の損失が発生する。

3.5 リーダーのいる企業では，数量決定型であればシュタッケルベルグ・モデルによる均衡が，価格決定型であればプライスリーダーシップ・モデルによる均衡が実現する。いずれの場合も社会的厚生の損失が発生する。

◎ 練習問題◎

3.1 製品差別化はなく，練習問題 2.3 と同様に，逆需要関数が $p = 100 - Q$ であるとする。また，すべての企業の限界費用は生産量にかかわらず 40 円であるとする。複占（2社）でのクールノー均衡とベルトラン均衡における価格と生産量を求めなさい。

3.2 ベルトランの逆説（ベルトラン・パラドックス）が逆説と呼ばれるのは次のどの理由によるか（複数回答可）。クールノー・モデルと異なり，①企業数が 2 社以上でも常に独占均衡と同じになるから。②企業数が 2 社以上であれば常に完全競争均衡と同じになるから。③企業数が 2 社でも社会的厚生の損失が発生しないから。

3.3 各社が価格決定行動をとるにもかかわらずクールノー均衡が実現するのは次のどの場合か。①各社は生産能力を前もって建設する必要がある。②各社の製品が差別化されている。③1 社がリーダーとなって価格を決定する。

3.4 次のうち戦略的代替関係にあたるのはどれか。①ライバル企業が広告キャンペーンを始めたので，当社も広告キャンペーンをする。②ライバル企業が値引きを始めたので，当社も値引きする。③ライバル企業が供給量を増やして市場で値崩れが起きたため，当社は供給量を減らす。

3.5 プライスリーダーシップ・モデルにおいては，フォロワーのシェアが小さいほど，均衡は独占均衡に近づく。このことを図3.6を用いて説明しなさい。

第4章

参入とコンテスタブル市場

規制緩和をいかに進めるか？

❖ はじめに

　これまで市場への参入も市場からの退出もなく，企業数は一定としてきた。しかし参入・退出は多くの産業で起きる。携帯電話メーカーの歴史を見ると，アップルは参入者であり，一方，多くの日本メーカーは次々と退出した。また通信サービスとしての携帯電話には，規制緩和の効果もあり，NTTが先行した事業にKDDIやソフトバンクが参入し，本書執筆時点では楽天が参入を発表し準備を進めている。実際，日本の産業近代化の歴史を今日まで辿ると，それは参入と退出の歴史でもある[1]。

　そこで本章では，参入と退出の市場競争への影響を考える（退出はマイナスの参入とみなされるので，以下では単に参入と記す）。前章までは，完全競争の長期均衡（定理2.6）での議論を除けば，参入障壁は十分に高いため参入が起きず，産業内で生産活動を現におこなっている企業（以下，既存企業という）の数は固定されているものとしてきたが，参入の可能性を考えれば，企業数も変数である。そして新規企業による参入の可能性は，既存企業に対する競争圧力として働いている。

　ここで参入の可能性と記したことに注目してほしい。実際に参入が起きるかどうかにかかわらず，潜在的な参入企業の存在は既存企業への脅威となりうる。本章ではこの問題を取り扱う。なお参入には，新規に設立された企業によ

1　小田切宏之・後藤晃『日本の企業進化——革新と競争のダイナミック・プロセス』（東洋経済新報社，1998）。

62　第I部　基礎理論編

る参入と，他産業で既存の企業が多角化のためにおこなう参入や，海外企業による輸入や直接投資による参入とがあるが，いずれも当該市場にとっては参入であり，区別しない。

参入による競争圧力が十分に働けば，独占であっても，すなわち既存企業は1社のみであっても，完全競争均衡と同様に社会的最適性が達成される。このことを本章4.2節と4.3節でコンテスタブル市場理論として学ぶ。この理論は，規制緩和・規制撤廃への理論的支柱となった。独占であっても価格を規制する必要はなくなるからである。より重要なのは，参入の可能性が十分に確保される仕組みを作ることである。競争政策でも同様で，参入の可能性が高いなら，市場集中の増大を心配する必要はない。このようにコンテスタブル市場理論は規制政策にも競争政策にも大きなインパクトを及ぼした。本章ではこうした政策上の含意も説明する。

4.1 参入阻止価格戦略

最初に，既存企業（企業1とする）は1社しかなく独占だが，潜在的参入企業（企業2とする）が存在する状況を考えよう。線形モデル（キーワード2.3）であり，各社の限界費用は生産量に対して一定で，固定費用もないものとする。既存企業の限界費用はc_1，潜在的参入企業の限界費用はc_2である。

既存企業がより優れた生産技術を持っている，あるいはより低費用で原材料を調達できるなどの理由で$c_1 < c_2$であるとしよう。図4.1にこの状況が示されている。

既存企業は独占なので，参入の脅威がなければ，独占価格p_1^m，生産量Q_1^m（$= S_1/2$）が利潤を最大化する。これは図2.3とまったく同じである。$p_1^m < c_2$のときには，この独占価格をつけても参入は起きない。新規企業はp_1^m以下の価格でなければ参入できないが，それでは利潤はマイナスになるからである。これを，**参入がブロックされる**ケースという。

$p_1^m > c_2$であれば，参入はブロックされないから，既存企業が独占価格p_1^mをつければ，参入企業はp_1^mより低いがc_2より高い価格に設定して参入することにより，需要を既存企業より奪い，利潤をあげることができる。

しかし$c_1 < c_2$であるから，既存企業は，c_2より低いがc_1よりは高い価格

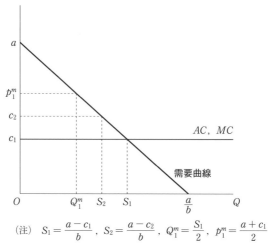

● 図 4.1　参入阻止価格

を設定することで，参入を断念させつつ，自社は利潤を得るという状況を作り出すことができる。この価格を**参入阻止価格**と呼び，こうした戦略を**参入阻止価格戦略**と呼ぶ。参入企業は利潤ゼロでは参入しないとすれば，最適戦略は c_2 に等しい価格にすることで，これによって既存企業の利潤は $(c_2 - c_1) \times S_2$ となる。これは独占利潤である $(p_1^m - c_1) \times Q_1^m$ より小さいが，参入を許し複占となったときの既存企業の利潤よりは大きい。

このとき生産しているのは既存企業 1 社であり，独占である。しかし，潜在的参入企業による脅威があり，このため独占価格より低い価格にせざるをえず，利潤も独占利潤より低くなっている。社会的厚生の損失（定理 2.9）も小さい。コラム 3.1 で，市場集中度と利潤率の相関が実証分析で確認されない場合があることを述べたが，潜在的参入という計測できない要因が残っている可能性も，その理由の 1 つである。

4.2　コンテスタブル市場

以上では $c_1 < c_2$ であることを前提とした。しかし図 4.1 から直ちにわかるのは，c_2 が下がり c_1 に近づけば近づくほど，参入阻止価格は下がって c_1 に近

づき，生産量は増えて S_1 に近づくことである。だとすれば，$c_2 = c_1$ になれ
ばベルトラン均衡（定理3.4）と一致し，社会的厚生の損失は消滅して，パレ
ート最適が実現するのではないか。そう考えた読者がいたとすれば，その慧眼
に拍手を送る。それがまさにコンテスタブル市場の理論だからである。**コンテ
スタブル市場**とは以下のように定義される。

┌─ **キーワード4.1** ─ コンテスタブル市場 ──────────────

参入障壁がなく，参入企業も既存企業とまったく同じ条件で生産・販売できる市
場。

　このためには原材料調達，販路，製造技術，製品技術，労働者技能などで参
入企業も既存企業と同じ条件にあり，同じ製品を同じ費用で生産できるのでな
ければならない。このことを参入障壁がないというが，それが実際には何を意
味するか，より詳しくは4.4節で説明する。

コンテスタブル市場における均衡

　よって線形モデルであれば，コンテスタブル市場では $c_1 = c_2$ であり，
これを単に c と書く。すると，参入を阻止するためには価格を c に等し
くせざるをえない。価格が c を少しでも超えているかぎり，新規参入が起
きるからである。よって，もはや参入も退出も起きないという意味で**持続
可能**（sustainable）**な均衡**では $p^s = c$ となる（均衡値に上付き添字 s を付
す）[2]。線形モデルでは c は平均費用（AC）でも限界費用（MC）でもあるか
ら，$p^s = AC = MC$ が成立している。

　U字型の平均費用曲線（キーワード1.7）ではどうか。この場合もまた，持
続可能な均衡では，価格と AC は等しくならざるをえない。既存企業が AC
を上回る価格で販売しているなら，それよりも微小に低い価格で参入すれば，
それでも AC を上回り利潤をあげることができるからである。しかもこの均
衡では，最小の AC，すなわち最小最適規模（MES）の生産量 q_{MES} のときの
AC（AC_{MES} とする）に等しくなければならない。すなわち，$p^s = AC_{MES}$ で

　2　持続可能な均衡という用語はボーモルらによる（下記の注4参照）。定理2.6では「長期的に
　は」という言葉を用いたが，もはや参入も退出も起きなくなる状態という意味で，「持続可能な均
　衡」と同義である。

第4章　参入とコンテスタブル市場　65

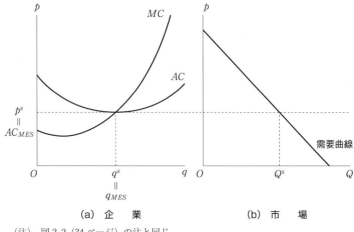

(注) 図2.2 (34ページ) の注と同じ。

● 図4.2 コンテスタブル市場の均衡——U字型平均費用曲線のケース

ある。

　これはなぜか。もし既存企業の価格が AC_{MES} を上回っているなら、参入企業は微小に低い価格を設定し、生産量を q_{MES} にすれば、正の利潤をあげられるからである。ただし、市場需要量は q_{MES} を超えていることが条件である。ここで理解してほしいのは、個々の既存企業の生産量が q_{MES} を上回っているなら、参入企業はそのうちの q_{MES} だけ販売すればよく、また、個々の既存企業の生産量が q_{MES} を下回っているなら、複数の既存企業をあわせた合計生産量のうち q_{MES} にあたる分だけ販売すればよいことである。参入企業はその販売価格で生じる需要のすべてに応える義務を持たない。ただし、この議論が成立するためには、既存企業が複数あることを前提とする。既存企業が1社のみ、すなわち独占の場合については次節で説明する。
　U字型平均費用曲線では、生産量が q_{MES} のとき平均費用と限界費用はそれぞれ AC_{MES}, MC_{MES} となり、キーワード1.7で述べたように、これらは等しい。よって持続可能な均衡では $p^s = AC_{MES} = MC_{MES}$ であり、各社生産量 (q^s) は q_{MES} に等しい。図4.2の (a) がこれを示す。市場レベルでの需要曲線は、図4.2 (b) で示されている。すると、価格 p^s に応じて需要量 Q^s が決まるから、これを q^s で割ることで持続可能な均衡における企業数が決定

する[3]。これは完全競争におけるゼロ利潤の定理（定理 2.6）で説明したこととまったく同じである。すなわち，完全競争均衡もまた持続可能な均衡である。

以上をまとめよう。

定理 4.1 ｜ **コンテスタブル市場における持続可能な均衡**

コンテスタブル市場において，もはや参入も退出も起きず企業数が一定だという意味で持続可能な均衡では，企業が 2 社以上であるかぎり，価格は平均費用にも限界費用にも一致する。

これは驚くべき定理である。第 2 章で，企業数が十分に大きい完全競争であれば価格と限界費用と平均費用の均等が実現すると述べた。そしてそのときには社会的余剰が最大化され，**見えざる手の定理**が実現すると述べた（定理 2.5）。ところが実は，市場がコンテスタブルであるかぎり，企業数が 2 社以上でさえあれば，企業数にかかわらず見えざる手の定理は実現することをコンテスタブル市場理論は教える。この点でベルトランの逆説（定理 3.4）と一致する。

コンテスタブル市場理論と競争政策

市場がコンテスタブルであるための条件は参入障壁がないことである。これにより潜在的参入企業からの競争圧力が十分に大きいのであれば，既存企業の数は（独占でないかぎり）重要な問題ではない。このことをコンテスタブル市場理論は示唆する。W. J. ボーモル，J. C. パンザー，R. D. ウィリグの 3 人により書かれた 1982 年のコンテスタブル市場理論の著書は，この理由で競争政策に大きな影響を与えた[4]。市場構造を評価するにあたり，市場集中度だけではなく参入障壁の評価がきわめて重要であることをコンテスタブル市場理論は教えたのである。

例えば，合併によりある市場における集中度が高まったとしても，その市場への参入（輸入品による参入を含む）が容易であると判断できるのであれば，そ

3　定理 2.6 同様に整数問題を無視し，企業数として決まる Q^s/q_{MES} は整数であると仮定する。この条件が満たされない場合には持続可能な均衡が存在しない可能性がある。拙著『新しい産業組織論』第 5 章参照。

4　W. J. Baumol, J. C. Panzar, and R. D. Willig, *Contestable Markets and the Theory of Industry Structure* (Harcourt Brace Jovanovich, 1982).

の合併による競争制限効果を心配する必要はなく，合併を容認してよいことになる。この観点から当事会社による対応が参入障壁を十分に低めるものとして合併（株式取得）が容認された例をコラム 4.1 に示す。なお，合併について詳しくは，第 12 章で解説する。

さらに，コンテスタブル市場理論はもう 1 つの政策分野である価格規制に大きな影響を与えた。すなわち，規制緩和への理論的支柱を与えたのである。このことを次節以降で説明しよう。

コラム 4.1　出光興産による昭和シェル石油の株式取得および JX ホールディングスによる東燃ゼネラル石油の株式取得（2016 年度）

この 2 件の統合（株式取得）が同時に実現すると，ガソリン元売業では，JX・東燃グループは日本国内マーケットシェアで約 50% となり 1 位，出光・昭和シェルグループは約 30% で 2 位となり，2 社集中度は約 80% となる。このため競争制限が懸念された。国内企業による参入は期待できない。ガソリンの需要は将来的にも低下が見込まれているうえに，製油所の建設には多大の費用がかかるからである。よって国内価格が上昇したときに参入の可能性があるとすれば，商社や大手ガソリン販売業者による輸入によってである。

ところが，ガソリンを輸入するには，輸入事業者は輸入量に応じて決まる量を常時タンクに備蓄することが法律により義務づけられている。このため商社等が輸入するには，自ら備蓄のためのタンクを建設するか，保有する事業者から借りる必要があった。建設には多大の費用がかかり，また現に保有する事業者は既存元売業者であるため貸借が容易に見込めない状況であった。すなわち，輸入への障壁は高いと見込まれた。

このことを公正取引委員会が指摘したところ，当事会社は，輸入業者に課せられる備蓄義務について，輸入数量が内需の 10% に相当する数量になるまで当事会社が自社で保有する原油または主燃油在庫を活用して肩代わりすること，輸入業者はタンクの維持管理に係るコストベースの委託料を支払うこと，を内容とする問題解消措置を講じることを申し出た。

これを受けて公正取引委員会は，「本件問題解消措置を前提とすれば，主燃油について，協調的行動に対する十分な牽制力となり得る輸入促進効果が認められると考えられる」として，統合を承認した。

　（参考）　公正取引委員会「平成 28 年度における主要な企業結合事例について」。

＊　なお，本件については協調的行動による競争制限が懸念されており，その観点から第

12 章でふたたび紹介する。

4.3 自然独占とラムゼイ最適

定理 4.1 では企業数が 2 以上とされていた。それでは 1 社だけだとどう変わるだろうか。

図 4.3 を見よう。これは，図 1.3 (d) でも示したが，U 字型平均費用曲線が右下がりのまま最小最適規模（MES）に満たない生産量で需要曲線と交差するケースである。この場合には，1 社で生産して市場需要に対応した方が，2 社以上で生産するよりも総費用を小さくできるから，独占を許容せざるをえない。こうした市場を**自然独占**（natural monopoly）の市場という。

┌─**キーワード4.2**──**自然独占市場**──────────────────
│ 規模の経済性が市場規模に比して十分に大きく，このため，1 社独占での生産
│ が，複数企業による生産よりも総費用を小さくできるような費用条件と需要を持
│ つ市場。
└────────────────────────────────────

自然独占でも，市場がコンテスタブルであれば，持続可能な均衡であるためには，価格は平均費用を上回ることができない。例えば，図にあるように，既存企業が価格を p' とし Q' を生産しているとしよう（独占なので企業生産量 q と産業生産量 Q を区別しない）。平均費用（AC）は p' より低いので，利潤が発生している。このとき，参入企業が p' よりも微小に低い価格，例えば p'' で販売し，その価格のもとでの需要量である Q'' を生産すれば，p'' も AC を上回るので参入により利潤を得られる。あるいは参入企業は既存企業と同じ Q' のみを生産してもよい。前節で述べたように，参入企業は全需要者に供給する義務を負わないからである。

ここで重要なのは，この参入は既存企業に置き換わる形での参入だということである。既存企業はすべての需要を参入企業に奪われ，退出せざるをえない。あるいはそれが不満なら，対抗値下げするほかはない。この対抗値下げは価格が AC を上回るかぎりは続く。よって持続可能な均衡では，価格と AC は一致せざるをえない。図における価格 p^s，生産量 Q^s がこれを示す。

第 4 章 参入とコンテスタブル市場　69

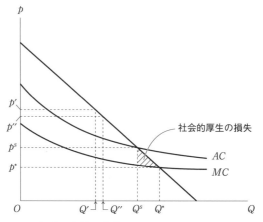

● 図 4.3　コンテスタブル市場の均衡——自然独占のケース

この均衡では，図にあるように，AC 曲線が右下がりであるため，限界費用（MC）は AC を下回る。よって次の定理を得る。

定理 4.2　自然独占のコンテスタブル市場における均衡

市場がコンテスタブルであり，かつ自然独占であれば，持続可能な均衡では企業数は 1 社となり，価格は平均費用に等しく，限界費用を上回る。

定理 2.5 の説明で述べたように，社会的余剰は価格と限界費用が一致する生産量（図では Q^*）で最大化される。$Q^s < Q^*$ であるから，均衡において社会的には過少生産であり，図において斜線で示された面積の分だけ社会的厚生の損失，いわゆるデッドウェイト・ロスが発生している。

ただし，社会的最適生産量 Q^* では平均費用が限界費用を上回る。よって，社会的最適のために価格を限界費用と等しくすれば，平均費用が価格（= 平均収入）を上回り，損失が発生する。これでは企業は存続しえない。したがって，政府が赤字補填のための補助金を出すのでないかぎり，社会的最適価格 p^* に価格を規制することは企業の退出をもたらし，供給ゼロとなって，かえって社会的に損失をもたらす。

社会的最適性

より現実的なのは，企業が存続しうるかぎりにおいて社会的厚生を最大化す

ることであろう。この考え方を提唱した経済学者の名をとって，これを**ラムゼイ最適**という。

> **キーワード4.3** ラムゼイ最適
>
> 企業の利潤が非負（すなわちプラスまたはゼロ）という条件のもとで社会的余剰を最大化する解。

パレート最適を**社会的最善**（ファースト・ベスト）というのに対し，ラムゼイ最適を**社会的次善**（セカンド・ベスト）ともいう。パレート最適が最も望ましいが，次に望ましいのはラムゼイ最適だからである。もちろん，完全競争均衡のようにパレート最適のときに利潤が非負であれば，ラムゼイ最適はパレート最適と一致する。

図4.3をもう一度見ると，(p^*, Q^*) がパレート最適であり，それに最も近い，すなわち社会的厚生の損失が最小で，平均費用が価格を上回らないのは (p^s, Q^s) であることがただちにわかる。よって次の定理を得る。

> **定理4.3** 次善の見えざる手の定理
>
> コンテスタブル市場における持続可能な均衡はラムゼイ最適を実現する。企業数が2社以上であれば，パレート最適も実現する。

2社以上の場合には，定理4.1によりパレート最適が実現され，利潤ゼロなのでラムゼイ最適でもある。自然独占の場合には持続可能な企業数は1となり，均衡で価格は限界費用を上回るため，パレート最適ではないが，ラムゼイ最適である。いずれにせよ次善解であるラムゼイ最適が実現するので，完全競争均衡においてパレート最適が実現されるとした「見えざる手の定理」に準じて，「次善の見えざる手の定理」と呼んでいる。

これは驚くべき定理である。市場構造としては独占であっても，コンテスタブルであるかぎりラムゼイ最適が達成されるというのである。自然独占として代表的な産業とされるのが，電力や有線電気通信（固定電話，光ファイバー・サービスなど）である。いずれも送電網や通信線網が必要であり，複数企業がそれぞれに設置するのは二重費用となるため，1社で供給した方が総費用が少なくて済む。すなわち自然独占である。

このため，これら産業では独占価格を設定しないよう，価格を規制すること

第4章　参入とコンテスタブル市場　71

が長くおこなわれてきた。規制価格は基本的に原価主義，すなわち原価をカバーできるかぎりで最低の価格に設定されてきた。原価とは基本的に平均費用であるから，平均費用に等しく規制価格を設定することになる。これはラムゼイ最適価格にほかならない。

ところが，次善の見えざる手の定理によれば，そうした規制なしに，市場がコンテスタブルでさえあれば，ラムゼイ最適は達成される。本章4.5節で詳しく説明するが，コンテスタブル市場理論が規制緩和や規制撤廃への理論的支柱とされるのはこのためである。

それでは，市場をコンテスタブルにするためには，すなわち参入障壁をなくすためには，何が必要か。いよいよこの議論に進もう。

4.4 参入障壁とサンクコスト

最初に**参入障壁**を定義しておこう[5]。

```
┌─ キーワード4.4 │ 参 入 障 壁 ─────────────
参入しようとする企業は負担する必要があるが既存企業は負担しなくてよい費用
があるとき，参入障壁があるという。
```

言い換えれば，既存企業が参入企業に対し費用優位性を持つとき，参入障壁があるという。

こうした費用優位性を生むのは，多くの場合，既存企業が何らかの資源，権利，能力などを排他的に所有していることによる[6]。有形資源としては建物，設備や鉱山，無形資源としては特許やブランド，能力としては経営者能力や従業員の技能などがある。また，許認可や（通信での）周波数帯の割当など法

5　G. J. スティグラーの『産業組織論』（神谷伝造・余語将尊訳，東洋経済新報社，1975，原著は1968年）における定義による。

6　企業戦略として見れば，こうした資源（リソース）や能力（ケイパビリティ）を持つことが競争上の優位性を生む。競争戦略論あるいは経営戦略論における主要理論として，ポジショニング・アプローチ（序章注2で記したポーターが代表的）に加え，資源アプローチ，リソース・ベースト・ビュー（RBV）またはケイパビリティ理論などと呼ばれるものがあるのはこのためである。例えば青島矢一・加藤俊彦『競争戦略論』（第2版，東洋経済新報社，2012）参照。この考え方のパイオニアはE. T. ペンローズの『会社成長の理論』（第2版，末松玄六訳，ダイヤモンド社，1980，原著は1959年）で，企業の本質を資源の集まりであるとした。

72　第Ⅰ部　基礎理論編

的・行政的な参入障壁もある。これらを既存企業は所有しているが，参入企業は所有しておらず，入手不能，あるいは入手に費用がかかるようであれば，既存企業は負担しなくてよいが参入企業は負担しなければならない費用があることになり，参入障壁となる。

機会費用とサンクコスト

ここで注意しなければならないのは，第1章1.3節で説明したように，費用には**機会費用**が含まれなければならないことである。機会費用とは，他の収益獲得機会を放棄したことによる費用である。単純な例として，生産に不可欠な機械があり，その購入には10万円を要し，耐用年数は10年で，毎年1万円ずつ減価するとしよう。そして中古市場が存在し，減価された額で売買されているとしよう。すなわち，1年を経過した機械は9万円で，2年を経過した機械は8万円で，などと売買可能な中古市場がある。金利や中古市場での手数料は無視する。

すると，既存企業が機械を購入してから1年後の時点で，既存企業はもはや新しい機械を購入する必要はないのに対し，参入企業は機械を購入する必要があるから，参入障壁が存在すると考えてよいだろうか。答えは否である。なぜか。

既存企業は，生産から撤退するのであれば，この機械を中古市場で9万円で売却することができる。したがって，もし売却せず使い続けるのであれば，9万円を稼得する機会を失っている。よって9万円の機会費用が発生している。一方，参入企業は同じ機械（1年間使用されて摩耗した機械）を中古市場で9万円で買うことができる。このため，既存企業にとっても参入企業にとっても同じ費用であるから，参入障壁は存在しない（より厳密には，この機械を残り9年使えること，1年後に8万円で売却することも可能であることから，年間費用は，既存企業にとっても参入企業にとっても1万円と見なすのが正しい）。

以上の議論は何を意味するか。それは，既存企業の資源等が参入障壁になるためには，その資源等を売却するなどして費用を回収することが不可能でなければならないことである。こうした費用を**サンクコスト**（**埋没費用**）という。

第4章　参入とコンテスタブル市場　73

| キーワード4.5 | サンクコスト |

不要になっても回収不能な費用。

　サンクコストは，いったん支払えば回収できない費用なので，生産量に合わせて変動することがない。この意味で**固定費用**（キーワード1.5）である。しかし，固定費用には回収可能なものもある。上の例であげた10万円の機械は固定費用だが，売却できるので，サンクコストではない。

　このことから，他の用途にも転用できる汎用の機械等や，中古市場が発達しているような機械等にかけた費用はサンクコストになりにくいことがわかる。逆に，何らかの理由で，他社が使っても同じ価値をもたらさないため企業特殊的と呼ばれる資産や，特定の取引関係のもとでしか同じ価値をもたらさないため関係特殊的と呼ばれる資産は，転売不能か，転売してもその費用をフルには回収できないので，サンクコストとなる。

　サンクコストは参入障壁をもたらす。投資済みの既存企業にとっては支払済みであり，回収もできないので，ほかに収益を獲得する機会もない。すなわち機会費用を発生させないのである。一方，参入企業にとっては，参入にあたって投資が必要である。このため，参入企業は負担する必要があるが，既存企業は新たに負担する必要はないという非対称性が生まれる。すなわち参入障壁である。

| 定理4.4 | **サンクコストと参入障壁** |

サンクコストの存在は参入障壁を形成する。

　本節前半で，参入障壁を生むものとして，既存企業による資源や能力の排他的所有をあげた。実は，これらもサンクコストによるものである。工場の建物や機械は，他の用途に転用できたり中古市場で売買できるのであれば，サンクコストとはならず，参入障壁をもたらさない。これはすでに述べたとおりである。特許や技術能力は支払済みの研究開発投資，ブランド力は支払済みの広告投資や販売促進投資により得られたものであり，これら投資費用は回収できない。よって許認可等を別とすれば，既存企業の費用優位性もまた，サンクコストとなった投資がもたらしたものであることがわかる。すなわち，参入障壁が

74　第Ⅰ部　基礎理論編

高いか低いかを判断するには，サンクコストとなる投資がどれだけ必要かを評価することが基本である。

電撃的参入という考え方

サンクコストの概念が参入障壁の評価に，そしてコンテスタブル市場理論の理解に決定的な役割を果たしていることを，別の角度から見よう。繰り返すが，サンクコストとは回収不能の費用である。よって企業が操業停止し，その市場から退出しても回収できない。このことを参入企業は念頭に置いて，参入するかどうかを決定する必要がある。

サンクコストがまったくないのであれば，参入企業は参入し，翌日に設備等をすべて売却して退出しても，1日分の変動費用以外には費用がかからない。こうした参入を**電撃的参入**と呼ぶ。戦争で，電撃的に敵国に侵入し，戦果を上げて直ちに撤退することにならい，このように呼ぶ。

4.2 節でコンテスタブル市場理論を説明するとき，既存企業が平均費用を上回る価格で販売していれば，それよりも微小に低い価格をつけて参入し利潤をあげることが可能であると述べた。これは寡占理論におけるベルトラン・モデル（キーワード 3.3）での仮定と同じである。

参入企業が既存企業の価格を所与とするというコンテスタブル市場理論におけるベルトランの仮定はなぜ不自然でないのか。自社が微小に低い価格で参入すれば，既存企業がそれからまた微小に低い価格で対抗してくるに違いないから参入しても利潤をあげられない，と参入企業は考えないのだろうか。答えは電撃的参入の可能性にある。参入後に既存企業が低価格で対抗してくるとしても，即時ということはありえない。1週間か，1日か，1時間か，遅れがあるに違いない。その間だけでも参入企業は利潤をあげることができる。その後すぐ退出しても，サンクコストがないなら，すべての投資費用を回収できる。

つまり，退出障壁がないからこそ参入障壁もない。サンクコストがなければこう結論でき，そのことが市場をコンテスタブルにして，次善の見えざる手の定理（定理 4.3）を成立させている。コンテスタブル市場理論のこの命題こそが規制緩和に大きな貢献をもたらしたのである。

第 4 章　参入とコンテスタブル市場　75

4.5 価格規制から規制撤廃へ

公益事業とは，公共の日常生活に不可欠な財・サービスを供給する事業を指し，交通（航空，鉄道，バス，道路），通信（郵便，固定または携帯電気通信），エネルギー（電力，ガス），上下水道などが代表的である。

これらについては自然独占の性質があり，このため独占的供給となるので，供給事業者が独占価格をユーザーに課さないよう価格を規制する必要がある。これが伝統的な考え方であった。

すでに 4.3 節で述べたように，価格規制は，原価に等しいレベルに価格を規制するという**原価主義**に則っておこなわれる[7]。しかしながら，こうした価格規制には 2 つの大きな問題点がある。

価格規制がもたらす過大資本投資

第 1 は，原価には資本費用が含まれなければならないが，その評価をどうするかである。広くとられてきた考え方は**公正収益率基準**と呼ばれるもので，資本市場における他の投資先から期待される収益率などを基準に公正と考えられる収益率を規制当局が決定し，規制対象事業の資本額にこの公正収益率を乗じた額を資本費用と見なし，これに原材料や労働など他の費用を加えたものを総費用として，生産量で除して原価を計算するものである。

この規制方法では，資本額を大きくすれば資本費用を大きくできるから，規制価格を高くできる。このため，企業は（資本に対する利益率は変わらないとしても）利益額を大きくするために，過大な資本投資をおこなうインセンティブを持つ。この効果を**アバーチ＝ジョンソン効果**と呼び[8]，米国では，いくつかの実証研究で，規制産業（例えば，電力）における生産関数と各生産要素価格

---

7 「原価」とは平均費用に近い概念であるが，経済学における費用の概念（第 1 章 1.3 節で述べた機会費用を含む）がすべて反映されているわけではない。以下で平均費用ではなく原価の語を用いるのはこのためである。よって，原価に等しい価格設定をラムゼイ最適といってよいか疑問がないわけではないが，経済学でいう平均費用を現実に計測することの実務的困難性を考慮して，原価でこれを近似することは許されるものとしよう。

8 H. Averch and L. L. Johnson, "Behavior of the Firm under Regulatory Constraint" (*American Economic Review*, 52 (5), 1962, 1052-1069).

76　第Ⅰ部　基礎理論編

を推定し，費用最小化問題を解いて最適な資本・労働比率を計算したうえで，実際の資本・労働比率と比較することにより，後者が大きいこと，すなわち過大な資本投資が起きていることが確認されている。

　もちろん，過大投資を防ぐには，規制当局が，企業が不必要な投資をしないよう監視すればよい。しかし，規制当局がこうした監視に必要な十分な知識や能力を持っていることは稀であり，企業が提出する資料に依存することになりがちである。資本以外の原価についても，その必要性の判断は企業からの提出資料に依存してなされる。こうしたプロセスを通じ，規制当局の判断は被規制事業者の利害に囚われがちになる。これを規制における**囚われ理論**（キャプチャー理論）と呼ぶ。事業者の便宜提供によって判断を歪めるような意識的で違法性の高い囚われではないとしても，規制当局は消費者よりも被規制事業者と日々接触するのが普通であるだけに，その考え方に無意識に影響されることはありがちで，その結果，囚われによる規制の歪みが起きるおそれが存在する。

価格規制が生む生産性向上意欲の欠如

　価格規制における第2の問題は，生産性向上へのインセンティブが欠如することである。原価主義に立つかぎり，事業者がコスト削減に成功しても，その分だけ価格の引下げを迫られ，事業者の利潤は変わらないことになる。これでは，研究開発投資によるにせよ，現場での工夫によるにせよ，生産性向上へのインセンティブは生まれない。

　そこで，こうしたインセンティブを確保する規制方法として，**上限価格規制**あるいは**プライス・キャップ規制**と呼ばれるものも提案された。これは，規制当局が毎年の上限価格を設定し，仮に事業者が原価をそれ以下にすることに成功しても，価格をこの上限に設定して，その差を利潤として受け取ることを許容するものである。上限価格は一定のルールによって毎年改定される。代表的なものは RPI マイナス X 方式と呼ばれるもので，RPI は小売物価上昇率であり，X は目標生産性上昇率であって事前に公表される。上限価格はこの RPI マイナス X の率で毎年改定される。

　この方式のもとでは，目標生産性上昇率（X）以上に生産性を上昇させれば，価格変化以上にコストを低減することができ，事業者は利潤を得られるから生産性上昇へのインセンティブが確保される。

第4章　参入とコンテスタブル市場　　77

ただし問題は X をどう設定するかである。現実性に欠けるレベルに設定すれば，ルールからの逸脱を事後的に許容せざるをえないことになりかねず，結局，原価主義に戻ってしまう可能性がある。このため，X の設定にあたっては事業者からの資料や聞き取りによって実態を把握することに努めることになるが，このプロセスでやはり囚われが起きる可能性がある。

こうした価格規制の欠陥への認識が深まるにつれ，市場の競争メカニズムを生かす形で規制緩和すべきだとの声が強くなり，それと前後して発表されたのがコンテスタブル市場理論であった。

規制撤廃に必要な制度設計

前節までで説明したように，市場がコンテスタブルであれば，自然独占の市場であってもラムゼイ最適が実現され，規制は不要である。ただしコンテスタブルであるためには，事業者がサンクコストとなる投資をする必要がないような制度設計が必要である。これが今日の**規制撤廃論**である。

それではどのような制度設計が必要か。電力事業を例にとろう。電力が生産され，消費者や工場などの顧客に届けられるまでの流れは，大きくいって発電・送配電・小売の3段階に分けられる。このうち，自然独占の要素が大きいのは送配電である。今日の発電所は確かに大規模ではあるが，例えば東京での電力需要を賄うには複数の発電所が必要である。小売もまた，複数の事業者が併存しうる。これに対し送配電には，発電所から需要地に送電し，顧客に配電するための送配電網が必要で，この送配電網には規模の経済性があって，1社が統一的・包括的に建設・維持して送配電サービスを供給することが社会的にも効率的である。しかも，送配電網はいったん建設すると，不必要になっても，そのほとんどの部分につき建設費を回収できないから，サンクコストをもたらす。このような性質を持つ設備を不可欠設備と呼ぶが，送配電網はその例である。

┌─ **キーワード4.6** 不可欠設備（エッセンシャル・ファシリティ）────

事業を営むにあたり不可欠な設備で，規模の経済性が大きいため自然独占をもたらし，またその設備建設にかかる費用がサンクコストとなるもの。

電力に限らず多くの公益事業において不可欠とみなされやすい設備は多い

78　第I部　基礎理論編

が，真に不可欠で自然独占をもたらすものは限定的である。鉄道では線路網は不可欠設備と考えられるが，運行サービスはそうではない。航空でも，空港は不可欠設備と考えられるが，飛行サービスはそうではない。また技術革新によりどの部分が不可欠かも変わりうる。電気通信では，固定電話では電話線網が不可欠設備と考えられていたが，携帯電話のための基地局に関する規模の経済性はより限定されており，複数事業者の併存が非効率ではない。

　不可欠設備にあたる部分については，確かに独占的な設備保有とサービス提供が必要となり，またサンクコストのゆえに十分にコンテスタブルでないことから，その利用についての規制あるいは公共的なサービス提供が必要である。しかし，その他のサービスにおいては，完全にコンテスタブルとはいえないまでも，潜在的あるいは顕在的な参入による競争圧力が期待できる。このことを利用して，不可欠設備部分とその他事業を分離し，前者については希望者は誰でも適正な価格で利用できるよう規制し，後者については規制を撤廃して，参入を自由化することが望ましい。この考え方を**上下分離**という。下部構造（インフラストラクチャ），例えば鉄道における線路網と，その上でのサービス提供，例えば鉄道運行サービスを分離するという意味である。

キーワード4.7　上 下 分 離

不可欠設備である下部構造と，その上で提供されるサービスを分離し，下部構造についてはその利用料（アクセス料金ともいう）を政府が規制しつつ，サービス提供希望者による利用（アクセス）を差別なく許容することを求める政策。

　下部構造については，空港のように公共的に建設され運営されている場合も，民間企業が保有している場合もある。後者の場合には，もともと上下を一体的に運営していた事業者が，規制改革に伴って下部構造へのアクセスを自由化するよう求められたケースが多く，他社によるアクセスを差別的に取り扱うことによって競争を阻害することがないか，競争政策として注視する必要がある。日本では例えばNTT東日本事件があった（コラム4.2）。

　このように，多くの公益事業に関連して，不可欠設備の分離という構造改革を伴いつつ，価格規制から規制緩和・規制撤廃へ，そして規制当局による事前規制から独占禁止法のルールに基づいた事後的な監視へという流れがある。それによって囚われを廃し，民間努力による創意工夫と生産性向上・サービス向

第4章　参入とコンテスタブル市場　　79

上を期待しているのである[9]。

コラム 4.2　NTT 東日本事件（2010 年 12 月最高裁判決）

　戸建て住宅向け光ファイバ設備を用いた通信サービス（FTTH サービスという）を NTT 東日本は 2001 年より開始し，ほかに 2 社が自らの設備を用いて提供していたものの，NTT 東日本は 82〜100% のマーケットシェアを得ていた。参入予定者が複数あり，彼らは NTT 東日本の光ファイバ設備利用を申し出た。NTT 東日本は電気通信事業法により，他の事業者からの請求に応じて自社設備に接続する義務が課せられており，その際に徴収する接続料については総務大臣の認可を受けることとされていた。

　NTT 東日本が FTTH サービスを提供するには，芯線直結方式（電話局からユーザーまで 1 芯の光ファイバで結ぶ）と分岐方式（電話局とユーザーの間に分岐装置を設け分岐してからユーザーにつなぐ）がある。集合住宅のように近隣に多くのユーザーがいる場合には分岐方式がユーザー当たりでコスト安となるが，戸建て住宅の場合には芯線直結方式が安くなる。NTT 東日本は FTTH サービスを戸建て住宅に提供するにあたり，ユーザー数が少ないため芯線直結方式を実際には使用しながら，将来的にユーザー数が増えれば分岐方式が有利になり単位費用を下げられるとして，分岐方式でユーザーが十分にいる場合の単位費用に基づいた価格である月額 5800 円でサービス提供した。

　参入各社は芯線直結方式での接続費用を NTT 東日本に払い，対抗して 5800 円でのサービス提供をすると赤字になる状況であった。また分岐方式で接続すれば，ユーザー数が十分であれば 5800 円で利益があげられるとしても，現実にはそれだけのユーザーを見込むことが不可能であった。

　このため，NTT が，実際には芯線直結方式でサービス提供しながら分岐方式に基づいた価格でサービス提供したのは，他社の事業活動を排除しようとしたものであるとして，公正取引委員会は 2007 年に独占禁止法における私的独占の禁止に違反するものと審決した。NTT 東日本は取り消し訴訟を提起したが，2010 年最高裁判決で違反が確定した。

　（参考）　伊永大輔・岡村薫「マージン・スクイーズによる私的独占——NTT 東日本
　　　事件」（岡田羊祐・林秀弥編『独占禁止法の経済学——審判決の事例分析』東京大

9　なお規制には，本節で述べた価格規制以外に，安全性や環境保全などの観点からの社会的規制や，欠陥商品や不当表示に対する消費者保護の観点からの規制がある。ここでの規制撤廃論は，これら規制の意義を否定するものではない。

学出版会，2009）。

● ポイント

4.1　参入障壁がまったくない市場をコンテスタブル市場と呼ぶ。

4.2　コンテスタブル市場の持続可能な均衡では，価格は平均費用に一致する。企業数が2以上であれば限界費用にも一致するため，社会的最適（パレート最適）が実現する。

4.3　自然独占のため企業数が1となる市場でも，コンテスタブルであればラムゼイ最適が実現する。ただしラムゼイ最適とは，利潤が非負という条件付きの社会的最適をいう。

4.4　参入障壁がないためにはサンクコストが存在しないことが必要である。

4.5　コンテスタブル市場理論は，公益事業においても，不可欠設備を分離し誰にでも平等に利用可能にすれば，価格規制の撤廃と参入の自由化がラムゼイ最適をもたらすことを示唆する。

◎ 練習問題○

4.1　市場がコンテスタブルであるための条件として正しいのはどれか。①限界費用が一定である。②サンクコストがない。③規模の経済性が大きい。

4.2　パレート最適とラムゼイ最適の関係として正しいのはどれか。①パレート最適な生産量で生産者がプラス利潤を得ているならラムゼイ最適でもある。②パレート最適であれば必ずラムゼイ最適でもある。③パレート最適の生産量はラムゼイ最適の生産量を必ず上回る。

4.3　独占市場であってもパレート最適またはラムゼイ最適が実現するための条件として正しいのはどれか。①参入が規制されている。②参入障壁がない。③サンクコストを払えば参入できる。

4.4　大学への入学にあたり入学金の支払いを求められるが，いったん支払った後に入学を辞退しても，ほとんどの大学では返還が認められない。一方，授業料については，前払いしても授業開始前であれば返還される（このことを求める判決がある）。この違いをサンクコストの概念を使って説明し，学生の行動にもたらす影響を考えなさい。

4.5　東京・大阪間の公共交通機関として航空，鉄道（新幹線を含む），高速バスが競合している。このうち，高速バスや航空については参入が起き，価格競争が起きているのに対し，鉄道へは参入が起きていない。この違いはなぜ起きたと考えられるか。

第4章　参入とコンテスタブル市場　81

第 II 部

戦 略 編

第5章

価格戦略の多様性

消費者にとって得か損か？

❖ は じ め に

　本章からの第II部では戦略編として，価格戦略，製品戦略，広告戦略，参入
阻止戦略，研究開発戦略，特許戦略といった企業のさまざまな戦略的行動につ
いて考えていく。最初は，価格に関する戦略的行動である。

　第I部では，完全競争・独占・寡占それぞれのもとで，また製品差別化があ
る場合も含め，市場均衡での価格がどう決まるかを見てきた。しかし現実には
企業はより複雑な価格戦略をとることがある。顧客別に価格を差別したり，逆
に差別しないことを公約したり，得意客にリベートを払ったり，複数商品をセッ
トで購入する顧客に割引したり，会費制をとって年会費と購入数量当たり価
格との2本立てにしたりするのがその例である。典型は携帯電話料金で，携帯
電話（ハードウェア）とセットか，何年契約か，インターネットも使うか，デー
タ量はどれだけか，光通信（固定回線）も同時に契約するか，などその料金
プランの多様性・複雑性には困惑する。しかも同一会社が別ブランドで格安プ
ランを提供するケース，動画などの配信サービスも同時に契約すると割引にな
るケース，電力も一緒に契約すると割引が受けられるケースなど，その複雑性
には携帯電話ショップの店員も音を上げているといわれる。さらには大学生諸
君には学割の適用もあったりして，まさに価格差別である。

　企業はなぜこうした価格戦略をとるのだろうか。そして社会的にはどう評価
したらよいのだろうか。簡単にいえば，消費者はそれによって得しているのだ
ろうか，損しているのだろうか。一見得をしているようだが，実は企業間の競

84　　第II部　戦略編

争を妨げ，結局は消費者の不利益になっている場合もあるのではないだろうか。そうだとすれば，競争政策としてどう対応するべきだろうか。これらの問題を本章で考えていく。

5.1　完全価格差別（第一種価格差別）

前章までの議論では価格は1つであり，すべての需要者にその価格で販売されるとしてきた。**一物一価の法則**といわれるものである。それではこの法則が成立する必要がなく，顧客ごとに異なった価格，あるいは購入単位ごとに異なった価格で販売することができるとすれば，独占企業はどうするだろうか。こうした行動を**価格差別**という。

第1章1.1節で例としてあげ，練習問題の2.3，3.1でも取り上げた線形の需要曲線をふたたび考えよう。図5.1がこれを示す。この商品を最も高く評価する消費者，すなわちそれからの限界効用が最も高い最初の消費者は，99円の**留保価格**（最大限その価格までだったら購入するという価格）を持っている。2番目の消費者は98円，3番目の消費者は97円，等々が留保価格である。最後に99番目の消費者は1円の留保価格である。消費者は整数でしか数えられないので，本来は需要曲線が階段状になるが，図では直線で近似する。数式では，逆需要関数として $p = 100 - Q$（p は価格，Q は需要量）と書くことができる。

販売する企業が独占であり，限界費用は一定で平均費用に等しく40円であるとしよう。もしこの企業が販売にあたり1個1個に異なった価格をつけることができるのであれば，明らかに最適戦略は1番目の顧客に99円，2番目の顧客に98円等々で販売し，最後に59番目の顧客に41円で販売することである。このとき，費用40円を差し引いた利潤（固定費用控除前）は $59 + 58 + \cdots + 1 = 1770$ 円となり，図では，40円の線の上の三角形の面積である $60 \times 60 \div 2 = 1800$ 円となる。階段状を直線で近似したことによる丸めの誤差が30円分あるが，以下，図に従って記述する。

賢明な読者は，この利潤1800円が練習問題2.3で計算した完全競争均衡（$p^c = 40, Q^c = 60$）における消費者余剰（$= (100 - 40) \times 60 \div 2$）と一致することに気がつくであろう。このことは一般的に成立する。すなわち，

第5章　価格戦略の多様性　85

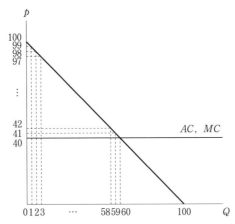

● 図 5.1　完全価格差別（第一種価格差別）

> **定理 5.1　完全価格差別（第一種価格差別）**
>
> 販売単位ごとに異なった価格で販売することを完全価格差別という。第一種価格差別ともいう。独占企業にとっての最適な完全価格差別戦略は、需要単位ごとに買い手の留保価格で販売することにより、すべての消費者余剰を利潤とすることである。

　図 5.1 では、生産者余剰（利潤プラス固定費用）1800 円、消費者余剰 0 円、社会的余剰 1800 円となる。完全価格差別のもとでは、常に生産者余剰と社会的余剰が一致し、消費者余剰はゼロである。もちろん、消費者余剰基準（第 1 章 1.4 節）に立つなら、これは許されるべきではない。ところが社会的余剰基準に立てば、完全な価格差別のもとでの社会的余剰は、完全競争均衡のもとでの社会的余剰に一致し、最大化されている。すなわちパレート最適である。価格差別がないもとでの独占均衡（定理 2.8）に比較すれば、販売量は多く、社会的厚生の損失も発生していない。完全価格差別ができる独占企業は、生産者余剰を最大化することにより常に社会的余剰も最大化しているからである。

完全価格差別がもたらす最適参入

　社会的余剰基準に立てば、完全な価格差別が社会的に貢献する場合がさらにある。図 5.1 に戻り、例えば、この商品を市場に出すためには、研究開発や販売チャネル開拓のために 1200 円の固定費用がかかるとしよう。価格差別でき

ないときの独占利潤（固定費用控除前）は 900 円である（練習問題 2.3）。この
ため，1200 円の固定費用を払えば赤字となってしまうから，この商品は市場
に出ることがない。一方，完全価格差別が可能であれば，独占利潤（固定費用
控除前）は 1800 円であるから，これから固定費用 1200 円を差し引いても 600
円の利潤を得ることができる。

　すなわち，価格差別がなければ発売されることがない商品が，完全価格差別
が可能であれば発売されることがある。どちらにしても消費者余剰はゼロなの
で，消費者余剰基準に立てば無差別であるが，社会的余剰基準に立てば前者で
はゼロ，後者ではプラスとなって，後者，すなわち完全価格差別が可能である
方が望ましいことになる。

完全価格差別に必要な条件

　完全価格差別が実行可能であるためには 2 つの条件が満たされる必要があ
る。第 1 は，売り手である企業が，買い手である消費者ごとの留保価格に関す
る情報を持っていることである。第 2 は，買い手間で転売が起きないことであ
る。すなわち，低い価格で購入した買い手がより高い留保価格を持つ買い手に
転売することができれば，利益を上げることができる。こうした行動を**鞘取り**
という。金融市場では，地理的に異なる市場間や現物市場・先物市場間で，低
価格市場で購入して高価格市場で売却して利益をあげる行為を**裁定取引**という
が，同様の行為である。鞘取りが可能であれば，留保価格の高い買い手も売り
手企業からではなく鞘取り市場での売り手（ただし元の市場では買い手）から購
入する方が有利となる可能性があり，価格差別は困難になる。

　もちろん，第 1 の条件，すなわち売り手による買い手留保価格の情報保有も
現実にはありそうにない。ただし今日ではネット商取引が一般化し，ネット販
売業者であるプラットフォーム事業者が買い手に関する情報を日々更新し蓄積
しているから，こうした情報に基づいて買い手特性を把握し，それに基づいて
留保価格を推定し，個々の買い手に異なった価格をオンライン上で提示するこ
とがある程度可能になってきているという。現段階では，こうした行動はある
としても限定的と思われるが，将来的にビッグデータの蓄積がさらに進み，人
工知能（AI）による解析が高度化すれば，完全に近い価格差別をおこなうに十
分な情報と能力を持つようになる可能性を否定できない。こうしたプラットフ

第 5 章　価格戦略の多様性　　87

ォームに関わる諸問題については，第14章で改めて議論する。

5.2 非完全価格差別（第二種・第三種価格差別）

企業が個々の消費者の留保価格についての情報を持っているというのは非現実的としても，需要曲線の形状や位置についての情報を持っているというのは現実的であり，前章までの議論でもこのことを仮定してきた。したがって，高い留保価格を持っている消費者から低い留保価格を持っている消費者まで多様な消費者がいることを知っている。このことを利用して，企業は売上を増やし，利潤を大きくできないだろうか。

第二種価格差別と自己選抜

図5.2を見よう。p^m と Q^m で示されているのは，図2.3と同じく独占均衡における価格と生産量である。もちろん，この価格はすべての消費者に適用される。

これに対し，次の戦略を考える。まず第1段階として，価格 p^1（$> p^m$）で販売する。すると，$(0, Q^1)$ 間の消費者は購入する。その後，第2段階として，価格 p^2（$< p^m$）で販売する。すると，$(0, Q^1)$ 間の消費者は購入済みなので購入しないが，残りの消費者，すなわち Q^1 より右側の消費者のうち，Q^2 までの消費者は購入する。よって，第2段階での需要量は $Q^2 - Q^1$ となる。総販売量は $Q^1 + (Q^2 - Q^1) = Q^2$ であり，独占均衡販売量 Q^m を上回る。利潤（固定費用控除前）は第1段階からの利潤である π^1（図で右上がり斜線で示した長方形の面積）と第2段階からの利潤である π^2（図で右下がり斜線で示した長方形の面積）の合計であり，単一価格の独占利潤 π^m（図でグレーで示した長方形の面積）よりも大きくできる（証明の概要は章末の数学注参照）。

完全価格差別が第一種価格差別であるのに対し，これを**第二種価格差別**という。第二種価格差別では，企業は事前には個々の消費者についての情報を持っていないが，事後的（販売後）には p^1 以上の留保価格を持つ消費者と p^1 未満 p^2 以上の留保価格を持つ消費者が区別される。

第二種価格差別が可能であるための条件は，p^1 以上の留保価格を持つ消費者が価格 p^2 で購入することを選択できない，あるいは選択しようとしないこ

88　第II部　戦略編

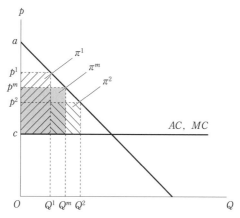

● 図 5.2 第二種価格差別（不完全価格差別）

とである。この代表例と考えられているのが時差の利用である。すなわち，販売当初は高価格とし，一定の時差を置いて，値下げ販売する戦略である。すると新しい物好きな消費者，ファッションに敏感な消費者は高価格で直ちに購入するのに対し，価格に敏感な消費者は将来的な値下げを待つであろう。季節ものであれば，夏のファッションを 5 月の売り出しと同時に買う消費者もいれば，7 月におこなわれるであろうバーゲンまで待つ消費者もいる。

　もう 1 つの例が書籍である。出版社は最初はハードカバーで販売し，一定期間が経ってから安いソフトカバー（文庫など）で販売する。それによって，高価格を払っても早く読みたい読者と，待ってもよいから安く買いたい読者が分離される。このように，購入行動を通じて自己の選好タイプを外部（この例では売り手企業）に顕示することを**自己選抜**（セルフ・セレクション）というが，第二種価格差別の特徴である。

　ただし書籍の場合には，単に時差の問題ではなく，ハードカバー固有のファンと文庫固有のファンが分かれている可能性もある。文庫版が出ていてもハードカバーを選択する読者もいるからである。そうであるとすれば，ハードカバー市場と文庫市場という別個の 2 つの市場があると考える方が適切な可能性がある。この考え方に基づく価格差別を**第三種価格差別**という。市場間での価格差別である。

第 5 章　価格戦略の多様性　89

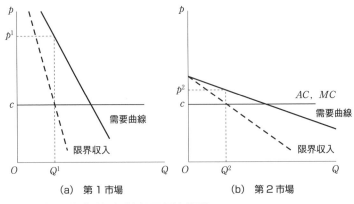

図 5.3　第三種価格差別（市場間価格差別）

第三種価格差別とラムゼイ定理

図 5.3 に示されているように 2 つの市場がある。それぞれにおいて独占である。するとラーナーの公式（定理 2.10）により，需要の価格弾力性が低い市場ではプライス・コスト・マージン（PCM）が高くなるから，限界費用が共通であれば，独占価格が高くなることがわかる。図では，(a) の第 1 市場では (b) の第 2 市場に比べ，価格による需要量の変化は少ないから，需要の価格弾力性が低い。この結果，独占企業はより高い価格を設定する，すなわち $p^1 > p^2$ である。これは，需要の価格弾力性が低い市場では，価格を上げても需要量の減少が少ないので，値上げによる売上や利潤へのダメージが少ないからである。

> **定理 5.2　市場間価格差別（第三種価格差別）**
> 複数市場で同一商品を販売している独占企業の場合，需要の価格弾力性が低い市場でより高い価格を設定することが最適行動である。

書籍の例では，ハードカバーを購入する読者は高価格をいとわないのに対し，文庫で購入する読者は価格に敏感であろう。すなわち需要の価格弾力性は後者の方が高いと考えてよい。よって出版社にとり，文庫を（装丁コストの差以上に）低価格にするのは，最適行動である。このように，第二種価格差別のようにハードカバーと文庫を同一市場と考えても，第三種価格差別のようにこれらを異なった市場と考えても，ハードカバー価格を文庫価格より高く設定す

るという行動は説明可能である。

　第三種価格差別である市場間価格差別においても，第一種価格差別である完全価格差別と同じように，鞘取りが起きないことが必要である。第2市場で安い価格 p^2 で買い，第1市場で p^1 以下で p^2 以上の価格で売れば，利鞘を稼ぐことができるからである。

　市場間価格差別は実はしばしば見られる。本書の読者の多くは学生諸君と想像するが，交通運賃や映画入場料における学生割引の存在は筆者から見れば羨ましいかぎりである。多くの学生が時間はあるが金はないとすれば（例外も多そうな気がするが……），需要の価格弾力性は高いと考えられ，学生割引による低価格は売り手にとって最適行動であることがわかる。学生割引を利用するには学生証の提示，他人への転売禁止が条件になるが，これは鞘取り行動を防ぐためである。

価格差別と社会的厚生

　価格差別は，高い価格を払わされる側にとって不愉快なことは間違いないが，社会全体にとっては，価格差別なしの独占均衡よりも望ましい場合がある。例えば，図5.2の第二種価格差別では，均衡生産量 Q^2 の右側で需要曲線と限界費用に挟まれた三角形の面積が社会的厚生の損失を表すが，$Q^2 > Q^m$ であることから，この面積は価格差別がある場合の方が小さい[1]。

　また価格差別はしばしば複数市場に供給する**自然独占**の場合に見られる。ここでいう自然独占では，キーワード4.2で言及したような**規模の経済性**だけではなく，複数市場へ同一企業が供給した方が別々の企業が供給するよりも費用削減できるという**範囲の経済性**も同時に起きる。第4章4.5節で，自然独占の例として鉄道や電力のような公益事業をあげたが，鉄道では旅客と貨物が同じ線路上を走ることにより，また電力では工場向け配電と一般家庭向け配電をあわせて供給することにより，範囲の経済性を実現しやすい。また，地域別に市場が成立する場合には，例えば大型発電所で発電して複数地域に供給すること

　1　ただし，消費者余剰は，価格差別があれば，図5.2で，生産量 Q^1 までの p^1 より上の三角形の面積と，(Q^1, Q^2) 間の p^2 より上の三角形の面積の合計となり，価格差別なしの場合の消費者余剰（Q^m より左側で p^m より上の三角形の面積）より小さい（章末の数学注のモデルを用いて計算すれば証明できるので，読者も試みるとよい）。よって，この例では，第二種価格差別が望ましいか否かは消費者余剰基準か社会的余剰基準かで異なることになる。

第5章　価格戦略の多様性　　91

により範囲の経済性が生まれる。

　自然独占の場合，利潤が非負という条件を考慮する必要があるため，ラムゼイ最適（キーワード 4.3）の概念が用いられる。すなわち，利潤が非負という制約のもとで複数市場の社会的余剰合計を最大化する。すると，需要の価格弾力性が高い市場ほど社会的最適価格が低くなることが**ラムゼイ定理**として知られている[2]。

価格差別と独占禁止法

　このように，価格差別そのものが社会的に問題とは必ずしもいえないため，競争政策の観点からも，価格差別が直ちに問題にされるわけではない。独占禁止法は「不当に，地域又は相手方により差別的な対価をもつて，商品又は役務を継続して供給することであつて，他の事業者の事業活動を困難にさせるおそれがあるもの」（第 2 条第 9 項第 2 号）を不公正な取引方法の 1 つとして禁止している。よって，（独占禁止法でいう）**差別対価**あるいは（経済学でいう）価格差別そのものが禁止されているわけではなく，禁止されるのは「他の事業者の事業活動を困難に」することによって，公正な競争が阻害される場合に限られている。この**公正競争阻害性**の要件は法律論的になるので，本章末の補論として，事例も含めて説明する。

5.3　料金体系の多様性

　日本最古の遊園地とされる東京浅草の花やしきで遊ぶためには，入園料1000 円（大人）を払い，乗り物に乗るごとに「のりもの券」で支払う。のりもの券は 1 枚 100 円で，乗り物の種類により 1 回乗るごとに 2〜5 枚ののりもの券を必要とする[3]。

　このように，固定料金（入園料）と利用回数や使用量に応じて支払う変動料金（乗り物料金）とからなる料金体系を**二部料金制**という。遊園地やスポーツ

2　W. J. Baumol and D. F. Bradford, "Optimal Departures from Marginal Cost Pricing" (*American Economic Review*, 60 (3), 1970, 265-283). 拙著『新しい産業組織論』第 5 章補論。

3　https://www.hanayashiki.net/fee（2019 年 1 月アクセス）。

92　第 II 部　戦略編

クラブでも使われるが，より広く使われているのは電話（固定，携帯），電力，ガス，水道などの公益事業で，基本料金と従量料金の二部料金制になっている。これらについては，配線・配管して消費者がいつでも必要なときに利用できる体制を維持する必要があるから，利用料にかかわらず基本料金を徴収することが合理的でもあり，事業者の費用構造にも対応している。

二部料金制のもう1つの重要な例は，企業間で結ばれる**フランチャイズ契約**に伴って見られる。コンビニ・チェーンやファストフード・チェーンで一般的で，チェーン本部がフランチャイザー，すなわちフランチャイズする主体となり，店舗オーナーがフランチャイジー，すなわちフランチャイズを受ける主体となって，両者間で結ばれるのがフランチャイズ契約である。この契約でも，経営指導料やブランド使用料などの名目で固定料金がフランチャイジーからフランチャイザーに支払われ，さらにフランチャイジーは，仕入商品や調理材料の費用を仕入量に応じてフランチャイザーに支払う。こうした事業者間のフランチャイズ契約や二部料金制については，垂直的取引関係に関連するものとして，第13章でも説明する。

料金プランによる自己選抜

花やしきの例に戻ろう。実は花やしきでは，2300円の「フリーパス」も販売している。入園料として同じ1000円を支払う必要があるが，それに加えてフリーパスを購入すれば，すべての乗り物に何回でも乗れる。表5.1のプランAはのりもの券利用枚数（q）に応じて，総支払額がどう変わるかを示している。

明らかにのりもの券を24枚以上使用する予定の入場者はフリーパスを購入した方が，また22枚以下使用する予定の入場者はのりもの券を購入した方が有利である。23枚使用する予定の入場者はどちらでも無差別である（以下では説明上，フリーパスを購入するものとする）。よって，多数回利用予定者（23枚以上利用予定者）はフリーパスを購入し，少数回利用予定者（22枚以下利用予定者）はフリーパスを購入しないという形で**自己選抜**が起きる。

表5.1にはこの他に2つの料金プランを例示した。プランBでは，東京ディズニーランドでの方式に倣い，入園料・乗り物料金の区別なく1日利用放題という「パスポート」を購入することができる。プランCでは，フリーパス

● 表 5.1　遊園地料金の 3 プラン

	プラン A （花やしき）		プラン B	プラン C
	のりもの券 方式 (1)	フリーパス 方式	パスポート 方式	のりもの券 方式 (2)
入園料	1000	1000	3300	2150
乗り物料金	$100 \times q$	2300	0	$50 \times q$
総支払額				
$q = 22$	3200	3300	3300	3250
$q = 23$	3300	3300	3300	3300
$q = 24$	3400	3300	3300	3350
利潤 （$c = 50$ とする）				
$q = 22$	2100	2200	2200	2150
$q = 23$	2150	2150	2150	2150
$q = 24$	2200	2100	2100	2150

やパスポートはないが，高い入園料を選択すれば，のりもの券は半額の 1 枚 50 円で購入できる（のりもの券方式 (2) とする）。ただし，プラン B でもプラン C でも，プラン A と同じのりもの券方式（のりもの券方式 (1) とする）を選択することも可能であるとする。

　また，表には企業にとっての利潤も示した。ここでは，のりもの券 1 枚当たり 50 円の費用がかかるものと仮定している（乗り物の種類によりのりもの券 2〜5 枚必要なので，乗り物ごとの費用が 1 回乗車当たり 100〜250 円かかると考える）。

　利用者の支払額にしても企業の利潤にしても，フリーパス方式とパスポート方式に何らの違いはない。のりもの券方式 (2) はどうか。総支払額を見ると，この場合もやはり，22 枚以下利用者はのりもの券方式 (1) を選び，23 枚以上利用者はのりもの券方式 (2) を選ぶという形で，自己選抜が起きる。しかも企業にとって，のりもの券方式 (2) にはフリーパス方式やパスポート方式にはないメリットがある。後者では，利用者が追加的に乗り物を利用することによる収入増がない，すなわち限界収入がゼロであるのに対し，のりもの券方式 (2) では限界収入が 50 円とプラスである。限界費用も 50 円なので，乗り物利用増に伴って利潤が増えることはないが，フリーパス方式やパスポート方式の場合のように追加利用による費用増だけ利潤が減るわけではない。これら（フリーパス方式，パスポート方式，またはのりもの券方式 (2)）を購入する入園

94　第 II 部　戦　略　編

者は 23 回以上乗り物を利用する人々であるから，企業にとり，のりもの券方式 (2) が有利である。

　社会的にも，のりもの券方式 (2) は望ましい。価格も限界費用も 50 円で一致するからである。この意味で，完全競争均衡（定理 2.2，定理 2.5）と一致し，よって乗り物利用回数は社会的最適になる。そう考えると，現実の花やしきでのりもの券方式 (2) がとられていないのは，社会的にも，経営戦略としても残念である。ただし他の遊園地との競争により，多数回利用者でも総支払額を 3300 円までに収めなければならないという考慮が働いているのかもしれない。

　いずれのプランにせよ，これらも価格差別である。変動部分の価格は，のりもの券方式 (1) では 100 円であるのに対し，フリーパス方式やパスポート方式では 0 円，のりもの券方式 (2) では 50 円と差別されている。また，企業は事前（購入前）には消費者のタイプを知らないが，事後には自己選抜が起きることで，消費者タイプ（23 枚以上利用者か否か）を知ることになる。したがって，こうした二部料金制を用いた価格差別も第二種価格差別にあたる[4]。

5.4　最恵待遇と価格対抗

　価格差別は顧客間で価格を差別するものであった。逆に，価格の差別をしないことを保証する戦略もある。**最恵待遇**である。通商条約などにおいて，他のどの国よりも不利でない取扱いをすることを約束する条項を最恵国待遇（most-favored nation を略して **MFN**）という。江戸時代末期に米ロ蘭英仏 5 カ国と日本が結んだいわゆる不平等条約で，5 カ国には MFN が認められたが日本には認められなかったことが，日本にさまざまな不利をもたらしたことを日本史の授業で学んだであろう。

　同様に，売り手が顧客に対し，他のどの顧客よりも不利でない取扱いをする

---

[4] 第二種価格差別の語を初めて使った A. C. ピグーはその 1920 年の著書で本章 5.2 節で説明した意味で用いていたが，最近では，本節で説明したように，二部料金制（また，より広い意味では非線形の価格体系）を用いて消費者タイプを識別するためのものを第二種価格差別と呼ぶことが多い。以下の展望論文参照。L. A. Stole, "Price Discrimination and Competition" in M. Armstrong and R. H. Porter [eds.], *Handbook of Industrial Organization*, Vol. 3 (North-Holland, 2007), chap. 34.

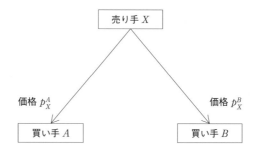

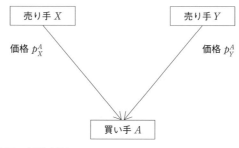

● 図 5.4　最恵待遇と価格対抗

ことを約束することを最恵顧客待遇（most-favored customer を略して **MFC**）という。図 5.4 (1) を見よう。売り手 X が顧客 A, B にそれぞれ p_X^A, p_X^B の販売価格を提示している。このとき，A に対し，$p_X^A \leqq p_X^B$ であることを約束するのが MFC である。このように顧客についてのものであるが，外交用語として MFN の言葉が広く知られているため，MFC についても MFN と呼ばれることが多い。以下では単に最恵待遇と記す。

最恵待遇を受けることは，一見すると顧客に有利に思える。特に最恵待遇が事後的にも遡及されて適用されるのであれば，p_X^A を支払って購入したあとに B がより安い価格で購入したことを知ったときには，X に対し超過分の払戻しを請求できるので，A は安心して，B が購入するのを待つことなく，また B の購入価格を事前に調査することなく，購入することができ，購入延期や価格調査などによる広い意味での取引費用を節約できる。

しかし，実は最恵待遇は価格競争を妨げる効果を持つ。一部の顧客，例えば

B に対してだけ値引きすることができないからである。読者も，大型店や町の商店で値引き交渉して，「それではお客さんだけに値引きしましょう」といわれたことがあるだろう。最恵待遇では，こうした値引きはできなくなる。そのことがわかれば，他のすべての顧客にも値引きしなければならなくなるからである。すなわち，値引きへのインセンティブは低下し，価格が高止まりする可能性がある。

価格対抗

最恵待遇と対照的なものとして価格対抗保証（price-matching guarantee を略して**PMG**）がある。これは売り手 X が，顧客に対し，他の売り手，例えば Y よりも不利な条件で販売することはないことを約束するものである。図5.4（2）がこれを示す。X が顧客 A に対しオファーする価格 p_X^A は Y がオファーする価格 p_Y^A よりも高くはないことを保証する。「他店がより安い価格であれば，そのチラシを持参ください。同じ価格に値引きします」と宣伝するのはまさに PMG である。以下，**価格対抗**と記す。

価格対抗も，一見すると，売り手間での価格競争が活発なことの反映であるように思える。また買い手の立場としては，最恵待遇と同様に取引費用を節約できるように思える。特に価格対抗が遡及して適用される場合，すなわち，X で購入後に Y でより安いことに気がつけば，その証拠を X に見せて超過分を払い戻してもらえる場合には，手近な X で買ったあとでも他店で安ければそれとの差額を X に請求できるので，多くの店を回って調べてから一番安かった店に戻ってようやく購入するという手間と費用を省けるからである。

ところが，価格対抗も価格引下げを抑制する効果を持つ。Y は，自分が値引きしても，顧客がその情報を持って X に行き同価格での販売を要求するだけで，自社の売上にはならないと考えるからである。よって安値攻勢を仕掛けるインセンティブは失われ，客が他店価格情報を持参して値引きを要求してきたときのみ値引きに応じればよい。すべての店が同様に考えれば価格競争は弱まる。以上をまとめておこう。

| 定理5.3 | **最恵待遇と価格対抗** |

最恵待遇（正確には最恵顧客待遇，MFC または MFN）は，顧客に対し，他の

どの顧客よりも不利でない条件で販売することを約束するものである。価格対抗（正確には価格対抗保証，PMG）は，顧客に対し，他のどの売り手よりも顧客にとり不利でない条件で販売することを約束するものである。いずれも顧客にとっての取引費用を節約する効果があるが，売り手の価格引下げインセンティブを減じ，価格競争を抑制する効果もある。

　このため，最恵待遇も価格対抗も競争政策の観点から大きな関心が寄せられている。ただし，「他店でより安ければ，同じ価格に値引きします」といった商行為あるいは宣伝を独占禁止法の観点から違法とすべきかどうかは判断が難しい。違法とすれば，価格競争を禁止しているように誤解される可能性もあるからである。

　ただし，売り手と買い手の間に代理店や小売店が介在し，これら代理店や小売店が支配的な存在となり，売り手に対し最恵待遇を要求するような場合には，競争制限効果が明確となり，競争政策として問題になる余地が発生する。実は，このプラットフォーム間同等性条項（APPA）と呼ばれる問題は，電子商取引のためのオンライン・プラットフォーム事業者の巨大化に伴い顕在化しており，日本や欧州の競争当局が問題にした事例も起きているので，第13章13.5節で詳しく説明する。

5.5　忠誠リベート，セット割引，抱き合わせ販売

　価格差別や最恵待遇・価格対抗以外で，価格の企業行動として競争政策上問題になりうるものをいくつかこの節でまとめよう。

数量割引と忠誠リベート

　同一商品を多く買うことにより割引を受けることは一般的に見られる。スーパーでリンゴを買うのでも，1個買えば200円のものが，5個入りパックで700円で売られていたりする。こうした割引は数量割引（ボリューム・ディスカウント）と呼ばれる。工場などで，原材料を大量発注すれば単価を安くできることは規模の経済性を生む理由の1つとされる。もちろん，通常は競争政策として問題になるわけではない。

　この変形として，「100% 当社から買ってくだされればお安くします」という

ものがある。多くの場合，価格そのものを値引きするのではなく，あとで売り手から買い手に対してリベートとして払い戻す形をとり，100% 購入という形で自社に忠誠な顧客にのみ適用するので，こうした行為を**忠誠リベート**（ロイヤルティ・リベート）という。80% 以上買えば 5% リベート，90% 以上買えば 10% リベートなどと購入量に占めるシェア（占有率）に応じて累進的に払うこともあり，**占有率リベート**とも呼ばれる。

　複数企業が同等の競争力を持っており，また売り手 X から売り手 Y に調達先を変えることが買い手にとって容易であれば，忠誠リベートが競争制限効果を持つことは考えにくい。100%X から購入する買い手もいれば 100%Y から購入する買い手もいるだけである。

　ところが，X が圧倒的な市場シェアを持っていたり，特定のモデルについては Y や Z では供給できず X からしか購入できなかったりすれば，X による忠誠リベートは，買い手にこの特定モデルを含む全調達品を X から仕入れるインセンティブを生み，Y や Z を排除する効果を持つことがある。そのため，これにより競争が制限されれば，独占禁止法が禁止する私的独占（キーワード序 1）にあたると判断される可能性がある。そうした事例をコラム 5.1 に記す。

　公正取引委員会は，「市場における有力な事業者が占有率リベートを供与し，これによって取引先事業者の競争品の取扱いを制限することとなり，その結果，市場閉鎖効果が生じる場合には，不公正な取引方法（あるいは私的独占）に該当し，違法となる」と公表しているが，こうした事例を踏まえてのことである[5]。

コラム 5.1　インテル事件（2005 年 4 月審決）

　インテル（株）は米国インテルが全額出資する日本法人で，パソコンに搭載するセントラル・プロセッシング・ユニット（CPU）を米国インテルから輸入し国内でパソコン・メーカーに販売していた。2003 年にはインテルのシェアは 89%（CPU 国内総販売数量に占める比率）に達していた。同社は，2002 年 5 月頃から，CPU の販売先である国内パソコン・メーカーのうち主要 5 社に対し，当該メーカーのパソコン搭載 CPU のうちインテル製の占める比率を 100% または 90%

---

5 「流通・取引慣行に関する独占禁止法上の指針」（2017 年改定），第 3，2，(2) ア。カッコ内は筆者付記。市場閉鎖効果については第 8 章 8.4 節でより詳しく説明する。

第 5 章　価格戦略の多様性　　99

以上とすること，または，生産数量の比較的多い複数の商品群に属するすべてのパソコンに搭載する CPU について競争事業者製 CPU を採用しないこと，のいずれかを条件としてリベートを提供した。この結果，競争事業者（日本 AMD および米国トランスメタ）のシェアは低下した。

公正取引委員会は，インテルは CPU 販売に係る競争事業者の事業活動を排除することにより競争を実質的に制限したとして，私的独占の禁止に違反したとする審決を出した。

(参考) 玉田康成・垣内晋治「リベートと私的独占——インテル事件」（岡田羊祐・林秀弥編『独占禁止法の経済学——審判決の事例分析』東京大学出版会，2009）。

セット割引

数量割引や忠誠リベートは同一商品の購入数量や購入割合に応じて買い手が受ける割引であるが，複数商品の購入に応じて買い手が受ける割引もある。例えば筆者のよく行く喫茶店では，コーヒー 400 円，サンドウィッチ 600 円であるが，セットで注文すれば 800 円である。この価格設定は表5.2 に示されたような 3 人の客がいると考えると合理的である。表にある数字はそれぞれの留保価格を示すから，価格がこれ以下（同額を含む）であれば購入する。このため，セットがなければ A がコーヒーのみ，B がサンドウィッチのみ購入するから，売上 1000 円，利潤 500 円に留まるが，さらにセットを加えることで C も購入し，売上は $400 + 600 + 800 = 1800$ 円となり，利潤も 800 円に増加する。こうした**セット割引**の例は，ほかにも，航空券とホテル予約を個々におこなうよりパッケージ・ツアーを購入すると安くなるとか，パソコンとソフトを一緒に買うと安くなるなど多い。

また規制緩和により参入が自由化された公益事業でも，携帯電話と固定電話（光通信サービスを含む）のセット割引，電力とガスのセット割引など，さまざまなセット割引が提供されている。特にこれら市場では，規制緩和前に当該市場で独占供給していた企業が他市場に参入するにあたり，その広い顧客ベースを利用して大幅なセット割引を提供することにより，他市場既存企業や新規企業による，当該市場または他市場における競争を困難にすることが懸念された。そのため，公正取引委員会と経済産業省は，例えば電力事業に関連して，

● 表5.2 喫茶店の3人の客の留保価格と費用

	コーヒー	サンドウィッチ
客 *A*	400	200
客 *B*	100	600
客 *C*	300	500
単位当たり費用	200	300

かつての地域独占企業（以下でいう「区域において一般電気事業者であった小売電気事業者」）による「セット割引による不当な安値設定」を警戒して，以下のように記している。

「区域において一般電気事業者であった小売電気事業者が，自己の電気と併せて他の商品又は役務の供給を受けると電気の料金又は当該他の商品若しくは役務と合算した料金が割安になる方法で販売する場合において，供給に要する費用を著しく下回る料金で電気を小売供給することにより，他の小売電気事業者の事業活動を困難にさせるおそれがあるときには，独占禁止法上違法となるおそれがある。」[6]。

ただし難しいのは「供給に要する費用」をどう考えるかである。例えば電気とガスのセットの場合，ガス製造に要する原料費やガス管利用料はガス事業に伴う費用として明確だが，課金に要する費用など両事業に共通にかかる費用をどう両事業に配分するかは困難な問題である。ガス供給に要する費用増分は，電気事業をすでに営んできた企業にとっては同じ課金システムを使えるから小さいが，ガスを独立採算事業として運営する企業と同等に考えるなら，課金費用をフルに含めなければならないからである[7]。

このため，独占禁止法における不当廉売禁止の規定（第8章コラム8.1参照）を適用するには困難が残るが，セット割引自体が違法とされているわけではない。特に，この課金費用の例のように，セット供給により範囲の経済性（本章5.2節参照）が働くのであれば，セット割引は合理的であり，社会的にも望ましい。

6　公正取引委員会・経済産業省「適正な電力取引についての指針」（2017年），第二部，I，2（1）①イ i（i）。

7　拙著『競争政策論 第2版』第8章で事例（ヤマト運輸 対 日本郵政公社）を交え詳しく説明している。

抱き合わせ販売

セット割引では，バラで買う選択肢がある。これに対し，セットでしか購入できない場合，**抱き合わせ販売**という。こうした制約を加えることは，通常は需要を減らし企業にとっても合理的ではない。例えば表 5.2 の例でいえば，抱き合わせで 3 人に売ろうと思えばセット 600 円にせざるをえず，売上 1800 円および利潤 300 円に留まる。セット 700 円にすれば B と C が購入し売上 1400円および利潤 400 円，800 円にすれば C しか購入せず売上 800 円および利潤300 円である。いずれも，単体でもセットでも販売したときの合計利潤 800 円より小さい。

抱き合わせ販売自体が問題にされることはない。実際，組み立てられた商品は部品の抱き合わせ販売と見ることも可能で，例えば，車はボディとエンジンとタイヤの抱き合わせと呼べないこともない。さらに，とんかつ定食はとんかつとライスと味噌汁の，スマホはハードウェア（筐体や CPU）と OS（Android や iOS）の抱き合わせ販売である。

抱き合わせ販売が問題になるのは，1 つの市場において独占的な企業が，他市場における競争者を排除するために抱き合わせ販売する場合である。この例としてたびたび問題にされたのがマイクロソフトで，コラム 5.2 にまとめたが，OS 市場における独占的地位を利用してアプリケーション・ソフト市場における競争者を排除しようとしたことが反トラスト法（米）や独占禁止法（日）の違反とされた。このように，抱き合わせ販売も，差別対価その他と同様に，直ちに違法ではないが，公正な競争が阻害される場合には独占禁止法違反とされる。

コラム 5.2　マイクロソフト事件（米国，日本，EU）

パソコンのオペレーティング・システム（OS）として，マイクロソフト社（MS）の Windows は 1995 年の Windows 95 発売以来，アップル社の Mac を別として，事実上の標準となり，パソコン OS 市場の 9 割以上のシェアを占めている。MS は同時に Windows 上で機能するアプリケーション・ソフトを多く発売している。ワープロソフトの Word，表計算ソフトの Excel，ブラウザの Internet Explorer (IE)，メディアプレーヤーの Windows Media Player (WMP) などである。これらについても，他社を圧倒し，現在では事実上の標準となっているものが多い

ことから，MS が OS 市場における支配的地位を利用して，アプリケーション・ソフトを抱き合わせで販売し，競争を阻害しているとの見方が有力となり，米日欧で競争政策の観点から問題にされた。

　最初に問題としたのは米国で，Windows と IE との抱き合わせについて 1998年に独占化行為（おおむね日本の私的独占にあたる）であるとして司法省が提訴した。インターネットは 1990 年代に徐々に利用が広がっていったが，その大きな契機となったのは，一般ユーザーにも使いやすいブラウザとして，イリノイ大学の学生によって Mosaic が開発され，後に改名して Netscape として商用化されたことであった。このため，Netscape はブラウザとして最も広く使われていたが，MSが IE を開発し Windows に組み込んで発売を始めたため，シェアを急激に落とし，後に事実上消滅したのである。MS は，IE を OS と一体化したことにより機能を向上できたと反論したが，司法省は，MS が Netscape の Windows 上でのインストールを意図的に難しくしているなどと主張し，裁判所は反トラスト法違反を認めた。これを受けて司法省と MS は和解し，その中で MS は，Windows のためのアプリケーション・ソフト開発に重要な API（アプリケーション・プログラミング・インターフェース）を Netscape 社やその他希望者に提供することなどを約束した。

　日本でも，1998 年に公正取引委員会は IE との抱き合わせ販売につき MS に警告した。また同年に，Word と Excel の抱き合わせ販売について，独占禁止法違反として勧告審決をおこなった（その後の独占禁止法改正により勧告審決の手続はなくなり，現在では排除措置命令の手続がとられる）。これは，当時，表計算ソフトでは Excel がトップシェアを占めていたが，ワープロソフトでは競合する一太郎がトップシェアを占めており，PC メーカーがこれらソフトをプリインストールして PC を販売しようとしたときに，MS が Excel のみの供給を拒否し，Word とのセットでのみ供給したため，ワープロソフト市場における一太郎との公正な競争を阻害したと判断されたからである。

　一方，EU は Windows と WMP の抱き合わせを EU 法における支配的地位の濫用として問題にして，2003～04 年に，WMP 抜きの Windows も発売することや，他社製メディアプレーヤーの Windows 上でのセットアップを容易にすることなどを MS に命じるとともに，制裁金を科した。

　（参考）日本の事案については，石岡克俊「表計算ソフトと他のソフトの抱き合わせ」（『経済法判例・審決百選 第二版』128-129 ページ）。

第 5 章　価格戦略の多様性　103

● ポイント

5.1 価格差別には第一種価格差別（完全価格差別），第二種価格差別（非完全価格差別），第三種価格差別（市場間価格差別）があり，第一種価格差別では需要単位ごとにその留保価格で販売する。第二種価格差別では時差を置くなどして複数価格で販売する，あるいは二部料金制で複数の価格体系を用いて販売する。第三種価格差別では同一商品を複数の市場で異なった価格で販売する。

5.2 第一種価格差別では売り手はすべての買い手の留保価格についての情報を得ている必要がある。第二種および第三種価格差別では，需要曲線についての情報のみを得ていればよい。第二種価格差別では，買い手は購買行動を通じて自己選抜し，自己の選好タイプを顕示する。

5.3 第三種価格差別では，売り手は，需要の価格弾力性が低い市場で高い価格を設定する。

5.4 最恵待遇や価格対抗には，消費者にとり取引費用を下げるという社会的プラス効果もあるが，売り手の価格競争を阻害するマイナス効果もある。

5.5 価格差別（独占禁止法では差別対価）や忠誠リベート，セット割引，抱き合わせ販売などは直ちに独占禁止法違反となるものではないが，それにより公正な競争が阻害される場合には違反となる。

◎ 練習問題◯

5.1 JR の普通運賃は地域間で価格差別が起きている（50km 乗車の幹線普通運賃は本州の JR3 社で 840 円，JR 北海道で 930 円，JR 四国で 950 円，JR 九州で 940 円，2019 年 1 月時点）。これに対し文房具の価格は，札幌でも東京でも福岡でも基本的に同じである。この違いが生まれるのはなぜか。①鉄道は独占だから。②鉄道については需要の価格弾力性が低いから。③鉄道運賃については鞘取りが不可能だから。

5.2 メーカーは，同一商品のパッケージのみ変更して，一部をブランド品（ナショナル・ブランド，NB）として高い価格で販売し，一部をノーブランド品や小売店プライベート・ブランド品（PB）として安い価格で販売する戦略をとることがある。これはなぜか説明しなさい。

5.3 小売店チェーンには，年会費を納めて会員になれば購入ごとに割引（またはポイント）が受けられる会員制度をとるところがある。こうした会員制度を導入する主たる理由はどれか（複数回答可）。①年会費で収入増を狙う。②よく購入する顧客を囲い込む。③顧客についての情報を得る。

5.4 最恵待遇や価格対抗について正しいのはどれか（複数回答可）。①誰よりも安く買える（最恵待遇）あるいはどの店よりも安く買える（価格対抗）ので，買い手にとり常に望ましい。②買い手の取引費用を減らす可能性がある。③買い手による売り手との値引き交渉を難しくする。

5.5 セット割引や抱き合わせ販売についての独占禁止法の規定として正しいのはどれか。①違反である。②公正競争を阻害するときには違反である。③競争を促進することを事業者は証明する必要がある。

【数学注】第二種価格差別における価格と利潤の決定

線形モデル（キーワード2.3）を仮定するので逆需要関数は $p = a - bQ$ で，限界費用は c である。証明の概要のみ記す。後ろからの推論（本書末尾の付録参照）により，まず第2段階を考える。すると図5.2での横軸 $(0, Q^1)$ 間の消費者は購入済みでもはや需要者ではないため，残る市場は Q^1 の右側のみとなる。よって Q^1 を原点とする独占市場として考えればよく，独占均衡（定理2.8）を当てはめると，a の代わりに p^1 となり，$p^2 = (p^1 + c)/2$，$Q^2 = (p^1 - c)/2b$ が最適解である。利潤を計算すれば，$\pi^2 = (p^2 - c)Q^2 = (p^1 - c)^2/4b$ である。次に第1段階に進むと，利潤は $\pi^1 = (p^1 - c)Q^1 = (p^1 - c)(a - p^1)/b$ である。そこで $\pi^1 + \pi^2$ を最大化するように p^1 を決める。すなわち $d(\pi^1 + \pi^2)/dp^1 = 0$ として p^1 を求めれば，$p^1 = (2a + c)/3$ を得る。これを独占解 $p^m = (a + c)/2$ と比較すると，p^m が a と c の中点にあるのに対し，p^1 は (a, c) 間で a から3分の1，c から3分の2の点にあって p^m より高い。これを代入すれば $p^2 = (p^1 + c)/2 = (a + 2c)/3$ であるから，p^m を挟み p^1 と対称的で，a から3分の2，c から3分の1の点である。これらを代入すれば $\pi^1 + \pi^2 > \pi^m$ であることも計算できる。

補論　公正競争阻害性とトーカイ事件 (2004 年 3 月東京地裁判決)

　静岡県に本拠を置く LP ガス販売事業者トーカイは，一般家庭顧客向け LP ガスを 10 m³ 当たり 5700 円台から 6200 円台で販売していたところ，東京都，神奈川県，埼玉県，千葉県では，新規顧客に対して 4300 円，既存顧客に対して 6000 円前後で販売していた。これに対してこれら 4 都県で一般家庭用 LP ガスを販売している小売業者（原告）が，差別対価であり独占禁止法違反として，4300 円以下の価格での販売の差し止めなどを求めて，東京地裁に提訴した。

　東京地裁は，小売業者間における公正競争阻害性が問題になるとしたうえで，「当該売り手が自らと同等あるいはそれ以上に効率的な業者が市場において立ち行かなくなるような価格政策を採っているかどうかによって判断されることとなると解されるべきである」（判決文より）として，トーカイについてこれを否定し，差し止めなどの請求を棄却した。原告は控訴したが，東京高裁は棄却した。

　差別対価などの不公正な取引方法は「公正な競争を阻害するおそれ」がある場合に禁止されているが，公正な競争とは，①事業者相互間の自由な競争が妨げられていないこと，および事業者がその競争に参加することが妨げられていないこと（自由な競争の確保），②自由な競争が価格・品質・サービスを中心としたもの（能率競争）であることにより，自由な競争が秩序づけられていること（競争手段の公正さの確保），③取引主体が取引の諾否および取引条件について自由かつ自主的に判断することによって取引がおこなわれているという，自由な競争の基盤が保持されていること（自由競争基盤の確保），の 3 つの条件が保たれている状態であり，これに対し悪影響を及ぼすおそれがあるとき公正競争阻害性があるとされる。

　岡田・林によれば，差別対価において公正競争阻害性が問題にされる状況として不当廉売類似型（不当な廉売により競争者の事業活動を困難にさせることによる自由競争減殺）と取引拒絶類似型（差別を受ける相手方（買い手）の競争機能に直接かつ重大な影響を及ぼすことによる公正な競争秩序への悪影響）があり，本件では前者が検討対象となったが，トーカイの新規顧客向け販売価格でも原価を下回っていないことなどから，不当廉売ではなく，公正競争阻害性が否定されたものである（なお，不当廉売についてはコラム 8.1 でさらに説明する）。

　（参考）　岡田羊祐・林秀弥「価格差別の公正競争阻害性——トーカイ・日本瓦斯事件」（岡田羊祐・林秀弥編『独占禁止法の経済学——審判決の事例分析』東京大学出版会，2009），『ケースブック独占禁止法』（第 1 版，ケース 5-5-1）。

第 6 章

製品差別化と参入の戦略

製品バラエティは過剰か, 過大か？

❖ はじめに

　これまで, 第3章3.4節での差別化ベルトラン・モデルの議論を除けば, 製品は同質的で差別化がない状況を考えてきた。しかし実際には, 電器店からコンビニまで, 店に並ぶ商品で差別化されていない商品を見つけるのは難しい。同質財の例とされる農産品でも××村の〇〇さん作のレタスとして売られる時代である。コメは産地と品種により価格が変わる。

　このことは, これまで説明してきた理論が役に立たないことを意味するものではない。価格や生産量の基本的傾向や決定要因を知り, 必要に応じ政策手段を考えるためには同質財モデルで十分に近似できることが多いから, その理解は基本である。そのうえで, いよいよ差別化を明示的に取り上げ, 差別化特有の諸問題を考えていこう。

　例えばペットボトルや缶入りの飲料を考えると, 次から次へと趣向を変えた新製品が発売される結果, スーパーでも全品を取り扱えないほどの品目数になっている。これは過剰な差別化というべきなのだろうか。それとも消費者の嗜好の多様性を考えれば過剰ではないのだろうか。あるいは, 他社と差別するために過大に差別化し, 中間的商品を選択したい消費者にとって欲しいものが見当たらないということが起きることはないのだろうか。

　企業にとり, 自社の製品をどのように他社と差別化するかは製品戦略の根幹をなす。一方, 消費者にとっては, 製品のバラエティがどれだけあるか, 自分の好みに合った商品がどれだけあるかは効用を決める大きな要因である。それ

107

だけに，過剰差別化や過大差別化，あるいは逆に過小差別化が起きるかどうか
は大きな問題である。本章ではこうした問題を考えていく。

6.1　製品差別化とは何か

　製品 X と製品 Y が差別化されているとは，消費者がこれらを異なった製品
として認識していることをいう[1]。物理的にそれらが異なっているかどうかで
はない。また売り手が，それらを差別化された商品として販売しているかどう
かでもない。実際，前章練習問題 5.2 でも取り上げたように，一方ではナショ
ナル・ブランド商品（NB 商品）として広告により認知度が高い商品として売
られ，他方ではノーブランド商品や小売店などのプライベート・ブランド商品
（PB 商品）として販売されているため，消費者も別商品と考えているが，パッ
ケージを別とすれば物理的には同じ商品が売られていることがある。それで
も，この場合には NB 商品と PB 商品の間で差別化されている。逆に，売り手
は差別化したつもりでも，消費者はまったく同等の商品として区別しない場合
もある。この場合，製品差別化はない。

　経済学的には，X と Y に少しでも価格差があればすべての消費者が安い商
品のみを買うようになる場合には，これらは同質的であり差別化されていない
と考える。X の価格が 1% 上昇したときに Y への需要が何 % 増えるかを示
す**需要の交叉弾力性**（キーワード 1.4）の概念を用いれば，これが無限大に近
いほど大きければ，製品は差別化されていないと考えることになる。NB 商品
と PB 商品の例では，NB 商品の価格が PB 商品の価格より高くても NB 商品
への需要はあるし，NB 商品の価格が上がったからといってすべての消費者が
PB 商品に切り替えるわけではないので，これらは差別化されている[2]。

　この例のように，製品差別化はブランドという問題と密接に結びついている
ので，本章および次章では，製品 X，製品 Y という代わりにブランド X，ブ
ランド Y と呼ぶことがある。以下では，異なるブランドは異なる企業により

　1　製品差別化という言葉が定着しているため製品の語を用いるが，有形（製造品など）か無形（サー
　　ビスなど）かを問わない。

　2　この問題は「市場」をどう画定するかの問題として，競争政策の実際における重要な論点とな
　　っていることを第 10 章で学ぶ。

108　第 II 部　戦略編

供給されていると考えることが多いが，同一企業が複数ブランド商品を供給する場合もある。このため本章で参入・退出という言葉を使うときは，新ブランドの参入，既存ブランドの退出を意味し，必ずしも新規企業の参入，既存企業の退出を意味しない。

水平的差別化と垂直的差別化

差別化には**水平的差別化**と**垂直的差別化**がある。

> **キーワード6.1** 水平的差別化と垂直的差別化
>
> ブランド間の選好順位が消費者間で異なる場合，これらブランドは水平的に差別化されているという。選好順位が消費者間で一致する場合，これらブランドは垂直的に差別化されているという。垂直的差別化は品質の問題である。

選好順位とはどちらのブランドを好むかを意味し，価格を考慮しない。言い換えれば，価格が同じなら，選好順位が高いものを消費者は選ぶ。よって，垂直的差別化の場合，価格が同じであれば，すべての消費者はより品質の高いブランドを購入する。逆にいえば，ブランド X がブランド Y より品質が高いと消費者により認識されているのであれば，Y が生存するためには，その価格を X の価格より低く設定せざるをえない。このように，品質と価格には正の相関が生じるはずである。ただし品質についての情報を消費者が十分に持っていないなら，この相関は成立しないかもしれない。こうした問題は次章で扱う。

それに対して本章では水平的差別化に焦点をあてて説明するので，以下では単に差別化というとき水平的差別化を意味する。

製品バラエティと製品ポジショニング

差別化は2つの意味で消費者の効用を高める。1つは，**製品バラエティ**の多さから受ける効用である。読者の中にも，同じ色とスタイルの服を誰もが着ていることを望む人はいないであろう。町を歩いても，いろいろな人がいろいろな服装をしているのを眺めることは楽しみである。また，自分が着る服にしても，毎日同じ服を着るより日により変える方が楽しい。

もう1つは，製品バラエティが多ければ自分の好みに近い製品を見つけやすいことによる効用である。ユニクロはフリース衣料などを同一デザインで多色

展開する戦略で知られるが，消費者が自分の好みにマッチする色の商品を見つけやすくすることで売上を伸ばした。

この後者の問題は立地の問題と共通する。コンビニの数が増えれば自宅からコンビニ店までの距離が平均的に短くなり，消費者にとって望ましい。逆にいえば，店舗は，地域の人口分布などを考え立地場所を決める必要がある。同じように，製品の売り手は，消費者の好みの分布を考えつつ，多くの消費者の好みに近い色やスタイルなどの特性を持つ商品を発売する必要がある。単純化していえば，多くの消費者が赤い服を好むのであれば，発売する服に赤は欠かせないだろう。これを**製品ポジショニング**（位置決め）の問題という。

本章では，これらを含め，製品差別化についていくつかのモデルを紹介し，社会的に過剰な差別化（過剰に多いブランド，デザイン，色など）が起きる可能性を指摘する。また，ブランド間で過小な差別化，すなわち，消費者から見て違いのなさすぎる製品が発売されるか，過大な差別化，すなわち，違いすぎる製品が発売されるかの問題も考える。最後に，過剰な差別化とは企業あるいはブランドによる過剰な参入を意味するが，それがなぜ起きるかを説明し，実は，過剰参入は同質的な寡占でも起きうることを述べる。

6.2 チェンバリンの独占的競争モデルと過剰差別化定理

製品差別化を最初にモデル化し，社会的に過剰な差別化が起きていると論じたのは E. H. チェンバリンである[3]。彼が考えた市場では，差別化のため各社（複数ブランドなら各ブランド）への需要曲線は右下がりである。よってプライステーカー（キーワード 2.2）ではない。この意味で独占と共通する。しかし，ブランド間の競争があり，利潤がプラスであれば市場への新ブランドの参入が起きる。こうした市場を彼は**独占的競争**と呼んだ。

---

3 E. H. チェンバリン『独占的競争の理論——価値論の新しい方向』（青山秀夫訳，至誠堂，1966，原著は1933年）。同年に J. ロビンソン『不完全競争の経済学』（加藤泰男訳，文雅堂書店，1956，原著は1933年）も出版されており，これら2冊は産業組織論の先駆けとなった。なお，産業組織論の言葉が使われるようになったのは J. S. ベイン『産業組織論』（宮沢健一訳，丸善，1970，原著は1959年）の出版以来である。

110　第II部　戦略編

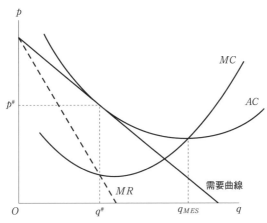

● 図 6.1 独占的競争の均衡解

> **キーワード 6.2** 独占的競争市場
> 製品差別化のため各社への需要曲線は右下がりであるが，参入障壁のない市場。

　このとき利潤最大化より，生産量は限界収入（MR）と限界費用（MC）が等しくなるよう決められる（定理 1.1）。また参入障壁がないため，持続可能な均衡では利潤はゼロにならなければならない。このため，価格と平均費用（AC）は等しくなる。

　各社（各ブランド）の AC 曲線が U 字型のとき，これら 2 つの条件が同時に満たされる均衡は図 6.1 に示されている。MR 曲線と MC 曲線が交わるように各社の均衡生産量 $q^\#$ が決められ，均衡価格は需要曲線により $p^\#$ となる。この生産量で需要曲線と AC 曲線が接しているから，$p^\# = AC$ が成立している。両曲線がここで交わるのではなく接するのは，$q^\#$ で利潤が最大化されており，しかも利潤がゼロであるため，$q^\#$ 以外の生産量では利潤がマイナス，すなわち AC が価格を上回らなければならないからである。

過少生産・過剰差別化

　チェンバリンはこのとき各社生産量 $q^\#$ が**最小最適規模**（MES）の生産量 q_{MES} より小さいことに注目する。すなわち，右下がり需要曲線に AC 曲線が接するところで均衡生産量が決まるため，AC 曲線も右下がりでなければなら

ず，生産量を増やせば AC が下がる。このことは MES 未満で生産がおこなわれていることを意味している。

第 2 章で説明したように，完全競争の長期均衡（定理 2.6）では AC と MC が等しくなるため各社生産量は q_{MES} になり，均衡企業数は市場需要量を q_{MES} で割った数に決まる。またこれが社会的最適でもある。

これに比較すると，独占的競争均衡では各社生産量は過少である。このため，市場需要量を各社生産量で割った数として決まる企業数（ブランド数）は過大になる。すなわち**過剰差別化**である。チェンバリンはこのように論じた。

定理 6.1 **独占的競争均衡**

独占的競争市場では，均衡で限界費用と限界収入の均等（利潤最大化条件）および平均費用と価格の均等（持続可能な均衡の条件）が成立しなければならない。このため各社生産量は最小最適規模を下回り，企業数は過大になる。言い換えれば，参入は過剰に起き，製品差別化も過剰になる。

ここでいう過剰とは，あくまでも最小平均費用で生産する場合に比べての過剰であることに注意しよう。社会的余剰あるいは消費者余剰を最大化する解に比べて過剰かどうかはさらに詳しく検討することが必要である。実際，すでに述べたように，ブランド数が増えれば製品バラエティを増やし，また消費者の嗜好に近い商品を入手可能にするから，消費者の効用は上がる可能性がある。よって社会的な最適ブランド数を考えるには，これらプラス効果と最適規模以下で生産するというマイナス効果のバランスを考える必要がある。

6.3 ホテリングの立地モデルと最小差別化定理

前節は，ブランドの数に焦点をあてた。今度は，そのポジショニングに注目しよう。多くのブランドの飲料が売られていても，すべて甘口であれば辛口好みの消費者の効用は低いからである。

ポジショニング（位置決め）という言葉が示すように，この問題は立地理論と共通する。この代表は**ホテリング・モデル**である[4]。

---

4 H. H. Hotelling, "Stability in Competition" (*Economic Journal*, 39 (153), 1929, 41-57).

II2 第 II 部 戦略編

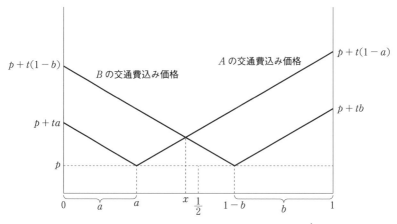

● 図 6.2　ホテリングの立地モデル

　直線になっている 1 本の道路を考える。両端がある線分なので、島の中に左右に延びる道路、あるいは荒れ地の中に孤立してできた町の左右に延びたメイン・ストリートをイメージしてほしい。飲料に当てはめて考えれば、最辛口から最甘口までの並びを示す線分である。

　単純化のため左端から右端までの距離を 1 とする。1 km でも 1 マイルでもよい。左端は 0 の点にあり、右端は 1 の点にある。この間に均一の密度で消費者は居住しており、彼らはすべて商品を 1 単位購入するものとする。

　現在、商店として A が 1 軒だけあり、それは a ($0 \leq a \leq 1$) の点に位置している。この状況のもとで B が新たな店を出店するとすれば、どの点を選ぶべきか。これが B の立地問題である。両店舗は価格や品揃えで差がなく、消費者は近い店から買うものとする。

　説明の便宜上、$a < 1/2$ であるとする。すなわち A は中間点より左にある。価格は p で両社に共通し、とりあえず所与とする。このため、企業は立地のみで競争する。消費者が店舗に出向くには、距離当たり t の交通費がかかる。運賃のような文字どおりの交通費はもちろん、出かける手間や時間を金銭換算したものも加えたものである。

　これを図示したのが図 6.2 である。A は a に位置し、価格 p で販売している。それから離れるほど距離当たり t の交通費がかかるから、買い手にとっての総費用である交通費込み価格は、a の点では p であるが、a から左右いずれ

第 6 章　製品差別化と参入の戦略　　113

方向に離れてもt×距離だけ交通費が上積みされるので、距離が離れるほど増加する。すなわち図に示したように、aから左に離れれば、Aの交通費込み価格は左上がりの直線となり、右に離れれば同様に右上がりの直線となる。その傾きがtである。

このとき、Bが左より$1-b$、右よりbの点に立地したとしよう。価格は同じpで所与、距離当たり交通費tも共通なので、Bから購入するときの買い手にとっての交通費込み価格も、Aと同様に、$1-b$の点でpに等しく、そこから左右に上昇する直線となる。

消費者は交通費込み価格の安い方から購入する。すると図に示されているように、AとBの交通費込み価格直線が交差するx点より左の消費者（aより左の消費者を含む）にとってはAから購入する方が安く、x点より右（$1-b$より右を含む）ではBから購入する方が安い。この結果、Aの需要量（およびマーケットシェア）はxであり、Bの需要量は$1-x$である。

最適立地の選択

しかしa点、b点はA、Bにとって最適点（売上を最大化する点。限界費用を一定とするので利潤を最大化する点でもある）ではない。なぜか。Bは、Aがaに立地していることを知っているので、bを大きくすることにより、すなわち図の$1-b$点を左に動かすことにより、xを左に動かすことができ、売上を増やせるからである。このプロセスは、aに到達するまで続く。よって、Bにとっての最適戦略はAの右隣に立地し、aより右側の需要をすべて獲得することである。$a < 1/2$なので、これによりBは過半の需要を得る。

しかしAはこれに不満である。そこでAは今度はBの右隣に移転し、左側の顧客を諦めても、より多い右側の顧客を獲得しようとする。すると今度はBがこれを不満とし、ふたたびAの右隣に移転する。このプロセスは中間点、すなわち2分の1の点に両者が落ち着くまで続く。ここでは、$a = b = 1/2$となり、Aが左半分の顧客に、Bが右半分の顧客に販売する形で（逆でもよい）、市場を折半する。これ以上移転すると、いずれにとってもむしろ需要を減らすので、これが均衡である。これを**ホテリング均衡**という。

114　第Ⅱ部　戦略編

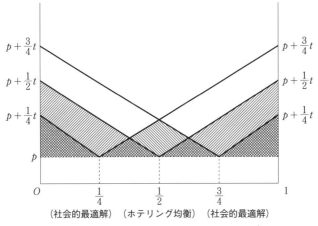

● 図 6.3 ホテリング均衡と社会的最適解

| 定理 6.2 | **ホテリング均衡** |

線分に消費者が並んで居住する市場において，複占であり，価格が所与で両社で等しく，交通費は距離当たり一定であれば，均衡では，両社とも中間点に位置し，市場を折半する。

町の中心に商店が集積しがちなことをホテリング均衡は説明する。製品差別化に関していえば，ホテリング均衡は複占の企業が類似の製品，また中間的な好みの製品を発売することを説明する。すなわち2社とも甘口や辛口を避けて中口の商品を出そうとする。かつてトヨタと日産が安定的な複占であった時代には，両社とも似たような大衆車を主力製品とし，キリンとアサヒは似たような味のビールを販売していた。また政治では，2大政党制であれば両党はいずれも中道的な政策を打ち出す。この理由で，ホテリング均衡での結果を**最小差別化定理**という。

これは社会的過小差別化定理でもある。社会的最適解は交通費総額を最小にする解である[5]。すると，図 6.3 に示されているように，左から4分の1と右から4分の1（左から4分の3）に両社が位置すると，交通費総額は図で右下

---

5 消費者は均一に分布し1単位だけ購入するので需要量（＝生産量）は一定．よって消費者効用も生産費用も一定であるから，交通費総額を最小化すれば社会的余剰（＝総効用 − 生産費用 − 交通費総額）は最大化される。

がり斜線の部分の面積（右上がり斜線との交差部分を含む）となり，計算すると $t/8$ に等しく最小であることが容易に示される。

これに対し，ホテリング均衡では交通費総額は右上がり斜線部の面積（右下がり斜線との交差部分を含む）であり，これは $t/4$ に等しい。よって，社会的最適解より大きいから，ホテリング均衡は社会的に最適ではない。つまり，消費者にとっては商店が分散して立地している方がありがたいのに，中心地に集中しているため，交通費がより多くかかることを意味している。同様に，製品差別化でいえば，ある程度甘口の商品とある程度辛口の商品があった方が消費者の多様な嗜好に対応できるのに，2 社とも中口商品しか発売しないことを意味する。

6.4　価格決定と最大差別化

ホテリングの最小差別化定理はいくつかの仮定に依存していた。企業は 2 社に限定されており，価格は所与，交通費は距離当たり一定，そして線分モデルである。これらが変われば，最小差別化定理は成立しない可能性がある。

3 社の場合

まず企業数を 3 に増やしてみよう。ホテリング均衡が成立して A，B 2 社が中間点に隣り合っているとして，C 社が参入するなら，どこに立地するべきか。答えは，C も中間点に，既存 2 社の右隣あるいは左隣に立地することである。それによって，C は右半分あるいは左半分の需要を獲得することができる。

しかしこれは均衡ではありえない。3 社のうちの 1 社は両隣の 2 社に挟まれ，需要がゼロになるからである。よって例えば，左から ABC の順に並んでいるとすれば，B は A の左か C の右に移転しようとする。するとまた間に挟まれる企業が生まれ，これが移転しようとする。というように，必ず 1 社は移転することによって改善しようとするから，均衡ではない。このように，3 社になればホテリング・モデルでは均衡が存在しないことが知られている。

116　第 II 部　戦 略 編

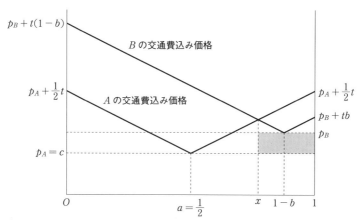

● 図 6.4　ホテリング・モデルにおける価格と立地の選択

ホテリング・モデルとベルトラン均衡

　次に，2社の場合に戻り，各社が立地とともにそれぞれの価格 p_A, p_B を決定する状況を考えよう。ホテリング均衡である中間点に両社とも位置して価格競争するなら，位置が同じなので差別化のないベルトラン均衡（定理 3.4）となり，$p_A = p_B = c$ が成立する。ただし c は限界費用（一定で両社共通と仮定）である。よって利潤はゼロである。

　このとき，B は中間点から離れ，価格を上げることによりプラス利潤を得ることができる。図 6.4 を見よう。$a = 1/2$ に A が立地して，$p_A = c$ の価格をつけているとき，例えば B は $1 - b$ の点に移り，価格を $p_B (> p_A = c)$ に上げるとしよう。すると右に移動したことと価格を上げたことの両方の影響で需要者の数は x 点の右側，すなわち $1 - x$ と減少するが，価格を限界費用より高くしたことにより利幅が生まれる。この結果，図でグレーで示した長方形の面積にあたる利潤を得ることができる。

　このように，価格も立地とともに戦略的に決められる状況では，各社は他社から離れることにより，近隣の顧客を自社に忠実な顧客として確保したうえで，これら顧客に高価格を課して利潤をあげるインセンティブを持つ。したがって，最小差別化定理は成立しない可能性がある。

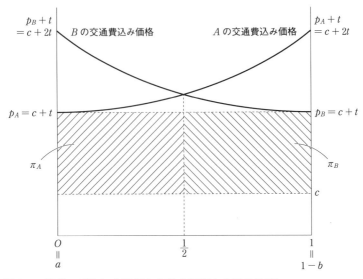

● 図 6.5　線分モデルによる複占企業の価格と立地の決定

交通費が非線形のモデル

　このことを正しく分析するためには，各社はまず立地を決定し，そのもとで利潤を最大化するように価格を決定するという 2 段階のモデルを解く必要がある。ところが，線形の交通費，すなわち距離当たり一定の交通費のもとではこうしたモデルには解が存在しないことが知られている。図 6.4 で $1-b$ 点を徐々に左に動かしていくと，B の交通費込み価格を示す折れ曲がり直線がすべて A の交通費込み価格直線より上になってしまう点がある。ここでは，すべての顧客が購入先を A にスイッチするから，B への需要は不連続にゼロに落ち込む。こうした不連続性のために均衡解が存在しないのである[6]。

　交通費が線形ではなく，2 次関数のように，離れるほど逓増的に増加する場合には，需要の不連続性は解消し，均衡解が存在する。しかも一定の条件のもとで $a=b=0$ が均衡であることを示すことができる（章末の数学注参照）。すなわち A と B は両端に位置する。この均衡が図 6.5 に示されている。価格は

---

[6] C. d'Aspremont, J. J. Gabszewicz, and J. F. Thisse, "On Hotelling's 'Stability in Competition'" (*Econometrica*, 47 (5), 1979, 1145-1150). この詳細および本章の以下の分析の詳細については，拙著『新しい産業組織論』第 7 章参照。

限界費用 c を上回るから（数学注のモデルでは $p_A = p_B = c + t$），両社の利潤（π_A, π_B）はプラスとなり，それぞれ右上がり，右下がり斜線部分で示されている。

　よって，この場合には，ホテリング均衡とは逆に**最大差別化定理**が成立する。このことは，各社が，他社から差別化することによって価格競争を和らげ，限界費用を上回る高価格を維持しようとすることを示している。ポーターの競争戦略論（序章注2参照）で，差別化戦略がコスト・リーダーシップ戦略と並んで重視されているのももっともであろう。

　ただし，社会的にはこれは過大な差別化である。立地についての社会的最適解，すなわち交通費総額を最小にする解はホテリング・モデルの場合と同じく $a = b = 1/4$ だからである。よって以下の定理を得る。

定理6.3 **価格決定を含む線分モデルにおける最大差別化と過大差別化**

線分モデルで2社が競争し，各社が立地とともに価格を決定するとき，両社が両端に位置する最大差別化，また社会的最適に比べての過大差別化が起きることがある。

　いわば，社会的にはほどほどの甘口とほどほどの辛口があるのが望ましいのに，ホテリング均衡（定理6.2）では両社とも中口になり，定理6.3では最甘口と最辛口になってしまっている。ただしいずれにせよ企業数が2に限定されている場合である。逆に参入が自由であるとすれば，中口の商品などを発売して参入することで顧客を獲得し，利潤をあげることができる可能性が生まれる。次に，こうした参入の問題を考えよう。

6.5　過剰差別化・過剰参入定理——参入の社会的効果を改めて考える

　これまでホテリングの立地モデルを応用して，企業数が固定されているときの製品ポジショニングを説明し，これら企業間での製品差別化が消費者の嗜好分布に比較して過大になるケース，過小になるケースがあることを述べてきた。

　一方，本章6.2節のチェンバリン・モデルは，利潤ゼロになるまで参入が起

きる結果，社会的費用の最小化という観点から見て過剰な参入，よって過剰な差別化が起きることを示していた。つまり，チェンバリン・モデルでは数を問題とし，ホテリング・モデルでは距離を問題にした。それでは，ホテリングのような立地モデルを利用しつつ参入を分析し，均衡企業数を社会的最適と比較することはできないだろうか。

ところが，線分モデルではこうした分析は困難であることが知られている。このことは，2社存在する市場にもう1社参入しようとすると均衡が存在しなくなると前節で述べたことから理解できるだろう。両端があるため，3社以上になると，両端に位置する企業とその間に位置する企業の間で非対称性が生じるからである。

円環モデル

そこで，線分ではなく円環を用いる。すなわち，両端のある道路や鉄道ではなく，東京の山手線や大阪環状線を考える。衣服の差別化でいえば，サイズのように大から小までというのではなく，色のように赤色から黄色，青色，そしてまた赤色に戻る場合である。

円環モデルでは，図6.6に示すように，円環に沿ってn社が立地している。図6.2〜6.4のホテリング・モデルでは，A社がB社の左側にいればAB間の一部（図でのxより左側）の消費者だけではなくAの左側のすべての消費者も獲得できたが，円環モデルになると，Aの左側にまた別の企業が存在し，それと消費者を分け合うことになる。この違いは大きい。これにより，ホテリング・モデルとは異なり，Aにとって左からBに近づけるだけ近づくのが有利というわけではなくなるからである。むしろ両隣からできるだけ離れた方が，隣から差別化して価格競争を避けることができ，有利である。

このため，価格がすべての企業で等しい対称均衡では，企業間は等距離になる。この状況が図6.6に示されている。円周の長さが1であり，消費者はこの円周上に均一に分布しているとして，n社あるなら，隣り合う企業間，例えばAとBの距離（l）は$1/n$に等しく，それがAB間の需要量でもある。$n=2$すなわちホテリング・モデル同様に2社であれば，両社が円の正反対に位置するので最大差別化となり，定理6.3と同様で定理6.2と逆である。ただし定理6.3と異なり，交通費を最小化するので社会的最適であり，過大差別化ではな

120　第II部　戦略編

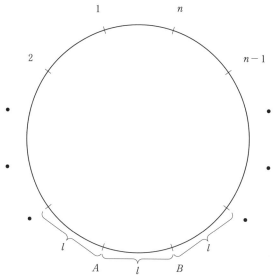

（注）円周の長さは1。このため $l = 1/n$。

● 図 6.6　円環モデル

い。

　均衡企業数 n^* の決定は，この円環モデルを使い，次の2段階で分析する。

　第1段階では，企業数 n を所与として，各社の最適価格を求める。AB 間では，図 6.4 や図 6.5 での分析と同様に，A と B の交通費込み価格が等しくなる点で A（および B）の販売量が決まる。ただし，線分モデルと異なり，A の左側にも別の売り手があり，AB 間と同じことが起きているから，A の販売量はこれら両側の販売量の和である。利潤（以下でいう粗利潤）はこの販売量に価格を乗じた収入から費用を引いたものになり，A はこれを最大化するように価格を決定する。

　第2段階では，こうした各社の価格決定行動を予測しつつ，参入企業が参入するかどうかを決定する。参入障壁はないが，固定費用（f）が既存企業にも参入企業にもかかるものとすれば，各社の純利潤（＝粗利潤 − 固定費用）がゼロになるまで参入が起きるから，持続可能な均衡での企業数 n^* は純利潤ゼロとなる企業数として求められる。n^* は固定費用が小さいほど大きく，固定費用がゼロに近づけば無限大に近づく。後者は，いわば消費者ごとに商店がある

状況である。

最後に，この n^* を社会的最適企業数と比較する。後者は社会全体での費用合計（＝ 変動費用総額 ＋ 固定費用総額 ＋ 交通費総額）が最小となる企業数である。すると，証明は略すが，n^* はこの社会的最適企業数を上回る[7]。すなわち，持続可能な均衡では社会的に過剰な参入，よって過剰な差別化が起きる。これはチェンバリンの結論（定理 6.1）と一致する。

> 定理 6.4 | **円環モデルにおける過剰差別化定理，過剰参入定理**
>
> 円環に沿って各社が立地し，また価格を決定するとする。参入障壁はないが，生産には固定費用が必要である。このとき，持続可能な均衡での企業数は社会的最適企業数を上回る。すなわち過剰参入であり，過剰差別化である。

参入の純社会的余剰に及ぼす効果

こうした過剰参入はなぜ起きるのだろうか。この疑問に答えるために，参入の社会的余剰への影響を一般的な形で整理しよう。ただし，キーワード 1.10 では社会的余剰を生産者余剰すなわち粗利潤（固定費用控除前）と消費者余剰の合計であるとしたのに対し，参入による固定費用増減の影響も考慮する必要があるため，純利潤（＝ 粗利潤 － 固定費用）と消費者余剰の合計である純社会的余剰を基準として考える[8]。

参入が純社会的余剰に与える効果は，次のように整理される。

最初は，生産者に対する効果である。

(1) 参入企業による粗利潤獲得効果。ただし上の分析のように参入障壁がないなら，持続可能な均衡で粗利潤ゼロであるから，参入企業が獲得する粗利潤は参入による固定費用増分に等しく，純社会的余剰への影響はゼロである。

(2) 既存企業の粗利潤を減らす効果。これは価格効果と数量効果とからなる。

7　S. C. Salop, "Monopolistic Competition with Outside Goods" (*Bell Journal of Economics*, 10 (1), 1979, 141-156). 拙著『新しい産業組織論』第 7 章第 5 節。

8　消費者余剰基準で考えれば，参入は価格を下げるので必ず望ましい。ただし，参入による固定費用増という社会的費用を考慮していないことになる。

122　第 II 部　戦略編

表6.1 持続可能な均衡において参入が純社会的余剰に及ぼす効果

余剰の受益者		効　　果	純社会的余剰への効果	補　　足
生産者（企業）	参入企業	粗利潤獲得効果	0	持続可能な均衡では粗利潤増が固定費用増と相殺
	既存企業	価格効果 数量効果（顧客奪取効果）	− −	消費者への価格効果と相殺
消　費　者		価格効果 数量効果 交通費節約効果 （製品バラエティ効果）	＋ ＋ ＋	既存企業への価格効果と相殺 差別化あるときのみ発生

（価格効果）　参入前後で継続している販売量について，参入で価格が下がったことによる収入減。マイナス効果。

（数量効果）　参入企業に需要を奪われ販売量が減少することによる粗利潤の減少。マイナス効果。これを**顧客奪取効果**による利潤減という。

一方，消費者に対する効果は次の2つからなる。

(3)　価格が下がり消費者余剰が増加する効果。これも価格効果と数量効果からなる。

（価格効果）　以前からの購入分について価格が下がることによる消費者余剰増加。プラス効果だが，既存企業への価格効果（マイナス）と相殺される。

（数量効果）　価格が下がり，需要量が増えることによる消費者余剰増加。プラス効果。

(4)　交通費節約効果（または製品バラエティ効果）。立地モデルにおいて，企業数の増加が消費者・企業間の距離を平均的に縮めることにより交通費合計を減少する効果。製品差別化でいえば，製品バラエティが増えること，あるいは消費者の好みにより近い製品を購入できることによる効果。プラス効果。

以上をまとめたのが表6.1である。

円環モデルへの応用

これらの純社会的余剰への効果を円環モデルに当てはめて考えよう。円環モ

第6章　製品差別化と参入の戦略　**123**

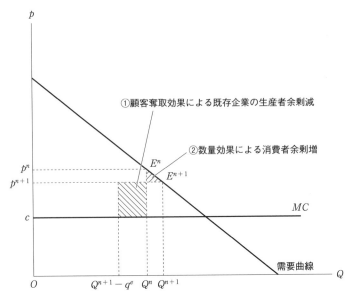

● 図6.7 参入による社会的余剰の変化

デルでは総需要が円環の長さ（1と仮定した）に固定されているので，消費者への数量効果はゼロである。このため残るのは，顧客奪取効果による生産者余剰へのマイナス効果と，交通費節約による消費者へのプラス効果の2つであるが，定理6.4は前者がより大きいことを示している。すなわち過剰参入である。

同質財寡占モデルへの応用

表6.1はどのような寡占市場にも当てはめることができる。円環モデルのように総需要量が固定されているのでなければ，消費者への数量効果がプラスで加わる。一方，同質財で差別化がなければ交通費節約によるプラス効果は存在しない。よって，既存企業への顧客奪取効果によるマイナスと，消費者への数量効果によるプラスとの比較になる。

この同質財の場合の両効果の比較を図で考えてみよう。図6.7に参入前（企業数 n）と参入後（企業数 $n+1$）の均衡をそれぞれ E^n 点，E^{n+1} 点で示している。それぞれのときの価格 p と産業生産量 Q もそれぞれの上付き添字で示している。Q^{n+1} は参入後の全社生産量であるが，これから参入企業生産量（q^e

とする）を引いた $Q^{n+1} - q^e$ は参入が起きたあとの既存企業の合計生産量であり，これはこれら企業の参入前の合計生産量 Q^n より小さい。この差が参入者により顧客を奪取されたことによる既存企業の生産量減である。よって，右下がり斜線で示した長方形の面積が顧客奪取効果による生産者余剰（粗利潤）減少分（①とする）にあたる。これに対し，消費者への数量効果，すなわち消費量増による消費者余剰増加分（②とする）は右上がり斜線で示した三角形の面積で示される。

そこで，線形のクールノー・モデルの対称均衡を例にとり，①と②の面積を比較しよう。このとき (3.10) 式より $Q^n = nS/(n+1)$ である。よって $n+1$ 社に増えれば，$Q^{n+1} = (n+1)S/(n+2)$ となる。対称均衡なので，参入企業の生産量 q^e は $Q^{n+1}/(n+1)$ に等しい。これらを代入すると，$n \geqq 2$ であれば $Q^n - (Q^{n+1} - q^e) > Q^{n+1} - Q^n$ であることがわかる。すなわち，図 6.7 での①の横幅は②の横幅より大きい。参入企業が参入により獲得する顧客（需要）は，既存企業から奪取する顧客分と市場拡大による新規顧客分からなるが，以上の結果は前者の方が大きいことを意味する。

同様に，(3.11) 式の $p^n = c + (a-c)/(n+1)$ を利用すれば，$p^{n+1} - c > p^n - p^{n+1}$ であることも計算できる。すなわち，①の縦幅は②の縦幅より大きい。しかも，①は長方形であるのに対し②は三角形である。これらの事実より，面積として①が②より大きいことがわかる。すなわち，顧客奪取効果によるマイナス効果が消費者への数量効果によるプラス効果を上回る。つまり，追加的な参入は純社会的余剰にマイナス効果を及ぼすことを意味し，持続可能な均衡では参入が社会的に過剰に起きていることを意味する[9]。

これは顧客奪取効果がもたらす外部効果による。顧客奪取効果を，参入企業は参入の決定にあたって考慮しない。参入企業が考慮するのは参入による自社利潤の獲得のみであって，他社利潤への影響を考慮しないからである。この意味で外部効果を生む。そして，汚染された大気や水による外部効果（外部不経済）が排出者により無視され過剰な汚染が起きるのと同様に，過剰参入が起きるのである。すなわち，以下の定理が成立する。

---

9 より一般的な証明は以下を参照。N. G. Mankiw and M. D. Whinston, ''Free Entry and Social Inefficiency'' (*Rand Journal of Economics*, 17 (1), 1986, 48-59). 拙著『新しい産業組織論』第6章第5節。

第6章 製品差別化と参入の戦略 125

| 定理 6.5 | **過剰参入定理** |

寡占市場で，参入障壁はないが生産に固定費用が必要であれば，顧客奪取効果が既存企業に及ぼす影響を参入企業が考慮しないことから，社会的に過剰な参入が起きる傾向がある。

この定理は差別化の有無にかかわらず成立するが，差別化があれば，表 6.1 の交通費節約効果が加わるため，すなわち，製品バラエティが増えたり，消費者の好みに近い製品が入手可能になることによるプラス効果が加わるため，定理 6.5 は当てはまらない可能性が増える。このため定理では，「過剰な参入が起きる傾向がある」としている。それでも，定理 6.4 は円環モデルにおいて，差別化があっても過剰参入が起きる可能性を示したのである。

この過剰参入定理は産業界などでしばしば主張される過当競争論と関連するので，コラム 6.1 で説明しておく。

コラム 6.1　過当競争論

過剰参入の有無を実証することは難しい。需要関数や費用関数の情報がないと社会的最適企業数を計算できないからである。比較的容易なのはチェンバリンの議論に従って最適企業数を考えることである。図 6.1 に示されているように，最小最適規模での生産量 q_{MES} で生産するのが社会的には望ましいにもかかわらず，それ以下である $q^{\#}$ で生産がおこなわれることをチェンバリンは過剰参入の根拠とする。q_{MES} とは規模の経済性が最大に生かされる生産量であるから，生産設備はフルに稼働しているはずである。このことから，設備稼働率が 100% 未満であることは，最小最適規模以下での生産であること，よって企業数が過剰であることの根拠とされることが多い。過当競争と呼ばれたりする。

もちろん稼働率は需要により変動するから，好況期にはフル稼働であっても不況期には稼働率は 100% を切るのが普通である。しかし，好況期も含め常に 100% 未満であれば，企業数は過剰といえそうである。こうした産業は，かつては十分な需要があり，それだからこそ生産設備が建設されたが，その後需要が低迷し稼働率が下がった衰退産業であることが多い。それにもかかわらず企業が撤退しないことが，過剰企業数をもたらしている。

なぜ企業は撤退しないのか。これを考えるためにも顧客奪取効果の考え方が役に立つ。ただし今度は逆方向に働く。n 社ある中の 1 社が退出すれば，残りの $n-1$ 社は退出した企業の顧客を獲得してシェアを増やすことができるからである（表

6.1 の既存企業への数量効果がプラスで働く）。しかも 1 社が退出すれば総生産量の減少に伴い価格が上がるから，これも残留企業の粗利潤を増やす方向に働く（表6.1 の既存企業への価格効果もプラスで働く）。このため，どの企業も，他社が退出してくれることを期待して自らは残留しようとする。いわば，誰かが退出して顧客奪取効果がプラス方向に働いてくれることにただ乗り（フリーライド）しようとして，各社とも退出しようとしない。

　ただし企業が複数設備を保有するなら，この効果は緩和される。1 つの設備が廃棄されれば，産業供給能力が削減されて残存設備の稼働率を高めるが，この効果は自社の残存設備にも及ぶからである。このため，衰退産業における設備削減は，複数設備を持つ企業があるほど，さらには多数設備を持つ企業があるほど起きやすく，それにより固定費用（ただしサンクコストではない固定費用）を削減して社会的厚生を改善する可能性がある。この観点から，日本の 1990 年代のセメント産業におけるいくつかの合併が，設備廃棄を促進し，社会的厚生を高める効果を持ったことを実証した分析がある。

　（参考）　M. Nishiwaki, "Horizontal Mergers and Divestment Dynamics in a Sunset Industry" (*Rand Journal of Economics*, 47(4), 2016, 961-997).

● ポイント
6.1　製品差別化は水平的差別化と垂直的差別化に区別される。後者は品質の問題で，消費者間で選好順位が一致する。
6.2　水平的差別化は，消費者個々の好みに近い商品が提供されることと製品バラエティを増やすことにより，消費者の効用を高める。
6.3　チェンバリンの独占的競争モデルによれば，持続可能な均衡で過剰な参入と過剰な差別化が起きる。
6.4　ホテリングによる複占の立地モデルによれば最小差別化が起きるが，価格決定も考慮すれば逆に最大差別化が起きる可能性もある。
6.5　差別化の有無にかかわらず，固定費用が必要であれば，顧客奪取効果のため，参入は過剰に起きる傾向がある。

◎ 練習問題
6.1　次の例はそれぞれ水平的差別化・垂直的差別化のいずれか。（ア）飛行機のビジネスクラスとエコノミークラス，（イ）Ｖ首セーターと丸首セーター，（ウ）デスクトップパソコンとノートパソコン。
6.2　チェンバリンの独占的競争モデルでは過剰な差別化が起きるが，過剰とい

うのは次のどの意味か。①消費者の好みの差以上に多種の製品が供給される。②差別化製品の開発の費用が回収できない。③各社の生産量が平均費用を最小化するレベルより小さい。

6.3 政治において2大政党がともに中道路線をとりがちな理由として正しいのはどれか。①有権者の票を集めやすい。②政策を立案しやすい。③官僚の反対を受けにくい。

6.4 円環モデルの例として最も妥当なのはどれか。①パソコンのメモリ容量，②パソコンの色，③パソコンの大きさ。

6.5 顧客奪取効果として正しいのはどれか。①企業が消費者に与える効果，②参入企業が既存企業に与える効果，③成長産業が衰退産業に与える効果。

【数学注】線分モデルにおける価格と立地の決定

2段階のモデルを考える。第1段階で，各社は立地を選択する。すなわち A 社は a を，B 社は $1-b$ を決定する。これを所与として，第2段階で，各社は価格を決定する。これを分析するため，後ろからの推論（本書末尾の付録参照）を利用し，まず a と b を所与として第2段階での均衡価格を求め，次に第1段階に戻って，第2段階での均衡価格が a と b に依存することを予期しながら，a と b についての解を求める。交通費は2次関数で，z 点にいる消費者が a 点まで行く交通費は $t(z-a)^2$ で表されるとする。

すると，交通費込み価格が A と B で等しくなる点 x は次式を満たす。

$$p_A + t(x-a)^2 = p_B + t(1-b-x)^2 \tag{6補.1}$$

これを解けば，x は次式で決まる。

$$x = a + \frac{1-a-b}{2} + \frac{p_B - p_A}{2t(1-a-b)} \tag{6補.2}$$

この x は A への需要を意味するから，A はこれを制約として利潤

$$\pi_A = (p_A - c)x \tag{6補.3}$$

を最大化するように p_A を決定する。x は（6補.2）式により p_B に依存するから，π_A を最大化する p_A も p_B に依存する。よって，定理3.6で述べた差別化ベルトラン・モデルにおける反応関数と同様に，価格についての反応関数が得られる。同様に B は，$1-x$ がその需要であるから

$$\pi_B = (p_B - c)(1-x) \tag{6補.4}$$

128 第II部 戦略編

を最大化するように p_B を決定することで B の反応関数が得られる。

これら 2 本の反応関数を連立して解けば，次の均衡解を得る。

$$p_A = c + t(1-a-b)\left[1 + \frac{a-b}{3}\right]$$
$$p_B = c + t(1-a-b)\left[1 + \frac{b-a}{3}\right] \qquad (6補.5)$$

これを（6補.2）式に代入して均衡の x を求めたうえで（6補.3）に代入すれば次式を得る。

$$\pi_A = \frac{t(1-a-b)(3+a-b)^2}{18} \qquad (6補.6)$$

これを a について微分するとマイナスであるから，a が小さいほど利潤は大きく，最適解は $a = 0$ となる（$a \geqq 0$ のため）。B についても同様に $b = 0$ が最適となる。これらを（6補.5）式に代入すれば，

$$p_A = p_B = c + t \qquad (6補.7)$$

であり，価格は限界費用を上回る。

本文の図 6.5 がこの均衡を示し，A，B がそれぞれ左端，右端に位置し，価格は $c+t$ に等しい。交通費込み価格は両端の $c+t$ のレベルから A については右上がり，B については左上がりの曲線となるが，交通費が 2 次関数で決まるため直線ではなく，累増的な曲線である。また，線分の距離が 1 なので両端間の交通費は t となり，交通費込み価格曲線の両端への切片は価格 $+t$ に等しい。両社は市場を折半し，それぞれの利潤は右上がりあるいは右下がり斜線で示されている部分の面積に等しい。

第 6 章　製品差別化と参入の戦略　129

第7章

品質と価格戦略・広告戦略

広告は社会的害か？

❖ はじめに

　前章での水平的差別化に引き続き，本章では垂直的差別化すなわち**品質**の問題を解説する。品質を数値化でき，それが消費者に知られているなら，高品質の商品ほど高価格になるはずである。この考え方を数式化して推定されるのがヘドニック関数で，実際に物価指数の調整にも利用されている。しかし多くの場合，品質についての情報は不完全であり，消費者にとっては商品情報をいかにして得るか，生産者にとっては，自社商品についての情報をいかに伝えるか，さらには，不完全情報のもとで最適な価格戦略は何か，などの問題を考えていく必要がある。また公共政策の観点からは，広告が消費者を説得し誤った商品選択に誘導することがないか，また参入障壁となって競争を制限することがないかを検討する必要がある。

　本章ではこうした問題を考えていくが，最初に，品質とは何か，品質についての情報とは何かを整理しておこう。

　あなたは未知の商品を見つけたとき，その品質をどうやって知るだろうか。ここでいう品質とは商品属性の全般をいい，速さや容量のような数値化できるものから，おいしさや使い心地といった数値化できず，また消費者間で正確に伝えることも難しいものまで含む。おいしさについては消費者間で評価が異なるという問題もあるが，これは前章で説明した水平的差別化になるので，本章では考えない。

　このうち，数値化したり記述したりすることによって客観的な形で伝達でき

130　第Ⅱ部　戦略編

るような種類の品質については，カタログを見たり，ネット上で検索したり，あるいは商店に行って実物を手に取ってみたりして知ることができる。このように探索（サーチ）することによってその品質をおおむね知ることができるような財を**探索財**という。一方，使い心地のようなものについては，実際に購入し経験してみないと知ることができない。そこで，こうした種類の品質が重要な財を**経験財**という。

> ┌─ **キーワード7.1** | 探索財と経験財 ──────────
> 消費者が購入前に探索することによってその品質がわかる財を探索財，消費者が購入し消費して初めてその品質がわかる財を経験財という。

これらは常に明確に区別できるわけではない。例えばパソコンを見ても，演算速度やメモリ容量のように探索財的な品質と，経験財的な品質，例えば使用状況に応じてのディスプレイの美しさ，キーボードの感触，バッテリーの消耗速度などとが混在する。それでもこれらを区別して考察することは有用である。製品がいずれのタイプかに応じて企業の戦略も変わるからである。例えば広告でも，探索財についての広告では品質そのものについての情報を伝えることが目的となるのに対し，経験財では経験してもらうために試し買いを促すことが目的となる。

以下，次節では探索財を中心に，そして7.2節以降では経験財を中心に，説明していこう。

7.1　品質と価格——ヘドニック関数

垂直的差別化の場合，消費者間で選好順位は一致する（キーワード6.1）。自動車におけるエンジン出力やパソコンにおける演算速度などがそうで，他の条件が同じなら，誰もがエンジン出力の大きい車を選び，あるいは演算速度の速いパソコンを選ぶ。そうだとすると，演算速度の異なる2種類のパソコンがともに市場で発売されているなら，演算速度の遅いパソコンは価格が安くなければならない。価格が同じなら，誰もこのパソコンを買おうとはしないからである。同様に，パソコンでタッチパネルのディスプレイが使われているものと使われていないものでは，前者の方が高価格になっているはずである。もちろ

第7章　品質と価格戦略・広告戦略　**131**

● **表 7.1　ヘドニック関数推定結果：パソコン（ノートブック型）**

変　数　名	推　定　結　果
定　数　項	$-2.322\mathrm{E}+05$***
CPU クロック周波数（GHz）	2.543**
スレッド数	5.714***
標準搭載メモリ容量（MB）	$4.459\mathrm{E}-12$***
総画素数（ピクセル）	$1.279\mathrm{E}+05$***
SSD 容量（GB）	0.513***
バッテリー駆動時間（分）	$7.713\mathrm{E}-10$***
CPU ダミー（3 次キャッシュ付属）	45.151***
記憶容量ダミー（HDD1TB 以上搭載）	31.573***
グラフィックスダミー（専用 GPU 付属）	24.658***
ディスプレイ仕様ダミー（タッチパネル）	23.593***
光ディスクドライブダミー（ブルーレイ・ディスクドライブ）	25.850***
セキュリティダミー（生体認証）	21.036***
初期搭載アプリケーションダミー（Microsoft Office Home and Business Premium プラス Office 365 サービス 1 年パック）	44.914***
メーカーダミー	略
発売時期ダミー	略
自由度修正済み決定係数	0.940
被説明変数の平均値	518.631

（注）　推定式は両側 Box-Cox 変換による。サンプル数は 78。サンプル製品の発売時期は 2017 第 3 四半期～2018 年第 2 四半期。*** は 1％，** は 5％ 水準で有意であることを示す。

（出所）　日本銀行調査統計局「企業物価指数・企業向けサービス価格指数における ヘドニック回帰式（再推計結果）——パーソナルコンピュータ（デスクトップ 型・ノートブック型）」2018 年 9 月（http://www.boj.or.jp/statistics/outline/exp/pi/ cgpi_2015/hed2015d.pdf）。一部，筆者編集。

ん，価格差はコスト差に由来するものでもあるが，重要なのは，高品質のもの は高価格でも需要があるという事実である。

　このことから，商品の価格はその品質に，あるいは，その品質を決めるさま ざまな属性に依存して決まると仮定することができる。この関係を関数として 表したのが**ヘドニック関数**である。

┌─────────────────┐
│ **キーワード7.2**　ヘドニック関数
└─────────────────┘

商品価格とその品質属性との関係を表す関数。通常は，被説明変数（従属変数） として対数化した商品価格，説明変数（独立変数）として複数の品質属性を用 い，クロスセクション（商品別）またはパネル（商品別 × 時系列）のデータを 用い推定する。

132　第 II 部　戦略編

パソコン（ノートブック型）について推定されたヘドニック関数の例を表7.1 に示す。定数項を除きすべての係数がプラスで統計的に有意であるから，CPU クロック周波数が高いほど，スレッド数が多いほど，メモリ容量が大きいほど，画素数が多いほど，SSD（ソリッドステート・ドライブ）の容量が大きいほど，バッテリー駆動時間が長いほど，高い価格であっても需要がある，すなわち品質が高いと結論できる。また，これらに続くダミー変数群はカッコ内記述に該当すれば1，それでなければ0の値をとる変数であるから，CPU に3次キャッシュが付属しているパソコンや，タッチパネル・ディスプレイを搭載しているパソコンは価格が高いことなどがわかる。

ヘドニック関数は品質のもたらす価格効果を示すものであるから，商品を開発する企業にとって重要な情報を与える。例えば，性能向上（CPU クロック周波数を上げる，あるいはタッチパネルを搭載する，など）による費用増と，それによって見込める販売価格上昇効果とを比較することを可能にする。

物価指数への利用

また，ヘドニック関数は**物価指数**の推計に重要な役割を果たしている。パソコンや携帯電話，デジタルカメラなどでは，毎年のようにモデルチェンジが起き，機能が向上した新商品が発売される。それにもかかわらず，価格は旧モデルと変わらなかったりする。このとき，物価は変わらなかったというべきだろうか。それとも性能の向上を考えれば物価は実質的に下がったというべきだろうか。消費者の立場から考えれば，新商品が効用を高め，しかし購入費用が変わらないのであれば，消費者余剰は増加する。この点で，同一性能の商品の価格が低下した場合と変わらない。こう考えれば，物価は下がったと考える方が妥当であろう。

こうした考慮を反映するためにヘドニック関数が利用されている。表7.1 では推定結果の記載を略したが，発売時期ダミー変数も推定式には含まれ，その係数は後の時期になるほどマイナスであると推定されている。他の変数の値が変わらないという意味で同一性能であれば，価格が下落傾向にあることがわかる。また推定結果を用いれば，旧モデルと同一性能のままであったとすればその価格は今ではいくらになっていたかをシミュレーションできるから，前期の値と比較することにより，実質的な物価変動を測ることができる。実際，物価

第7章　品質と価格戦略・広告戦略　**133**

指数を計算している日本銀行は，上述した商品を含むいくつかの商品につきヘドニック関数を推定し，その結果を用いて補正して物価指数を公表している。表7.1の推定結果は，このためのものである。

　ヘドニック関数の推定には，価格データとともに，価格に影響を与えそうな属性についてのデータが必要であるから，日本銀行は民間の調査会社や出版物などからデータを得ている。もちろん，これらは数値化できるデータ（タッチパネルの有無のようにダミー変数化できるものを含む）に限定されざるをえず，このほかにもブランドイメージや使いやすさのように，数値化できない属性が残る。

　表7.1にはメーカーダミー変数が加えられている。これはメーカーごとに1の値をとるダミー変数群である。推定結果の記載を省略したが，メーカーごとに8個のダミー変数が加えられている（推定結果が統計的に有意でなかったものは除外されている）。それらについての係数推定値はF社の156からK社の−48まで幅がある（メーカー名は非公表）。この数字自体を解釈することは困難であるが，表7.1の他のダミー変数についての係数推定値が21〜45であることと比較すれば，その効果の大きさは重要である。すなわち，他の属性が同じでも，高価格となるメーカーから低価格となるメーカーまで，大きな価格差が残っている。市場で実際に販売されている商品を対象にしているので，それだけの価格差があっても，実際に，それぞれに需要があるはずである。

　なぜF社製品は高い価格で売れるのだろうか。それは，表7.1に列挙された属性ではカバーしきれなかった属性，数値化できなかった属性があり，それら属性により，消費者はF社製品の品質を高いと考えており，それだからこそ高価格でも需要があるのに違いない。それはブランドイメージかもしれず，使ってみてわかる品質，すなわち経験財としての品質でもあるだろう。

　そこで，いよいよ経験財について考えてみよう。

7.2　経験財の最適価格戦略

　単純化した経験財の例として，以下の状況を考えよう。ある商品が価格pで発売されており，あなたはそれからvの効用を得られると予想する。よって通常であれば，$v \geqq p$であればあなたは購入する。ところが，その商品を経験

134　第II部　戦 略 編

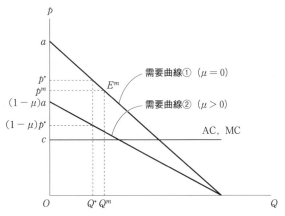

● 図 7.1 浸透価格戦略

したことがないため，あなたはこの商品が一定の確率（μ）で不良品ではないかと疑っている。不良品であれば効用はゼロである。ただし，真実はこの商品には不良品はなく，あなたは一度購入して経験すればこのことを知る。また，この商品は例えば日用品であり，$v \geq p$ であれば毎期1個ずつ購入する。

この状況で合理的なのは期待効用，すなわち効用の期待値を計算し，それが価格より高ければ購入することであろう（リスク回避の問題は省略する）。確率 μ で効用ゼロ，確率 $1-\mu$ で効用 v であるから，期待効用は $\mu \times 0 + (1-\mu) \times v = (1-\mu)v$ となり，これが p より大きいか等しいのであれば購入すべきである。

図 7.1 を見よう。需要曲線が2本描かれているが，上側にある①が，これまでと同じ需要曲線である。第5章図5.1と同様に，効用 v が消費者によって異なっており，最も高い人にとっては $v = a$，最も低い人にとっては $v = 0$ で，その間に消費者が一様に分布しているとき，この需要曲線が得られる。

この需要曲線は，不良品がないこと，すなわち $\mu = 0$ であることを消費者が知っている場合の需要曲線である。一方，不良品確率 μ がプラスであると消費者が思っている場合の需要曲線が②である。期待効用は $(1-\mu)v$ であり，これが留保価格（第1章1.1節）になるから，需要曲線②は①に $(1-\mu)$ を乗じた分だけ下側に位置する。

不良品がないことが知られている場合には，通常の独占均衡（図2.3）と変わらず，①線上の E^m が独占均衡の点であり，p^m, Q^m がそれぞれ独占均衡に

第 7 章 品質と価格戦略・広告戦略　135

おける価格と生産量である。これに対して新製品発売時には，どの消費者もまだ購入したことがないため $\mu > 0$ であり，企業はこのことを考慮に入れて価格戦略を立てる必要がある。R. シュマーレンゼーは，このときの最適戦略が次のようなものであることを証明した[1]。

浸透価格戦略

まず第1期に，企業は $(1 - \mu)p^*$ に価格を設定する。この時点で需要曲線は②なので，Q^* が販売量（1人1個の購入なので購入者数でもある）となる。すると，これら購入者は消費し，不良品ではないことを経験する。このため，第2期以降では，彼ら彼女らは $\mu = 0$ であることを知っており，需要曲線は①に移行する。そこで，第2期以降では，企業は価格を p^* に設定し，同じ Q^* の消費者に売り続ける。

この戦略を**浸透価格戦略**という。一般化させれば，以下のとおりである。

| 定理 7.1 | 浸透価格戦略 |

新商品を市場に導入するにあたり，売り手企業はその真の品質が優れていることを知っているが，消費者は真の品質を知らず，品質が低い可能性があると予想しているとする。企業にとっての最適戦略は，発売当初の価格を低くすることによって多くの消費者の購入を促し，消費経験を通じてこれら消費者が真の品質を知ったあとに価格を上げて同じ消費者たちに販売し，利潤を確保することである。この戦略を浸透価格戦略という。

こうした戦略は実際にしばしば観察される。価格自体をあからさまに上下することはしないにしても，発売当初，お試し価格と称して通常価格より安い価格で販売したり，期間限定で2個セットを1個と同じ価格で販売したり，さらには試供品として価格ゼロで配布したりするのは，いずれも浸透価格戦略の変型である。また第14章では，新聞・雑誌やオンラインの各種サイトなどのプラットフォームと呼ばれる事業で，新規参入者にとって浸透価格戦略が有効で

---

1 R. Schmalensee, "Product Differentiation Advantages of Pioneering Brands" (*American Economic Review*, 72(3), 1982, 349-365). 拙著『新しい産業組織論』第8章。本文では簡略化した形で説明しているが，厳密には，一度購入して良品であることを知ると，それ以降消費者は毎期安心して買い続けることができて長期的に購入からの余剰を享受できるので，効用の現在価値（本書末尾の付録参照）を計算して分析する必要がある。

136　第Ⅱ部　戦略編

あることを説明する。

上澄み価格戦略

それではこの逆はあるだろうか。すなわち，消費者が真実以上に品質が高いと思い込んでいる場合に，このことを利用する売り手の価格戦略である。この場合には，一度購入した消費者は真の品質が思っていたほどではないことを知ってしまうので，前のケースとは逆に，購入後の需要関数が①から②のように下側に移ってしまう。よって，第2期以降にもこれら消費者に買い続けてもらおうとすると，価格を下げる必要がある。しかし，そうすると，第1期価格では高すぎて購入しなかったため品質がまだ高いと思っている消費者も，この第2期の低価格で購入することになってしまい，売り手としては，これら消費者による（実は誤りの）高評価を自分の利益に結びつけられないというジレンマがある。

C. シャピロは，この場合の最適戦略が，第1期には高い価格を設定し，そのあと毎期少しずつ価格を下げていき，ある時期（T 期）になると，前期（T−1 期）よりは高いが第1期よりは低いレベルに価格を戻し，以降この価格を維持することであることを証明した。これを**上澄み価格戦略**と呼ぶ。誤りの高評価を持っている消費者の需要から，いわばその上澄みを少しずつ吸い取っていき，上澄みがほぼ尽きたら，上澄みではない本来的な需要（真の品質に対応する需要）をターゲットにする価格に戻すという戦略である[2]。

例えば発売前に風評や口コミなどで真の品質以上に消費者の期待が高くなっているなら，売り手としては，これを好機として高めの価格設定をしてこれら消費者にまず販売し，その後徐々に価格を下げて新たな顧客層（期待がそれほど高くはない顧客層）に販売を広げていくという戦略が魅力的だろう。これが上澄み価格戦略である。

ただしこれは危険な戦略でもある。買い手が購入して経験すれば，その真の品質が期待ほどではないことに気がつくので，この後，同じ企業が新商品を発売してもその品質を信用しなくなる可能性があるからである。このため，継続的に新商品を発売することをめざす企業であれば，上澄み価格戦略を避けるか

---

2 C. Shapiro, "Optimal Pricing of Experience Goods" (*Bell Journal of Economics*, 14(2), 1983, 497-507).

もしれない。

　浸透価格戦略も上澄み価格戦略も，競争政策として直ちに問題になるものではない。最初は安く買えたのにその後高くなってしまったとか（浸透価格戦略の場合），品質を信じて高い価格で買ったのに思っていたほどの品質がなかったとか（上澄み価格戦略の場合），消費者の不満は起きるが，それにより競争が阻害されているというわけではないので，競争政策として問題にするものではない。

　ただし，浸透価格戦略の場合には，第 1 期における低価格（図 7.1 での $(1-\mu)p^*$）が原価（c）を下回る可能性がある。第 1 期には赤字販売するが，第 2 期以降に高価格にして利潤を取り返そうとする場合である。これは次章で説明する略奪的価格戦略と共通するところがあり，不当廉売として独占禁止法上の問題にされる可能性がないわけではない（次章のコラム 8.1 参照）。ただし浸透価格戦略を消費者への情報提供手段として見れば，社会的にはむしろ望ましい可能性がある。

7.3　先行者の優位性

　シュマーレンゼーが考えたような状況，すなわち，経験財であり，真実は良品でありながら，消費者が購入前には一定の確率で不良品であると予想している状況では，後発者の参入は容易ではない。

後発者の価格戦略

　同じ商品であるが，2 つのブランドとして A，B を考えよう。これらは代替的であり，消費者が同時期に両方を買うことはない。いずれも真の品質は効用 v をもたらすが，消費者は，購入未経験であれば μ の確率で不良品であると予想している。

　ブランド A は先行者であり，第 1 期に発売する。ブランド B は後発者として第 2 期に発売する。するとブランド B への潜在的な需要者の中には，すでに第 1 期にブランド A を購入済みでそれが不良品ではないことを知っている消費者がいる。一方，ブランド B については不良品確率がプラスであると思っているから，同じ価格なら彼ら彼女らは購入しない。これが後発者であるブ

138　第 II 部　戦略編

ランドBに不利に働く。言い換えれば，先行者であるブランドAは優位な立場に立つ。これを**先行者の優位性**という。

図7.1をもう一度見ながら，ブランドBの第2期，すなわち参入時点での価格戦略を考えよう。ブランドBは需要曲線②に直面している。これに対し，ブランドAについては，Q^*までの消費者はすでにそれが良品であることを知っており，需要曲線①に移行している。このため，ブランドBが$(1-\mu)p^*$の価格をつけても，p^*の価格をつけているブランドAから顧客を奪うことはできない（期待余剰が同一であれば，消費者は既知のブランドであるAを購入するものとする）。また，Q^*の右側の消費者については両ブランドとも需要曲線②に対応しているから，$(1-\mu)p^*$の価格ではやはり購入しない。つまりブランドBは，Aが第1期にとったのと同じ価格戦略をとってはまったく販売できない。まさに後発者の劣位性であり，先行者の優位性である。

そこで，ブランドBは$(1-\mu)p^*$よりやや低い価格とせざるをえない。これによりQ^*までの消費者もBを試し買いするインセンティブを持ち，また需要曲線②に沿って需要者数をQ^*より増やすことができる。しかし当然のことながらマージン（価格マイナス限界費用）は減り，獲得できる利潤はAの第1期より少ない。次の期（第3期）には，第2期にBを購入した消費者については，需要曲線①に移行する。しかしQ^*までの消費者についてはAに対しても需要曲線①なので，p^*未満の価格としないかぎり，これら消費者はBにスイッチしない。このため，第3期以降も第2期での不利を取り返せるわけではなく，先行者の優位性は続く。

先行者の優位性を生むその他の要因

こうした先行者の優位性は広く起きており，経営戦略の観点からもよく議論されている[3]。本節では，これまで，品質に関する情報の不完全性が先行者の優位性を生むことをシュマーレンゼーのモデルを使って説明したが，先行者の優位性はより一般的に，また他の要因によっても生まれる。その中でも3点が重要である。

第1は，技術上の優位性である。新製品あるいは新生産方法についての最

---

3 M. B. Lieberman and D. B. Montgomery, "First-Mover Advantages" (*Strategic Management Journal*, 9 (S1), 1988, 41-58).

第7章　品質と価格戦略・広告戦略　139

初の発明者は**特許**などの知的財産権を得ることができ，特許であれば出願から20年間は他者はライセンスを受けないかぎり利用できない。また，製造ノウハウのような特許にはなりにくい新技術や，（特許出願すると公開されるので）発明者が秘匿することを選択するような新技術でも，他者が模倣するには時間がかかる。例えば，文部科学省が1万社弱の企業から回答を得た「全国イノベーション調査」でも，イノベーション活動から自ら利益を確保する手段の有効性として，製造ノウハウ，企業機密，特許，**リードタイム**（ライバル企業が追いつくまでの時間的優位性）が上位を占めた[4]。

第2は，**学習効果**である。多くの場合，生産が進むにつれ学習が起き，より効率的な生産方法や生産レイアウトが工夫される。また作業者も経験を積むことで技能を高める。これにより，生産量が累積するにつれ平均費用が低下する傾向がある。この効果を学習効果という（経験効果ともいう）。この効果が起きるのは製造現場に限らない。レストランの厨房や接客，小売店の在庫管理や顧客対応，さらには大学での教授方法まで，幅広いサービスの現場でも学習効果は起きる。先行者はこうした学習効果をライバルより先に獲得することで優位性を得る。

第3は，**ネットワーク効果**である。この効果については後でも触れることがあるので，キーワードとしてあげておこう。

キーワード7.3 ネットワーク効果

同一ブランドや同一規格の購入者あるいは利用者が多いほど，個々の購入者・利用者の効用が高まる効果。

例えばスマートフォンやパソコンで，あなたの友人がすべてブランドAを使っているなら，あなたもブランドAを購入した方が使い方を教えてもらえるとか，補完商品を貸してもらえるとか，通信しやすいとか，さまざまなメリットがあるだろう。これがネットワーク効果である。電気通信やソフトウェアでこの効果は大きく，そのために標準規格の設定が重要戦略となっていることを第9章で学ぶ。この効果があると，先行者が先に利用者数を増やすことで優位になる。

---

4 文部科学省科学技術・学術政策研究所『全国イノベーション調査統計報告』（調査資料110，2004）。

以上の議論をまとめておこう。

定理 7.2 先行者の優位性

先行者の優位性は，特許などの知的財産権やリードタイムによる技術上の優位性，学習効果，ネットワーク効果，そして経験財における品質情報の不完全性などに起因して起きる。

この定理はまた，先行者の優位性を享受するには，単に市場導入で先行するだけではなく，技術の囲い込みにより追随者の参入を遅らせること，できるだけ速く生産量を拡大し，あるいは利用者数を増やすこと，また多くの消費者に新商品の存在を知らせ，試し買いをさせることなどが重要であることを示唆する。すなわち，時間的に先行しただけで成功するとは限らない。例えば家電市場では，最初に発売された製品は使いにくかったり高価だったりしたため普及せず，後に手頃な仕様や価格で一般消費者向け市場（マス・マーケット）向け製品の導入に成功した企業がその後のリーダーになった事例が多い[5]。市場導入にあたっての開発戦略やマーケティング戦略の重要性を示唆する。

浸透価格戦略はこうしたマーケティング戦略の1つである。そして，商品についての情報提供も重要である。これが次に述べる広告戦略である。

7.4　広告の機能は情報提供か説得か

企業は消費者に自社商品を知ってもらうために，さまざまな活動をおこなう。浸透価格戦略の例としてもあげた試供品提供や，店頭での販売促進活動（インストア・プロモーション）もそうであるが，多くの消費財産業において活発におこなわれているのがさまざまな媒体を通じての情報提供，すなわち**広告**である。電通調査によれば，2018 年の日本の広告費支出は 6 兆 5000 億円を超え，うち 41.4％ が新聞・雑誌・ラジオ・テレビのマスコミ 4 媒体，31.7％ が屋外広告やダイレクト・メールなどのプロモーション・メディアを通じての広告費である。これらがここ数年減少傾向にあるのに対し，増加しているのはインターネット広告費で，構成比では 2015 年の 18.8％ から 2018 年の 26.9％ へ

5　長広美・小田切宏之「革新的産業における先行者の優位性と追随者の優位性——家電業界の実証分析」（『一橋ビジネスレビュー』第 52 巻第 1 号，2004 年 6 月，190-200 ページ）。

第 7 章　品質と価格戦略・広告戦略　**141**

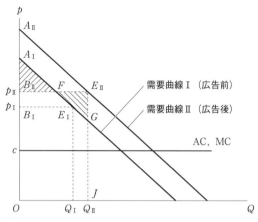

● 図7.2 広告の効果

と増加している[6]。

広告の社会的役割については多くの議論がなされてきた。大別すれば，肯定論者はそれによる情報提供機能を評価し，否定論者は，消費者を惑わす，独占を作る，社会的な無駄といった観点から批判する。本節と次節で，これらの議論を整理しよう。

広告の社会的効果

図7.2には2本の需要曲線が描かれている。ここでは平行移動したように2本が描かれているが，平行かどうかは重要な問題ではなく，図7.1のように横軸切片を中心に回転する形の移動でも構わない。右上に移動（シフト）することのみが重要である。

このシフトは広告によって起きたと考えよう。すなわち，広告を見た多くの消費者がこの商品について知り，あるいは買う気をそそられることによって，価格が同一なら需要量が増加する。これが需要曲線Ⅰから需要曲線Ⅱへの右方シフトの理由である。

これに伴い均衡価格が p_I から p_II に上昇し，生産量（＝需要量）も Q_I から Q_II に増加したとしよう。例えば線形モデルでの独占均衡を考えれば，こうし

---

6 http://www.dentsu.co.jp/knowledge/ad_cost/2018/ （2019年5月アクセス）。

た変化が起きる。価格上昇は需要曲線が不変なら需要量を下げる効果を持つが，需要曲線の右方シフトの効果が大きく，需要量も増加するからである。

消費者余剰と社会的余剰への影響を調べよう。消費者余剰は広告前は三角形 $A_I B_I E_I$，広告後は三角形 $A_{II} B_{II} E_{II}$ の面積である。平行シフトであればこれらは相似であり，しかも $Q_I < Q_{II}$ であるから，後者の方が大きい。すなわち消費者余剰は広告により増加する。粗利潤は広告により増加するので（価格も生産量も増え，限界費用は変わらないため），消費者余剰と粗利潤の合計である粗社会的余剰も増加する。ただし，広告費支出が増加しているため，広告費を控除した純社会的余剰への影響を調べる必要がある。ブランド間競争が活発であったり，参入が容易であったりすれば，独占的競争（キーワード6.2）の場合と同様に，純利潤（＝粗利潤 − 広告費）がゼロになるまで広告支出されたり参入が起きたりするだろう。このため，純社会的余剰の変化を見るには消費者余剰の変化のみを見ればよい。よって，純社会的余剰も広告により増加する。

情報提供的広告と説得的広告

この結果をどう解釈したらよいだろうか。価格は上昇したにせよ消費者余剰は増加したのだから，広告は社会的に望ましいと結論してよいだろうか。それとも，価格上昇を重視して，広告により独占力が強まり，社会的厚生を損なっていると結論すべきだろうか。

広告の機能を情報提供と考えるなら，需要曲線が右へシフトしたのはより多くの消費者が広告を見てその商品について知ったからである。広告がなければその商品を購入し効用を得る機会を逸していた消費者が，広告によりこうした機会を得るようになったもので，それが消費者余剰の増加につながっている。よって広告は社会的に貢献している。

ところが，広告の主要機能を説得と考える論者もいる。彼ら彼女らによれば，消費者の真の効用に基づいた需要曲線は需要曲線 I であるのに，より高い効用が得られると広告に説得されて需要曲線 II に従って購入行動をとったとされる。このため，需要曲線 II の下の面積により効用を測るのは誤りで，真の効用に対応している需要曲線 I の下の面積で測るべきである[7]。

---

7 A. Dixit and V. Norman, "Advertising and Welfare" (*Bell Journal of Economics*, 9 (1), 1978, 1-17).

第7章　品質と価格戦略・広告戦略　143

この議論に従えば，消費量は Q_{II} であり，支払額は $p_{II} \times Q_{II}$ すなわち図の $B_{II}OJE_{II}$ の面積であるが，効用は需要曲線 I の下の面積すなわち A_1OJG の面積として測られなければならない。よって効用から支払額を引いた消費者余剰として，三角形 $A_1B_{II}F$（右上がり斜線部分）の面積はプラスであるが，三角形 FGE_{II}（右下がり斜線部分）の面積はマイナスであるから，広告前の消費者余剰である三角形 $A_1B_1E_1$ の面積より明らかに小さくなっている。かくして広告は消費者に対し，また社会に対しマイナスである。このように**説得的広告**論者は論じる。

例えば，この商品を経験財として，消費者が初めてこの商品を購入するにあたり広告により高品質と信じ，需要曲線 II に従って購入したが，消費して真の品質が需要曲線 I に示される効用しかもたらさないことがわかったという状況に当てはめて考えれば，以上の議論は理解しやすいであろう。広告がなければ購入しなかった消費者が広告に説得されて購入し後悔する，という形で消費者余剰を損なっているというのである。

このように，情報提供機能を重視するか，説得機能を重視するかで，広告の社会的役割への評価は逆になる。説得的広告としてしばしばあげられるのは，有名俳優が飲んでおいしいというだけの TV コマーシャルのように，何らメッセージがない広告である。こうした広告は社会的浪費であり，消費者の選択を歪めている，これが説得的広告論者による批判である。

メッセージのない広告

これに対し，広告メッセージに何らの情報がなくても，費用をかけて広告しているということ自体に情報的価値があると論じたのは P. ネルソンである[8]。ふたたび経験財を考えよう。7.2 節で紹介したシュマーレンゼー・モデルのように，企業は自社の商品が良品であることを知っているが，消費者は不良品かもしれないと疑っている。ただし一度購入すると消費者もこれが良品であることを知る。こうした状況では，企業にとってみれば，一度でも購入してもらえば，その後繰り返し購入してくれることを期待できるから，最初の購入へと消費者を誘うために投資するインセンティブが高い。浸透価格戦略は発売時の

8　P. Nelson, "Advertising as Information" (*Journal of Political Economy*, 82 (4), 1974, 729-754).

144　第 II 部　戦略編

低価格という形での投資であった。同様に，広告もこのために有効な投資である。

　逆に企業が真の品質は消費者が思っているほど高くはないと知っている場合には，繰り返し購入が期待できないから，広告に大きく投資するインセンティブがない。すなわち，自社商品の品質に自信がある企業は積極的に広告に投資する一方，品質に自信がない企業は広告に消極的になるはずである。

　このことを理解すれば，消費者は，広告に多額の投資をしている企業は自社商品の品質に自信があるからこそ広告しているのだと考えるようになる。すなわち，広告への支出額自体が，広告主である企業が品質に自信を持っているという情報を伝えている。これがネルソンの議論である。

　この考え方に従えば，何もメッセージを伝えていないと思われる広告も，実は情報提供しており，社会的役割を果たしていることになる。ただし2点の疑問が残る。第1に，新商品発売時はともかく，発売から期間が経った既存商品に対しても繰り返し広告がおこなわれることを説明できない。購入することで消費者は真の品質を知るとすれば，ほとんどの消費者がすでに購買済みの商品についても，広告が引き続きなされるのはなぜだろうか。

　第2は，広告が社会的に過剰におこなわれる可能性である。企業AとBが類似の商品を販売しているとしよう。真の品質は同じだとしても，ネルソンの議論によれば，消費者はより多く広告をしている企業の商品の方が品質が高いと考えるだろう。この結果，A社もB社もライバルを上回って広告支出を増やそうとするに違いない。これは典型的な**囚人のジレンマ**の状況である（本書末尾の付録参照）。両社が共謀できるのであれば，商品を消費者に知らしめるに十分な広告投資さえすればよく，それ以上の広告は不要で，広告費用を削減できる。ところが，お互いにお互いを上回ろうとする結果，過大な広告費用を支出することになる。しかも社会的に過大でもある。両社が価格で競争するなら消費者の利益になるが，両社が広告合戦をしても，もはや消費者の情報量が増えるわけではないからである。

　このように，広告メッセージに何ら新しい情報が含まれなくても広告していること自体が1つの情報なのだというネルソンの議論を仮に認めるとしても，広告が社会的に過大になされているという疑いは残る。

第7章　品質と価格戦略・広告戦略　145

広告メッセージの偏り

　また，広告が情報伝達手段として最適かという疑問も残る。広告は著者が自著の書評を書くようなものだと評したのは，広告に関する経済分析のパイオニアというべき N. カルドアである[9]。読者が今読んでいるこの本の書評を著者である私が書いても，マイナスなことは決して書かないだろう。同様に，広告は販売者が自らの商品について情報提供するものなので，プラスのことしか伝達しないという偏りを必ず持つ。その意味で，第三者による商品評価や口コミ情報に劣る。

　もちろん，誤った情報や意図的に歪んだ情報を広告することは不当景品類及び不当表示防止法（景品表示法と略される）により禁止されている（コラム7.1）。しかし不都合な情報を秘匿することは，特別な規制対象になっている場合を除き，違法ではない。このための偏りが広告には不可避であることをカルドアは強調したのである。

コラム 7.1　不当景品類及び不当表示防止法（景品表示法）

　景品表示法第5条は，「商品又は役務の品質，規格その他の内容について，一般消費者に対し，実際のものよりも著しく優良であると示し，又は事実に相違して当該事業者と同種若しくは類似の商品若しくは役務を供給している他の事業者に係るものよりも著しく優良であると示す表示」（優良誤認表示）や「商品又は役務の価格その他の取引条件について，実際のもの又は当該事業者と同種若しくは類似の商品若しくは役務を供給している他の事業者に係るものよりも取引の相手方に著しく有利であると一般消費者に誤認される表示」（有利誤認表示）であつて，「不当に顧客を誘引し，一般消費者による自主的かつ合理的な選択を阻害するおそれがあると認められるもの」を禁止する。

　優良誤認表示の例としては，牛肉ブランド（輸入牛なのに「国内産和牛」と表示），中古自動車の走行距離，予備校の合格実績広告，LED 電球の明るさ，コピー用紙の古紙配合率などがある。またダイエット食品の痩身効果や，施術による即効性かつ持続性のある小顔効果などの場合には，消費者庁の求めに対し，その裏づけとなる合理的な根拠を示す資料の提出がなければ不当表示とみなされる（不実証広告規制という）。有利誤認表示としては，携帯電話通信料金や家電量販店販売価格，

9　N. Kaldor, "The Economic Aspects of Advertising" (*Review of Economic Studies*, 18 (1), 1950, 1-27).

あるいはサービス利用に必要な追加費用などが例とされ，他店平均価格より安いと称しながら，他店の最も高い価格と比較しているなどのいわゆる「二重価格表示」が代表的である。

2018年度には，消費者庁は景品表示法に基づき46件の排除措置命令を出しており，20件に対して総額5億円強の課徴金が課された。例えば，（株）TSUTAYAに対して，TSUTAYA TVと称する動画見放題プランの対象動画はTSUTAYA TVが配信する動画の12〜27%程度に留まり，「TSUTAYA TVにおいて配信する動画が見放題となるものではなかった」ことから，不当表示として，1億1753万円の課徴金を課している（2019年2月22日）。

（参考）消費者庁『平成30年度　消費者政策の実施の状況』（通称，消費者白書）。

7.5　広告は参入障壁を高めるか

英語には**グッドウィル**（goodwill）という言葉がある。信用とか**のれん**と訳されているが，消費者や取引相手が企業や商品に対して持つ信頼感を意味する。これは企業にとっては資産である。実際，企業が他社を買収するにあたり土地や建物など有形資産の時価以上の金額を払うことが多いのは，グッドウィルや技術などの無形資産の価値を考慮するからである。

グッドウィルは永年の取引や購入経験を通じて醸成される企業に対する信頼やブランドイメージなどからなっているから，数値化することが難しい[10]。そこで，ブランドイメージが広告により形成されると仮定して，広告費により計測する試みがしばしばおこなわれている。その年の広告費支出，あるいはその売上高に対する比率（広告集約度と呼ぶ）で測ることが多いが，広告の効果が継続することを考慮して，これまでの広告費累積値を，時間が経つにつれて忘却されることを考慮しつつ積み上げて計算する場合もある。すなわち，毎年20%ずつ忘却されるとするなら，（今年の広告費）$+0.8\times$（昨年広告費）$+(0.8)^2\times$（一昨年広告費）$+\cdots$として計算するのである。

グッドウィルは参入障壁を形成する。いったん支出された広告費は回収できないからサンクコストとなり，参入障壁になるからである（定理4.4）。実際，

10　現行の会計ルールでは，資産時価以上の金額で合併（買収）すれば，超過額を存続会社（買収会社）の無形資産にのれんとして計上するが，それ以外の場合には計上されない。

第7章　品質と価格戦略・広告戦略　147

産業別の参入率（参入企業数÷期首企業数）に対してグッドウィル変数や広告集約度がマイナス効果を持つこと，すなわち参入阻害効果を持つことを明らかにした実証研究がある。このため，広告は市場集中を高め，競争を阻害すると論じられることが多い。

参入手段としての広告

　これに対し，広告があるからこそ参入が容易になるという反論もある。通常，参入企業は知名度で不利な立場にある。消費者はその商品を知らず，小売店はその商品を扱ってくれないか，扱ってくれても棚の隅の方に置かれる。このため，消費者が店頭でその商品を知ることも難しい。また，知人などから口コミで情報を得ることも起きにくい。

　そうした状況の中で参入者が消費者にアピールするには，広告が最も有効である。同じ広告費を払えば，既存企業と同じ時間のコマーシャルを流すことができ，同じスペースの新聞広告を打てる。つまり，参入企業にとって広告こそが既存企業と対等に利用できる唯一の情報提供手段であり，参入を成功させるための最善の戦略である。

　この議論を支持する実証研究として，例えばM. ハーシーは米国の歴史的データを使い，広告費支出が参入率に与えるプラス影響は，特にテレビが普及してテレビコマーシャルが利用可能になった1960年代以降に強くなったとしている[11]。最近のインターネット広告の普及も，この傾向をさらに強めている可能性がある。特定の視聴者にのみ広告発信することにより，予算を限定しつつ広告効果をあげるというターゲット広告が使えるようになったからである。いわゆるニッチ・マーケット（隙間市場）を狙って参入することが，これにより容易になった可能性がある。

　まとめよう。広告の一般的評価は容易でない。広告が情報提供により社会的に貢献しているとする肯定論もあれば，消費者の選択を歪めるよう説得しているとする否定論もある。また，グッドウィルを構築することにより参入障壁を

11　M. Hirschey, "The Effect of Advertising on Industrial Mobility, 1947-72" (*Journal of Business*, 54 (2), 1981, 329-339). 広告と参入の実証分析については次の展望論文が便利である。K. Bagwell, "The Economic Analysis of Advertising" in M. Armstrong and R. H. Porter [eds.], *Handbook of Industrial Organization*, Vol. 3 (North-Holland, 2007), chap. 28.

高めているとする議論も，参入を容易にする手段だとする議論もある。実際のところ，いずれの側面も広告にはあるから，産業や商品特性により，あるいは広告手段により，個別に評価することが必要である。

● ポイント

7.1　ヘドニック関数は品質属性が価格に与える影響を表す関数で，その推定結果は物価指数の計算にも利用されている。

7.2　一度購入すれば真の品質がわかるような経験財の場合，消費者が品質を過小評価しているなら浸透価格戦略，過大評価しているなら上澄み価格戦略が企業にとり最適である。

7.3　経験財における品質情報の不完全性は先行者の優位性を生む。先行者の優位性は知的財産権やリードタイムによる技術上の優位性，学習効果，およびネットワーク効果によっても起きる。

7.4　広告には情報提供機能と説得機能があり，いずれを重視するかにより広告の社会的役割の評価も異なる。

7.5　広告はグッドウィルの形成を通じて参入障壁を高める場合も，逆に，広告という情報提供手段が利用可能だからこそ参入が可能になる場合もある。

◎ 練習問題○

7.1　自動車についてヘドニック関数を推定するとき，品質属性変数として適切なのはどれか（複数選択可）。①エンジン出力や燃費，②塗装色，③ハイブリッド車かどうか。

7.2　あなたは新製品の発売を予定している。その品質にあなたは自信があるが，残念なことにあなたの会社の知名度は低く，消費者は信用してくれない。あなたがとるべき価格戦略は次のどれか。①浸透価格戦略，②上澄み価格戦略，③完全価格差別（第一種価格差別）。

7.3　先行者の優位性をもたらす要因として正しいのはどれか（複数回答可）。①ネットワーク効果，②学習効果，③品質情報の不確実性。

7.4　広告による需要喚起は消費者余剰にプラスという主張とマイナスという主張がある。これら主張が異なるのは次のどの違いによるか。①代表的な広告媒体をテレビコマーシャルとするかオンライン広告とするか。②広告の主要機能を情報提供とするか説得とするか。③広告に人気俳優が出ているかいないか。

7.5　グッドウィルに最も近い日本語はどれか。①看板，②おしぼり，③のれん。

第7章　品質と価格戦略・広告戦略　149

第8章

競争優位の戦略

競争者を排除し参入を阻止するには？

❖ はじめに

　本章では競争戦略の要ともいうべき問題を考える。競争企業（既存企業あるいは潜在的参入企業）を排除する，あるいは競争企業に対し優位に立つための戦略である。競争戦略論の確立に最も貢献した M. E. ポーターは「競争戦略とは，会社が自社の市場地位を強化できるよう，うまく競争する仕方の探求である」と述べている[1]。

　これに続けてポーターは，「競争戦略は，例外なく，社会的に望ましいとされる競争行動についてのゲームのルールを無視して実行されることはない。このゲームのルールは，社会の倫理基準と公共政策によって決められるのである。一方，ゲームのルールも，企業が競争による脅威と好機に対してどのように戦略の上で対応するのか，これを正しく予想していなければ，初期の効果は発揮できないのである」とも述べている。ここでいう「ゲームのルール」の中心は間違いなく競争政策であるが，ポーターが実は産業組織論の研究者としてキャリアをスタートさせたことを知れば，このように競争戦略と競争政策の密接な関係を重視していることも理解できよう。

　言い換えれば，競争戦略の理解なくしては正しい競争政策を実施できず，競争政策の理解なくしては正しい競争戦略を立案できない。

　「ゲームのルール」の中心になるのが独占禁止法である。独占禁止法はキー

1　M. E. ポーター『競争の戦略』（土岐坤訳，ダイヤモンド社，1982, vi ページ）。傍点は原著による。

150　第Ⅱ部　戦略編

ワード序 1 に示したように，4 つの行為を禁止するが，不当な取引制限の禁止（すなわちカルテルや談合の禁止，第 11 章で扱う）以外の 3 つは本章のテーマである競争排除・参入阻止の戦略と密接に関連する。その中心は私的独占の禁止であるので，ここで**私的独占**の法律規定をあげておこう。

キーワード 8.1 | 私 的 独 占

「この法律において『私的独占』とは，（中略），他の事業者の事業活動を排除し，又は支配することにより，公共の利益に反して，一定の取引分野における競争を実質的に制限することをいう」（独占禁止法第 2 条第 5 項）。「事業者は私的独占（中略）をしてはならない」（同第 3 条）。

　ここでいう「他の事業者」には既存の事業者も参入を計画する事業者も含まれるから，それを排除する行為は私的独占として禁止の対象になりうる。独占という状態が問題にされるわけではない。排除や支配という行為が問題にされる。

　また，すべての競争排除や参入阻止の戦略が禁止されるわけではない。実際，より良い商品をより安く供給できるよう能率的経営に努め，研究開発に投資して技術革新を実現すれば，競争優位を得て，競争排除につながるが，これは社会的にも望ましいことである。またそれなくしては経済も発展しない。そうであるからこそ，私的独占は「公共の利益に反して，一定の取引分野における競争を実質的に制限する」場合にのみ問題とされるのである。

　ただし，企業のとる競争戦略が公共の利益に反するか，競争を実質的に制限するかの判断は常に自明ではない。このため，排除の負の効果を重視して積極的に独占禁止法を適用すべきか，それとも，自由な企業行動を通じた経済の活性化を重視して，独占禁止法の適用を抑制的におこなうべきかの論争は絶えない。

　本章では，こうした問題意識を背景において，競争排除や参入阻止のための戦略と競争政策について，実例も紹介しつつ，いくつかの論点を述べていく。

8.1　参入阻止価格戦略と略奪的価格戦略

　第 4 章 4.1 節で同質財市場における**参入阻止価格戦略**について説明した。企

業1（既存企業）と企業2（潜在的参入企業）の限界費用がそれぞれ c_1, c_2 であり，生産量にかかわらず一定，また固定費用がないとき（よって c_1, c_2 が平均費用でもあるとき），$c_1 < c_2$ であれば，企業1は c_2 より微小に低い価格をつけて企業2の参入を阻止するという戦略である。企業1に費用上の優位性がなく $c_1 = c_2 (= c)$ であれば，コンテスタブル市場となって価格は c に等しくなる（定理4.1）。

　それでは，企業2が参入済みの既存企業であるときにも同様の議論ができるだろうか。$c_1 < c_2$ のときには，企業1は $p = c_2 - \varepsilon$（ε はプラスの微小数）に価格設定すれば，企業2を退出に追い込みつつ（$c_1 < c_2 - \varepsilon$ であるかぎり）自社はプラス利潤をあげることができる。

　$c_1 = c_2 (= c)$ のときはどうか。企業1は $p = c - \varepsilon$ として企業2を退出させる戦略をとるだろうか。このときは企業1の利潤もマイナスになるが，それでもライバルを追い出すためにとる価格戦略，これを**略奪的価格戦略**という。ライバルから市場を略奪するための価格戦略という意味である。

> **キーワード8.2** 略奪的価格戦略
>
> 市場から競争相手を退出させ独占企業となるために，自社利潤がマイナスになっても価格を低く設定する戦略。

　1期だけを考えるなら，略奪的価格戦略をとるインセンティブはもちろんない。したがって，そうしたインセンティブがあるのは，長期的にその損失をプラスの利潤により回収できる場合である。これを**損失回収条件**，または英語で**リクープメント条件**という。このためには，第2期以降に平均費用（＝限界費用）を上回る価格を維持できることが必要である。すなわち，そうした価格をつけても，企業2（およびその他の潜在的参入企業）が第2期以降に再参入（あるいは新規参入）して価格競争が起きるわけではないということが必要である。このためには市場がコンテスタブル（キーワード4.1）であってはならない。すなわち**参入障壁**があることが必要である。

> **定理8.1** 略奪的価格戦略が有利であるための条件
>
> 略奪的価格戦略はマイナス利潤をもたらすが，損失回収条件が満たされるなら，すなわち，長期的にプラス利潤を得て損失回収できるなら，既存企業にとり有利

152　第Ⅱ部　戦略編

である。損失回収条件が満たされるためには，新規参入者も再参入者も参入障壁に直面していることが必要である。

サンクコストが存在すれば参入障壁となる（定理 4.4）から，損失回収できるためには，参入にあたってサンクコストとなる投資が必要でなければならない。しかも略奪的価格戦略の場合には，企業 2 のように以前は営業していた企業が再参入するにあたっても，サンクコストへの投資が必要でなければならない。これは通常の条件より厳しい。サンクコストとなる資産とは，売却などにより費用回収することが不可能な資産であるから，退出企業は退出後も売却できず保有し続けている可能性が高いからである。また，経営者や労働者の知識や技能，またグッドウィル（第 7 章 7.5 節）など，研修，経験，広告，研究開発などの回収できない投資により蓄積された無形資産についても同様で，以前に営業していた企業なら新規の投資の必要性は弱まる。それだけに，略奪的価格戦略が有利となる状況は限定的である。

実態としての廉売

ただし，補完的な製品や垂直関係にある製品をも生産している多角化企業が，この市場を独占化することにより，これら関連製品からの利潤をさらに高めたり，あるいはそこでの競争企業の経営を困難にしたりすることができるような場合には，コスト割れ販売へのインセンティブは高まる。その製品自体では長期的にも損失を回収できないとしても，関連製品から得られる追加的利潤で損失を回収できる可能性があるからである。

市場独占までには至らないとしても，この例と見なされるのが，スーパーマーケットや大型ディスカウント店などの小売業者によるいわゆる目玉商品としての廉売である。例えばキャベツを廉売することで来店を促し，来店客がついでに他商品も購入してくれることを期待する。後者からの追加的利潤が前者からの損失を上回れば，店全体としての利潤は高まる。コラム 8.1 は独占禁止法における**不当廉売**の禁止規定を紹介しているが，実際に不当廉売とされた事例で多いのが，この目玉商品についての廉売であることを示している。

もう 1 つ多いのが，このコラムにおけるガソリンスタンドの例のように，**浸透価格戦略**による廉売（定理 7.1）である。この場合には，新商品の性能や新

店舗のサービスなど，前章で品質と総称したものを消費者に経験してもらうために廉売する。将来的には値引きをやめて損失回収できることを期待して廉売する点で，略奪的価格戦略と共通する。ただし，浸透価格戦略を採用するのはむしろ参入者であり，品質が消費者に既知の既存業者に対抗するためにおこなう。この点で，既存企業がライバル企業や参入企業を排除するためにおこなう略奪的価格戦略とは大きく異なる。この違いのために，略奪的価格戦略が競争排除の効果を持ちやすいのに対し，浸透価格戦略はむしろ競争促進効果を持ちやすい。

コラム 8.1　不当廉売規制

　独占禁止法は不公正な取引方法を禁止するが，その 1 つとして不当廉売がある。これは「正当な理由がないのに，商品又は役務をその供給に要する費用を著しく下回る対価で継続して供給することであつて，他の事業者の事業活動を困難にさせるおそれがあるもの」（第 2 条第 9 項第 3 号）とされる。

　例えば，愛知県の食品スーパー 2 社がキャベツ等を 1 円で販売した事例がある（2017 年 9 月 21 日警告）。これは，キャベツ等をいわゆる目玉商品として，顧客の来店を勧誘し，他の商品の売上も伸ばすことを狙ったものと思われる。また，ガソリンスタンド 2 店が仕入価格を下回る価格でガソリンを販売したとして警告された事例もある（2015 年 12 月 24 日警告）。これら 2 店は新規店とその近くの店舗であったから，新規開店に伴う浸透価格戦略と思われる。

　不当廉売については非公表の注意で対応されることが多く，2018 年度には 227件の注意がなされているが，このうち 194 件（85%）が石油小売，22 件（10%）が酒類小売と，この 2 業種に集中している。石油に関しては近隣ガソリンスタンド間での値引き競争が激化した事例が多く，また酒類についてはビールを目玉商品として来店を勧誘する事例が多い。

　（参考）　公正取引委員会報道発表。件数は「平成 30 年度における独占禁止法違反事件
　　の処理状況について」。

8.2　コミットメントとしての投資戦略

　参入阻止価格戦略や略奪的価格戦略では，企業間での意思決定の順序は問題

154　第Ⅱ部　戦略編

ではなく，また戦略を変更することも可能である。例えば企業2が退出したあとに企業1が価格を上げれば，企業2は再参入すればよい。これが損失回収条件として参入障壁が必要な理由であった。

それに対し，意思決定の順序が重要で，先に決定することにより優位に立てる場合がある。このためには，先におこなった決定を覆すことができないことが必須である。すなわち決定に拘束されることが必要である。これを，拘束という意味の英語からコミットメントという。そして，このことを利用する戦略を**コミットメント戦略**という。

本節では，このコミットメント戦略をディキシット・モデルに従って説明しよう[2]。

ディキシット・モデル

これまでの議論と同様に限界費用を一定とするが，2種類の限界費用を分けて考える。1つは生産設備についてのもので，これには生産能力1単位当たりrの費用がかかる。もう1つは，原材料や労働などについての費用で，これはこれまでどおり生産量1単位当たりcであるとする。重要な違いは生産設備における不可逆性である。すなわち，企業i ($i = 1, 2$) がq_i^Xにあたる生産能力の設備を建設してしまうと，その費用はサンクコストとなり，回収不能である。これに対し，原材料などについては，生産量に合わせて即時的に投入量を変更できる。

cもrも両企業で共通である。すなわち，いずれかの企業が何らかの費用優位性を持っているわけではない。それにもかかわらず先に意思決定した企業が優位性に立つ。これがコミットメント戦略のポイントである。

生産設備の不可逆性とは，q_i^Xの規模の生産設備に投資したあとでは，生産量がq_i^X以下であっても生産設備を削減できないことを意味する。このため，生産設備に関わる費用であるrq_i^Xは生産量により変動しない固定費用かつサンクコストとなり，限界費用はcのみである。一方，生産量をq_i^X以上にすることは追加的に設備を建設することで可能である。設備は単位当たりrの費用で必要な規模に建設できるとして，q_i^X以上の生産のための限界費用は$c + r$

2　A. Dixit, "The Role of Investment in Entry Deterrence" (*Economic Journal*, 90 (357), 1980, 95-106).

第8章　競争優位の戦略　155

となる。よって生産量 q_i^X を境に、限界費用は異なる。この違いが大きな意味を持つ。

　企業1と企業2が同時に生産能力を決定し、その後に製品市場での価格競争がおこなわれるのであれば、クールノー均衡と同じになる。これは**クレップス＝シャインクマン**の定理であった（定理3.5）。ところが、生産能力決定・設備建設に両社で時間差があれば、結果は大きく変わる。このとき、3段階でのゲームを考える必要がある。第1段階では、企業1が生産能力を決定し設備に投資する。第2段階では、企業1の生産能力を所与として企業2が生産能力を決定する。そして第3段階では、それぞれの生産能力を所与として製品市場でベルトラン型の価格競争がおこなわれる[3]。

生産能力の逐次決定

　第3段階では、生産能力を所与として価格競争する結果、クレップス＝シャインクマンの議論によりクールノー均衡になる。よって第2段階で、両社の反応曲線の交点で生産能力についての均衡が決まる。図8.1を見よう。これは図3.1と似ているが、企業1の反応曲線が、限界費用が c のみの場合と $c + r$ の場合の2本描かれており、前者が右上に位置する。(3.8) 式により、限界費用が小さいほど S_i が大きく、ライバル企業の生産量所与のもとで自社最適生産量 (q_i) が大きいから、反応曲線は右上に位置するからである。

　第2段階では、企業1が第1段階で決定した生産能力は所与である。これを q_1^X とする。すると企業1の反応曲線は、q_1^X 以下の生産量では限界費用が c のため図8.1の上側の反応曲線、q_1^X 以上では限界費用が $c + r$ であるため下側の反応曲線になる。このため、反応曲線は図の太線が示すように折れ線となる。均衡は、この反応曲線と企業2の反応曲線の交点で決まる。この交点は、図の E^c 点と E^{c+r} 点の間で、企業1の反応曲線の屈曲部（垂直部分）が変われば変わるから、q_1^X が変われば均衡も変わる。

　第1段階では、このことを利用して、企業1が q_1^X を決定する。その最適戦

　3　これは、特に最初の2段階について、ゲーム論の表現を用いれば逐次ゲームである（本書末尾の付録参照）。付録図1のプレーヤーAが企業1にあたり、プレーヤーBが企業2にあたる。ただしAもBもとりうる戦略は生産能力の選択であり、連続変数なので、選択肢が H と L の2つに限られているわけではない。

156　第II部　戦略編

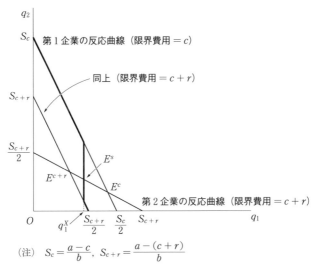

● 図 8.1　第 1 企業が生産能力を先決するときの複合均衡

略は，企業 2 の反応曲線上で自社利潤が最大になるように q_1^X を決定することである。これは第 3 章 3.5 節で説明したシュタッケルベルグ均衡にほかならない。図 3.1 での E^S 点であり，図 8.1 でも E^S 点で示した。よって企業 1 にとっての最適戦略は，E^S 点に対応する生産量レベル (q_1^X) に合わせて生産能力を建設することである。

すなわち，企業 1 は企業 2 に先駆けて生産能力を決定することにより，**シュタッケルベルグ・モデル**でのリーダーになることができる。シュタッケルベルグ均衡では，リーダーはクールノー均衡のときより高い利潤を得ることができるから，企業 1 はこの設備投資戦略をとることにより利潤を増やす。これは**先行者の優位性**である。

参入阻止の可能性

後発者である企業 2 は E^S 点で通常のクールノー均衡 (E^{c+r} 点) より低い利潤しか獲得できない。また，自社の反応曲線に沿って E^S 点より右下に動けば，利潤はさらに減少する。このため，もし生産設備に対する費用以外に固定費用の出費が必要なら (例えば販売ルート開拓の費用)，この固定費用を控除する前の利潤 (粗利潤) が固定費用を下回り，固定費用控除後の利潤 (純利潤)

第 8 章　競争優位の戦略　**157**

はマイナスになってしまう場合がある。言い換えれば，企業 1 は企業 2 の純利
潤がマイナスになるように q_1^X を選ぶことができる場合がある。すると企業 2
は参入を断念し，企業 1 は参入阻止に成功する。すなわち，この場合には，先
行企業は設備投資戦略を参入阻止戦略として利用することができる。これも先
行者の優位性である。

　まとめれば，企業 1 は企業 2 に先行して生産設備に投資することにより，参
入阻止に成功する場合も，参入を許容したうえでシュタッケルベルグ・リーダ
ーとしてクールノー均衡より大きい利潤を獲得できる場合もある。いずれも先
行者の優位性を意味する。定理 7.2 で先行者の優位性を生む要因として 4 点を
あげたが，これらに加え，サンクコストとなる資産に先行投資することによる
先行者の優位性もあることがわかる。

8.3　コミットメント戦略はなぜ競争優位を生むか

　ディキシット・モデルにおいて，投資を先行した企業が優位性を獲得できた
のはコミットメントによる。コミットするとは自らを拘束することを意味し，
自分の自由を限定することをいう。通常は，自由な選択肢があった方が状況に
対応し最適戦略をとりやすいが，逆に選択肢を狭めた方が優位な立場に立つこ
とがある。このいわば常識に反した戦略が**コミットメント戦略**である。一般的
には次のようになる。

キーワード8.3　コミットメント戦略

他者に対し優位な立場に立つために，不可逆的な資産に投資したり長期契約を結
ぶことで，自らの選択肢を狭める戦略。

　中国の故事に「背水の陣」という言葉がある。漢の将軍が大河を背にして軍
を布陣させ，後方への退路を断つという形で選択肢を自ら狭めたことで，兵士
は死にものぐるいで戦い大軍に勝利したといわれる。この「退路を断つ」とい
うのがコミットメントである。

　受験生でも，いわゆる滑り止め校を用意しないことで，本命校への受験対策
に必死になることがあるであろう。本人が必死になるだけではない。退路を断
つことにより，その行動を観察するライバルなど他者は，必死で戦うという脅

158　第II部　戦略編

しを**信頼できる脅し**としてとらえるのである。入学定員の少ない受験，あるいは1つのポストへの応募や役へのオーディションであれば，他の受験者が退路を断っているのを知れば，あなたは競争の厳しさを予感し，受験を諦めてしまうかもしれない。これがコミットメント戦略の効果である。これに対し，退路を断つわけでもなく，あなたが攻めてくれば報復しますと口先でいうだけなら**空の脅し**である。

　信頼できる脅しであればこそ，あなた（ライバル企業）は報復の脅しを現実的なものととらえ，それを前提に自己の戦略を立てざるをえない。すなわち追随者の立場になる。先行者はこのことを予測して最適な戦略を立てるのでリーダーになることができ，利潤を改善できる。コミットメント戦略が競争優位の戦略として効果的なのはこのためである。

　ディキシット・モデルでは，企業1は，サンクコストになる生産設備に先行投資することで生産能力の下方調整という選択肢をなくしている。これにより，ライバル企業に対し生産能力一杯まで生産するという信頼できる脅しを与え，参入阻止に成功したり，寡占ゲームでリーダーになったりしている。

　他のコミットメント戦略としては長期契約の締結がある。特定の大口顧客やサプライヤーと長期契約を結ぶことは，自己の選択肢を狭め，市場状況が変わって赤字になっても売り続けたり買い続けたりしなければならなかったり，より有利な買い手や売り手が現れてもスイッチできなかったりする。それでも，こうした契約を結ぶからこそ，顧客やサプライヤーは安心して設備投資する。また，潜在的参入企業が十分な需要を獲得したり原材料を調達したりすることを難しくする。すなわち参入阻止である。こうした効果も，ライバル企業に先駆けてコミットするからこそ生まれる。そこで，次の定理として整理しておこう。

定理8.2 ┃ **コミットメント戦略による先行者の優位性** ──────

定理7.2に加え，先行者は他社に先駆けてコミットメント戦略をとることで，優位性を得る場合がある。

経営戦略としてのコミットメント

　コミットメント戦略は経営戦略として重要な役割を果たす。

メモリやディスプレイなどを含む半導体産業では，かつては世界で主要なプレーヤーだった日本企業が徐々に退出し，あるいはシェアを減らし，韓国・台湾・中国の企業がシェアを増大させた。その理由としては，新技術への日本企業の遅れ，1980年代後半の日米半導体協定による投資抑制，さらには韓台中での国家支援や財閥経営による資金調達など，さまざまな要因が議論されているが，設備投資戦略の違いも要因の1つである。

半導体製造装置は大型化，精密化，高度化したため工場建設には巨額の投資が必要である。それにもかかわらず韓国企業その他が先行して活発に設備投資したことがコミットメントとなり，それに対し，過剰能力となることを懸念した日本企業は，躊躇している間に生産・販売・技術におけるリーダーシップを失った。設備投資は巨額となるうえに，生産技術もまだ未成熟な場合も多く，しかも半導体市況は価格の変動が激しいことでも知られている。それだけに，先行して投資するのはきわめてリスクの高い戦略である。それでもなお，リスクを冒して先行投資した企業がマーケット・リーダーになる。これはコミットメント戦略そのものである。

また小売業（コンビニなど）や飲食店（ファストフードやコーヒー店など）では，街の角々に出店するなど，共食いが心配されるほど多数の出店をする企業がある。これもコミットメント戦略といえる。多く出店することによりライバル企業が出店できる余地を狭めるとともに，「あなたが出店してくれば本気で戦います」という信頼できる脅しを与えているからである。

繰り返すが，コミットメント戦略はリスクの高い戦略となりやすい。サンクコストとなる資産に多く投資するだけに，需要が思ったほど伸びなかったり，ライバル企業が予想に反して対抗してきたりしたときには，結果的に過剰投資となり，売上が費用をカバーできなくなって存続できなくなるおそれがある。したがって，倒産あるいは吸収合併されたスーパーマーケットの例（ヤオハン，ダイエーなど）に見られるように，失敗したコミットメント戦略の事例も多くある。

8.4 ライバルの費用を高める戦略——市場閉鎖・囲い込み

　ライバル企業の費用を高めることで自社の競争優位性を高める戦略もある。**ライバルの費用を高める**（raising rivals' cost）**戦略**，略して **RRC 戦略**という。

　この方法として垂直統合，すなわち上流や下流の事業を統合し，同業他社の上流・下流へのアクセスを難しくする戦略がある。統合とは典型的には合併や買収など，第 12 章で企業結合として取り上げる方法によるが，株式所有がなくても，長期契約を結んで提携することで同じ効果をあげられる場合もある。

　上流とは代表的には原材料供給，下流とは販売（卸小売）や製品輸送である。上流企業と統合し同業他社（潜在的参入企業を含む）への原材料供給を拒否するか高価格を要求すれば，他社の費用を高めたり，参入を阻止したりできる。また下流を統合し他社製品の販売や輸送を拒否するか高い対価を要求すれば，他社の費用を高め，あるいは販路確保や流通を困難にして参入阻止できる。いずれもライバルの費用を高めるから RRC 戦略として効果的である。

　こうした行動を，競争相手がアクセスできる市場を閉鎖するという意味で**市場閉鎖**と呼ぶ。また，市場を囲い込んで他社に使わせないという意味で**囲い込み**ともいう。

> **キーワード 8.4　市場閉鎖あるいは囲い込み**
>
> 上流あるいは下流の事業を統合することで，ライバル企業（潜在的な参入企業を含む）によるアクセスを困難あるいは高費用にする行動を**市場閉鎖**という。または**囲い込み**という。このうち原材料など投入物へのアクセスを閉鎖することを**投入物閉鎖**，販売先（卸小売，流通業者など）へのアクセスを閉鎖することを**顧客閉鎖**という。

市場閉鎖は独占禁止法違反か

　RRC 戦略は私的独占として違法とされることがある。NTT 東日本事件については，**不可欠設備**（光ファイバ設備）へのアクセスの差別の事例としてコラム 4.2 で引用したが，光ファイバ設備という投入物への他社のアクセスを高

第 8 章　競争優位の戦略　**161**

費用にしたという意味でRRC戦略である。また同事件は，NTT東日本が上流価格（接続料金）と下流価格（ユーザー向けサービス提供価格）の両方をコントロールし，その間で競争事業者が得られるマージン（利幅）をスクイーズする（搾り取る）という**マージン・スクイーズ行動**の例としてあげられることもある。

　光ファイバ設備には規模の経済性が働き**自然独占**（キーワード4.2）になりやすいため，NTT東日本による設備の独占を認めつつ，他事業者による接続希望を受け入れることを義務づける規制がおこなわれていたことが，この事件の背後にある。

　これに対し，同様の規制がなく，また公共性も求められることのないような事業においては，垂直統合した企業による外部顧客への差別的扱いが直ちに問題になるわけではない。例えば，アップルはスマホのオペレーティング・システム（iOS）とスマホ本体とを結合供給しており，iOSのみを他社に供給することを拒んでいるが，問題にされたことはない。また，エンジンを内製している自動車組立メーカーがエンジンだけ外部に供給することを拒否したり，高価格でしか供給しなかったりしても，通常は問題にならない。他社もエンジン内製を始めたり，エンジン専業メーカーから購入したりすることが可能なはずだからである。したがって，市場閉鎖が直ちに独占禁止法上の問題になるわけではない。

　市場閉鎖が懸念されることが多いのは，それまで独立で，それぞれ複数の取引先を持っていた企業間で垂直型の企業結合が起きる場合である。すなわち上流企業あるいは下流企業との合併・営業譲受け・株式取得などで，これらは市場閉鎖を予防する観点から禁止されたり，一定の条件付きで承認されたりすることがある。コラム8.2に2つの事例をあげた。いずれも最終的には承認されているが，半導体装置メーカーの事例では条件付きとなっている。買収される会社にこれまで投入物供給を依存してきた競争事業者が，供給を打ち切られることにより排除されることが懸念されたため，買収会社が供給の継続を約束したものである。一方，動画配信の事例では，当事会社のマーケットシェアが小さいため，閉鎖すれば他ユーザーに供給できなくなることの不利益が大きく，市場閉鎖の懸念はないと判断されている。この事例は，第14章で取り上げるプラットフォーム事業者の統合の事例でもある。なお，企業結合全般について

162　第Ⅱ部　戦略編

は第 12 章で解説する。

コラム 8.2　垂直型企業結合における市場閉鎖 (2012, 2014 年度)　━◦━◦━◦━

　（1）　半導体製造のための露光装置メーカーである ASML（米社，オランダに本社のある ASML ホールディングスの子会社）が露光装置に組み込まれる光源のメーカーであるサイマー（米社）を買収した事件では，上流であるサイマーが，これまでの供給先である他の露光装置メーカーに対して光源の供給を拒否する投入物閉鎖が起きること，また，ASML がこれまでも同社に供給してきた他の光源メーカーからの購入を拒否する顧客閉鎖が起きることが懸念された。このため，両社はこれらと公平，合理的かつ無差別な条件で取引を継続するという問題解消措置を提案し，それを受けて公正取引委員会は買収を承認した（2012 年度）。

　（2）　KADOKAWA とドワンゴによる共同株式移転を利用した統合では，KADOKAWA の有料動画配信サービスをドワンゴのポータルサイト niconico を通じて配信していたため，統合により，KADOKAWA が niconico 以外への配信を拒否する投入物閉鎖，niconico が KADOKAWA 以外の有料動画配信サービスを拒否する顧客閉鎖が懸念されたが，いずれもそれぞれの市場でシェアが小さく，他にシェアのより大きい事業者がいるため，市場閉鎖することで他の配信先や他の配信元を失うことによる不利益の方が大きく，市場閉鎖へのインセンティブがないと判断され，承認された（2014 年度）。

　（参考）　公正取引委員会「主要な企業結合事例」各年度版。

8.5　参入遅延・参入回避で合意する戦略——逆支払いと市場分割

　最後に，参入阻止を目的とする，まったく異なった観点からの戦略を説明しよう。既存企業と参入予定者の間で参入を遅らせたり，回避したりすることを合意する戦略である。このために合意金としていわば賄賂が支払われたり，相互不可侵，すなわち相互に相手の市場に参入しないという協定を結んだりする。もちろんこれは合意により競争を損ない，消費者に高価格をもたらす行為であるから，独占禁止法違反となる可能性の高い行為である。

　これら行為を説明する前に，次の自明ともいえる定理を確認しておこう。

第 8 章　競争優位の戦略　**163**

定理 8.3 | **独占利潤と寡占利潤**

独占企業の利潤は寡占市場における企業の利潤合計より大きい。ただし，いずれでもゼロ利潤になるコンテスタブル市場均衡を除く。

もちろん，この事実は線形モデルの対称均衡での企業数の影響を見た定理3.3や，プライス・コスト・マージンと集中度の関係を見た定理3.2から示される。しかし実は，この定理が自明なのは，独占企業が利潤最大化しているという最大化の定義そのものでわかるからである。すなわち，独占企業は独占均衡生産量 Q^m ではなく寡占市場合計生産量（図3.2での Q^2 や Q^3）を選ぶこともできる。それにもかかわらず Q^m を選ぶのは Q^m での利潤が最大だからにほかならない。当然，独占利潤が寡占利潤合計を上回る。コンテスタブル市場でも最大（等号を含む）ではあるが，利潤ゼロであるため，寡占を超えて大きいわけではない。

逆支払いあるいは参入遅延のための支払い

独占企業の利潤を π^m とし，2社の寡占市場におけるそれぞれの利潤を π_1，π_2 としよう。すると $\pi^m > \pi_1 + \pi_2$ である。よって $\pi^m - \pi_2 > \pi_1$ であり，$\pi^m - (\pi_2 + \alpha) > \pi_1$ となるように α（$\alpha > 0$）を決めることができる。

企業1を参入前の独占企業，企業2を参入企業としよう。企業1は，参入が起きれば，自社利潤が π^m から π_1 に減少することを知っている。そこで企業2に対して，$\pi_2 + \alpha$ を支払うから参入しないよう提案する。企業2は参入したときの利潤より α だけ大きい支払いを受けるので，この提案を受諾する。企業1は，参入が起きないことで π^m の利潤を得て，それから $\pi_2 + \alpha$ を払うが，上記の α の決め方により，手元に残る利潤は参入後利潤 π_1 より大きい。よって，両社ともこの支払いにより利潤が大きくなるため，合意が成立する。この結果，参入は起きず，独占が持続する。

こうした支払いを英語で**リバース・ペイメント**（reverse payment）すなわち**逆支払い**という。しばしば **RP** と略す。

キーワード 8.5 | **逆支払い（リバース・ペイメント）**

既存企業が，参入を計画している企業に対し，参入の断念あるいは遅延を条件としておこなう支払い。

164　第 II 部　戦 略 編

なぜ逆支払いか。それは，逆支払いとして問題になった事例では特許により独占が成立しており，通常は独占企業（特許権者）の特許技術を利用するために参入者が特許権者にライセンス料を払うのに対し，ここでは逆に独占企業が参入者に払うからである。また，永久に参入しないのではなく，参入を遅延させて，その間だけでも独占利潤を獲得しようとするために使われることが多いので，**ペイ・フォー・ディレイ**（pay for delay）すなわち**参入遅延のための支払い**とも呼ばれる。

特許権者は独占的に特許技術を利用することにより，自ら生産するか他者にライセンスして独占利潤を得ることができる。ただし特許には有効期間がある。日本を含め多くの国で，これは特許申請から20年間と定められている（ただし医薬品については，臨床試験などに年数を要するため，申請によりさらに5年間延長を認められることがある）。このため特許権失効後は参入が起き，参入企業との競争が生まれる。このときに独占企業は逆支払いへのインセンティブを持つのである。

医薬品産業における逆支払い

逆支払いが効果的であるために必要な条件が2つある。第1は，特許が必須であることである。それでなければ，特許期間中でも類似技術を発明して参入する企業が現れるであろう。第2は，潜在的参入企業が限定されていることである。次から次へと参入を計画するものが現れるのでは，そのすべてに逆支払いしていると多額になり，参入を許した方がましになってしまう。もちろん，例えば10社寡占になっても合計利潤は独占利潤より少ないから，参入する9社がわかっていれば，それぞれに逆支払いしてでも独占を維持した方がよい。しかし，どの企業，どれだけの企業が，いつ参入してくるか不明な状況では，これも不可能である。

この2つの条件が満たされやすいのが医薬品産業である。医薬品産業は特許が効果的で，特許侵害なしで同一製品を作ることが最も難しい産業である。また1つの製品（医薬品）には1つの基本特許が対応することが多く，次章で説明するように，例えば電機産業では1つの製品に数百から数千の必須特許が関わるのと対照的である。よって医薬品については基本特許が失効すれば後発薬（ジェネリック）の参入が起きやすい。また後発薬の発売にも，新薬の審査より

第8章　競争優位の戦略　**165**

は容易であるが，規制当局（日本では厚生労働省）による審査を経て認可を受ける必要があり，参入を予測しやすい[4]。

　この審査には国際的な違いがあるが，なかでも米国では略式新薬承認制度，英語で略して ANDA（アンダ）という制度がある。その特徴の 1 つは，特許期間中でも，特許が無効である，または申請する新薬によって侵害されることがないと主張して，参入者が後発薬審査を申請できるという制度である。もう 1 つは，最初の ANDA 申請者は発売から 180 日間の排他的販売期間を得られるという制度である。

　このため後発薬メーカーは，特許期間中でも，最初の申請者となってこの排他的期間を獲得し，180 日間は後発薬としての独占的地位を得ようとする。もちろん，特許権者である新薬メーカーは特許侵害を訴え発売差し止めを求めて法廷闘争に入るが，この間に両者が和解し，先発薬メーカーの逆支払いの見返りに後発薬メーカーが発売を延期することが多いのである。180 日間の排他的販売期間はこの後発薬メーカーが発売しないと始まらないから，新薬メーカーは逆支払いにより，合意された発売延期期間は独占，続く 180 日間は後発薬 1 種との複占となり，より高い利潤を継続することができる。

　こうした逆支払いは競争を制限し，消費者（患者）から安い後発薬を購入する権利を奪うものだとして反トラスト法（日本の独占禁止法にあたる）違反の訴えが，連邦取引委員会（FTC と略す。日本の公正取引委員会にあたる）によっても，また民間による損害賠償請求の対象としても，米国では多く起こされた。新薬メーカーは，こうした合意をするのも特許の権利のうちであると主張して争い，裁判所間でも意見が分かれたが，2013 年の最高裁判決（アクタヴィス事件）で，逆支払いの効果はいくつもの要因に依存するから，案件ごとに総合的に判断すべきだと結論された。これを，当然違法でも当然合法でもなく，「**合理の原則**」による判断という。

　逆支払い事件は日本の医薬品産業では起きていない。これは，米国 ANDA とは異なり，日本では，特許失効後にしか後発薬発売が認められないこと，および最初の後発薬に対して排他的販売期間が与えられるわけではないことによる。このため，参入者がほぼ同時に複数現れる可能性があり，逆支払いしても

4　医薬品産業における特許や審査の特徴については，拙著『バイオテクノロジーの経済学』第 5 章および第 8 章参照。

利益は得にくい。それでももし同様の事件が起きれば，日本でも独占禁止法違反とされる可能性は高い[5]。

市場分割カルテル

参入を回避し独占利潤を享受し続けるためのもう1つの方法は，異なる市場で独占の企業同士が，お互いに相手の市場に侵入しないことを合意することである。戦争における相互不可侵条約に類似する。こうした合意は典型的には地理的に分離された市場間で起きる。A地域で独占の企業aとB地域で独占の企業bとの間で，お互いに相手の地域へは参入しないことを合意する。これを市場分割あるいは地域分割の合意という。これをカルテルと見なせば**市場分割カルテル**である。

これは，同一市場内での複数企業が合意して価格を決めるなどの通常のカルテルとは異なるが，「他の事業者と共同して，（中略），相互にその事業活動を拘束し，又は遂行することにより」競争を制限していることに変わりはなく，独占禁止法で不当な取引制限として禁止されている[6]。

国際的な例としてマリンホース事件をコラム8.3に示す。協定の①は4カ国についての市場分割カルテルであり，②は受注調整の談合である。いずれも不当な取引制限にあたるとして，日本で違反とされたほか，米国とEU（欧州連合）でも違反とされた。この事件は国際的な協力がおこなわれた事件としても有名で，日米欧の当局が協力して同時に事件審査を開始し，それぞれに独占禁止法や反トラスト法の違反とした。日本の公正取引委員会は，日本国内の需要者が発注するマリンホースに限定して違反行為を認定している。このため協定の①により国内2社のみが受注しており，独占禁止法違反行為者に課される課徴金（第11章で詳述）はこれら2社のみが対象となった（ただし第11章11.5節で説明する課徴金減免制度を利用して1社は免除，1社は減額された）。それに加え，海外企業も違反行為に協力していたことから，これら企業にも排除措置命令が出されている[7]。

5　以上の米国と日本，またその他欧州などでの事例については，拙著『イノベーション時代の競争政策』第4章参照。

6　引用は独占禁止法第2条第6項より抜粋。より詳しくは第11章でキーワード11.3として紹介する。

7　これは日本で販売していない企業に対する日本法の適用であり，法律の域外適用と呼ばれる。

第8章　競争優位の戦略　167

国内における談合事件では，例えば県が発注する土木工事群につき，県内業者が談合することを合意（「基本合意」という）したうえで，個々の工事案件について受注希望者を調整して受注予定者を決定し，他の業者は協力する（すなわち，受注予定者から入札予定金額が伝えられ，他社はそれを上回る価格で入札する）という形で談合することが多い。このとき，ある工事案件につき受注希望者が複数のときには，施工場所に近い業者が優先されやすい。したがって，工事群全体についての談合ではあるが，個々の案件の受注予定者決定については地域分割の色彩がある[8]。

　会社所在地から工事現場までの移動や運送の費用があることは確かなので，近い業者が受注することにはそれなりの合理性があるが，他地域の業者からの競争圧力が談合のために失われることで工事が高価格となり，消費者あるいは納税者が不利益を被っている。よって，いうまでもなく，独占禁止法違反である。

　このように，企業間での市場分割（地域分割のほかにも，機種やサービスの種類により，あるいは発注者のタイプにより市場を分割することもある）は，独占利潤を確保するための戦略として効果的ではあるが，それだけに消費者余剰や社会的余剰を損ない，また公共支出の場合には政府発注費用を高めることにより納税者の負担を高める。このため第11章で詳しく解説する一般のカルテル・談合と同様に，競争政策として禁止する必要がある。

　ただし，これも一般のカルテル・談合と同様に，競争業者間での明示的な合意なしに，暗黙の形で市場分割が起きる可能性が残る。例えば，A地域の業者 a とB地域の業者 b の間で，a はBの案件を b に任せる代わりに，Aの案件については b は a に任せることを，話し合いや協定なしに継続的におこなう可能性である。こうした，いわば暗黙の相互不可侵という形の協調を独占禁止法違反と見なすべきかどうかについても，第11章で議論する。

どのような場合に域外適用が可能かについては論争がある。拙著『競争政策論 第2版』第13章参照。

8　例えば，石川県が発注する土木一式工事等に関する事件（2011年10月，公正取引委員会排除措置命令・課徴金納付命令）。

168　第Ⅱ部　戦略編

コラム 8.3　マリンホース事件（2008年排除措置命令）

　マリンホースとはタンカーと陸上石油備蓄基地施設の間の送油に用いられるゴム製ホースで，当時世界で4カ国（日本，英国，フランス，イタリア）に本社を持つ8社が製造販売していた。各国の需要者はこれら企業に見積りを依頼し，発注先を決めていた。

　8社は次の2点を骨子とする協定を結んだ。①これら4カ国を使用地とするマリンホースについては使用地となる国に本店を置くものを受注予定者とする。同一国に複数社ある場合（日本には2社）は，それら企業間で話し合って決める。②その他の国を使用地とする場合は，あらかじめ各社が受注すべき割合を定め，それに基づきコーディネーターが選ぶ企業が受注予定者となる。いずれの場合も，受注予定者が受注価格を決め，他社は受注予定者がその価格で受注できるよう協力する。

　日米欧当局は，それぞれの国の独占禁止法違反として課徴金等を課した。

　(参考)　岡本直貴「国際市場分割カルテルの外国事業者に対する域外適用──マリンホース・カルテル事件」（『経済法判例・審決百選』176-177ページ）。

● ポイント
8.1　略奪的価格戦略とは競争相手を退出させるための価格戦略であるが，損失回収条件（リクープメント条件）が満たされなければ有利ではない。

8.2　企業はサンクコストとなる資産に投資するなどのコミットメントをすることで，参入阻止したり，シュタッケルベルグ・モデルにおけるリーダーになったりして，より高い利潤を得られることがある。

8.3　コミットメントとは，自らの選択肢を狭める戦略である。

8.4　企業は垂直統合を利用して市場閉鎖，すなわちライバル企業の投入物購入を困難にしたり，顧客獲得を困難にしたりすることがあり，競争政策として問題になりうる。

8.5　企業間（既存企業間または既存企業・参入企業間）で逆支払いや市場分割の合意をして参入を遅延させたり回避したりすれば，競争政策として問題になりうる。

◎ 練習問題
8.1　略奪的価格戦略が有利であるための条件として正しいのはどれか（複数回答可）。①新規企業の参入が難しい。②一度退出した企業が再参入するのが難しい。③市場がコンテスタブルである。

第8章　競争優位の戦略　**169**

8.2 コミットメントとは次のどれを意味するか。①自分の選択肢を狭める。②ライバル企業の選択肢を狭める。③消費者の選択肢を狭める。

8.3 コミットメント戦略として正しくない戦略は次のどれか。①他社が手がけていない分野にサンクコストを含め投資する。②他社が手がけていない分野に投資するが，リスクを減らすため，機器や建物を購入せずレンタルする。③他社との競争がある分野でサンクコストを含め投資する。

8.4 市場閉鎖として独占禁止法違反になる可能性が高いのは次のどれか。①部品を専門メーカーから購入していたが，社内で製造することに切り替えた。②ある部品を独占的に製造販売しているメーカーに対して，自社のみに販売するよう求めることにした。③消費財メーカーが高級品イメージを守るため，商品展示方法などで一定の基準を満たす小売店のみで販売することにした。

8.5 逆支払い（リバース・ペイメント）が医薬品産業で起きやすい理由として正しいのはどれか（複数回答可）。①特許が強い。②医薬品を処方するのは医師という専門家である。③発売には政府の認可が要る。

第 9 章

技 術 戦 略

研究開発や特許は競争とどう関係するか？

❖ はじめに

　イノベーションは競争戦略の要であり，また産業や経済の発展の原動力である。イノベーションは技術革新と訳されることが多いが，その経済発展に果たす役割を論じたパイオニアである J. A. シュンペーターが新しい組織・調達・販売方法などを含む幅広い概念としてとらえていたように，技術に限定されるものではない[1]。またイノベーションを達成する方法も研究開発に限られるものではなく，学習や工夫あるいは模倣も重要である。

　このことを念頭に置きつつも，本章では議論の対象を研究開発，標準規格，特許に限定する。競争戦略としても競争政策としても，これらに関連した諸問題が今日では重要だからである。より幅広くイノベーションについて学びたい読者は，ぜひ関連書を読んでほしい[2]。

　産業組織論の文脈で広く議論されてきたのが，市場構造と研究開発の関係である。例えば，大型合併を支持する意見として研究開発規模の拡大によるイノベーションの促進がよくあげられるが，規模の拡大や市場集中が本当にイノベーションにプラスなのか，よく検討する必要がある。また，競争企業間で発明

1　J. A. シュンペーター（シュムペーター）『資本主義・社会主義・民主主義』（新装版，中山伊知郎・東畑精一訳，東洋経済新報社，1995，原著は 1942 年刊）。

2　イノベーション全般にわたる経済学の観点からの解説書として，岡田羊祐『イノベーションと技術変化の経済学』（日本評論社，2019），バイオテクノロジーと医薬品分野に例をとって解説した拙著『バイオテクノロジーの経済学』，競争政策に重点を置いて解説した拙著『イノベーション時代の競争政策』をあげておく。本章9.4節，9.5節は多くをこの最後の拙著によっている。

171

をめざす競争が社会的に過剰になされる可能性もある。こうした問題を本章前半で考える。

もう1つ本章で考えるのは，標準規格およびそれに関わる特許の問題である。第3次産業革命と呼ばれる電気通信やコンピュータ技術の発展と普及，そして第4次産業革命と呼ばれるインターネットや人工知能（AI）の爆発的普及は，半世紀から1世紀を要した第1次産業革命（19世紀の蒸気機関や紡績機械の発明に端を発する）や第2次産業革命（19世紀末から20世紀初頭の鉄道網の広がりや電気技術の発展による）と大きく異なり，過去数十年の間に立て続けに起きた。これら新技術はヒトとヒトあるいはモノとモノをつなぐ技術であるだけに，ネットワーク効果（キーワード7.3）が決定的な意味を持つ。このために規格の標準化が不可欠になっている。しかも規格に準拠した機器やサービスには多数の特許が関わるため，特許関係の権利の調整が重要な課題となってきている。この問題を本章後半で説明する。

9.1　市場構造と研究開発——理論的考察

独占的な市場と競争的な市場ではどちらでイノベーションが起きやすいかは，理論的にも実証分析によっても長く議論されてきた。例えば W. M. コーエンの優れた展望論文は84ページにわたり，参考文献リストには約450の論文が並ぶ[3]。したがって，詳しくは同論文を読んでいただくこととして，本節ではその主要ポイントを述べるに留める。

単純化していえば，競争市場にいる企業は，発明して独占企業となり独占利潤を得るために研究開発する。独占企業は，誰かに発明されて独占の地位を奪われることを防ぐために研究開発する。この2つの効果のバランスにより，競争企業と独占企業のいずれが研究開発を活発におこなうかは決まる。

置換効果

図9.1を見よう。ふたたび線形モデル（キーワード2.3）で，限界費用は生

3　W. M. Cohen, "Fifty Years of Empirical Studies of Innovative Activity and Performance" (B. H. Hall and N. Rosenberg [eds.] *Handbook of the Economics of Innovation*, Vol. 1, North-Holland, 2010, 129-213).

172　第Ⅱ部　戦略編

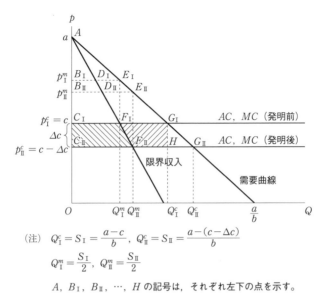

● 図 9.1　発明による限界費用低下からの利益——完全競争均衡対独占均衡

産量にかかわらず一定で当初 c に等しい。発明前には完全競争均衡あるいは同質的寡占におけるベルトラン均衡が成立していたとする。すると価格は c に等しく，利潤はゼロである。次に 1 社が限界費用を Δc だけ下げて $c - \Delta c$ にする発明に成功し，特許を得たとする。他社はこの新技術を使えず，限界費用は c のままである。

　発明企業にとっての最適戦略は，参入阻止価格戦略（第 4 章 4.1 節）と同様に，他社の限界費用であり発明前価格でもある c より微小に価格を下げることである。これにより，すべての顧客は発明企業より購入するので，発明企業は市場を独占できる。「微小」をゼロで近似するなら，発明後価格も c のままであるが，今や需要量 Q_I^c はすべて発明企業に対する需要となる。1 単位当たり利益は Δc であるから，発明企業の粗利潤（研究開発費用控除前利潤）は Δc に Q_I^c を乗じたものになる。これは図で $C_\mathrm{I} C_\mathrm{II} H G_\mathrm{I}$ の 4 点で囲まれた長方形（右上がりおよび右下がり斜線部分）の面積に等しい。あるいは発明企業は自らは生産せず，Δc のライセンス料（生産量 1 単位当たり）を課して他社に特許技術をライセンスすることもできる。それにより得られる粗利潤は同じである。

第 9 章　技術戦略

次に，発明前に独占だったとすればどうか．図 2.3 と同じく，均衡価格は p_{I}^{m}，需要量は Q_{I}^{m}，独占粗利潤は長方形 $B_{\mathrm{I}}C_{\mathrm{I}}F_{\mathrm{I}}E_{\mathrm{I}}$ の面積で表される．これはまた三角形 $AC_{\mathrm{I}}F_{\mathrm{I}}$ の面積に等しい．図 1.2 で限界効用曲線でもある需要曲線の下の面積は総効用に等しいことを述べたが，それと同じ理由で，限界収入曲線の下の面積は総収入を表すので，それから総可変費用を引いた面積が粗利潤に等しいからである．

発明後の独占均衡は E_{II} 点に移り，価格は p_{II}^{m}，需要量は Q_{II}^{m} となる．粗利潤は三角形 $AC_{\mathrm{II}}F_{\mathrm{II}}$ の面積に増える．よって，粗利潤の増分は台形 $C_{\mathrm{I}}C_{\mathrm{II}}F_{\mathrm{II}}F_{\mathrm{I}}$ （右下がり斜線部分）の面積である．

まとめると，競争企業にとっては，発明により粗利潤はゼロから長方形 $C_{\mathrm{I}}C_{\mathrm{II}}HG_{\mathrm{I}}$ （右上がりよび右下がり斜線部分）の面積に増え，独占企業にとっては，三角形 $AC_{\mathrm{I}}F_{\mathrm{I}}$ の面積から $AC_{\mathrm{II}}F_{\mathrm{II}}$ の面積に増えるため増分は台形 $C_{\mathrm{I}}C_{\mathrm{II}}F_{\mathrm{II}}F_{\mathrm{I}}$ （右下がり斜線部分）の面積である．よって図から明らかに，台形 $F_{\mathrm{I}}F_{\mathrm{II}}HG_{\mathrm{I}}$ （右上がり斜線部分）の面積だけ，競争企業の方が粗利潤の増加は大きい．すなわち，研究開発へのインセンティブは競争企業の方が大きい．

こうした差が生まれた最大の理由は，競争企業は発明により独占企業に変わったのに対し，独占企業は発明後も独占企業のままだからである．言い換えれば，発明後の独占企業は発明前の独占企業に置き換わったにすぎないのに対し，発明前の競争企業は発明により新たに独占企業となったからである．このため，この効果を**置換効果**という．

┌─ **キーワード9.1** **置 換 効 果** ──────────

発明により，競争企業は新たに独占となるのに対し，独占企業は発明前も独占だった自社に置換する．このため，独占企業による発明からの粗利潤増は競争企業が得る粗利潤増より小さい．この効果を置換効果と呼ぶ．

競争企業は，発明後も，旧技術すなわち限界費用 c の技術を持つ潜在的参入企業の競争圧力を受けている．このためその粗利潤（長方形 $C_{\mathrm{I}}C_{\mathrm{II}}HG_{\mathrm{I}}$）はこうした競争圧力を受けない独占企業の発明後粗利潤（長方形 $B_{\mathrm{II}}C_{\mathrm{II}}F_{\mathrm{II}}E_{\mathrm{II}}$）より小さい（定理 8.3 の説明で用いたのと同じ理由で，G_{I} 点ではなく E_{II} 点が独占利潤を最大化する点であるため）．それでもなお，競争企業には置換効果がないため，粗利潤増は大きいのである．

174　第Ⅱ部　戦略編

以上では，限界費用を下げるための工程革新（プロセス・イノベーション）を例にとり説明した。発明により新製品発売に成功するという製品革新（プロダクト・イノベーション）でも置換効果は存在する。競争企業が魅力的な新製品導入に成功すれば，同業他社を排除して独占的市場シェアを獲得できるのに対し，独占企業が新製品を導入しても，自社の旧製品に置換するだけだからである。米アップル社の歴史は代表的で，最初の iPod の発売は既存の携帯型音楽プレーヤー・メーカーからシェアを奪い，最初の iPhone の発売は既存の携帯電話メーカーからシェアを奪ったので，いずれも大きな利潤増を得たが，新型 iPhone 発売の効果は旧型 iPhone の需要に置換するに留まるため，利潤増は限定的である。この効果は，新製品と旧製品が共食いするという意味で，**共食い効果**（カニバリゼーション効果）と呼ばれることもある[4]。

粗利潤消失効果

この議論に対する反論は，独占企業だからこそ，独占の地位を奪われないために研究開発するインセンティブを持つというものである。

図 9.1 で独占企業を考えたとき，発明前も発明後も同じ企業であるとした。しかし，発明に成功したのが他企業であったらどうか。すなわち，限界費用 c の技術を持ち市場を独占していたのは企業 1 だが，企業 2 が限界費用 $c - \Delta c$ の新技術を発明して参入したとすればどうか。もちろん企業 2 は c より微小に低い価格をつけて参入する。すると，企業 1 は需要をすべて失い市場から退出せざるをえなくなるので，粗利潤（三角形 AC_1F_1）を失ってしまう。そこで，独占企業は，自らが発明することでこうした事態を避けようと研究開発インセンティブを持つ。この効果を**粗利潤消失効果**という。独占に基づく粗利潤を経済学で独占レントと呼ぶため**レント消失効果**ともいう。

┌─ キーワード9.2 ─ 粗利潤消失効果（レント消失効果）─────────
│ 独占企業は，他者の発明により独占的地位を失う，あるいは市場から退出せざる
│ をえなくなることを防ぐために，研究開発するインセンティブを持つ。この効果

---

4 これは**顧客奪取効果**の応用例でもある。第 6 章 6.5 節では参入企業が既存企業に及ぼす顧客奪取効果を考慮に入れないため過剰参入が起きると述べたが（定理 6.5），既存企業が新製品発売を考えるときには，自社旧製品への顧客奪取効果（共食い効果）を考慮するため，新製品導入に消極的になる。

を粗利潤（レント）消失効果という。

　粗利潤消失効果の大きさは，発明後の市場構造がどのようなものになるかによる。企業1が退出せざるをえなくなるような発明であれば，上に述べたように，発明前の独占粗利潤すべてが消失する。一方，発明後には企業1と企業2が共存し，例えばクールノー均衡が実現したり，また製品革新であれば差別化されたベルトラン均衡になったりする場合には，粗利潤消失効果は，企業1の発明前粗利潤（独占粗利潤）と発明後粗利潤（寡占粗利潤）との差になる。後者の場合には，定理8.3で述べたように総粗利潤が独占より寡占の方が低いので，消失する粗利潤は，独占が寡占になることによる総粗利潤の減少と，その中で複数企業で分け合うことになるための減少と，二重の減少による。

競争と独占の比較

　よって，競争と独占のいずれが研究開発インセンティブを高めるかについては，2つの効果のバランスによることになる。

> 定理9.1 **市場構造と研究開発インセンティブ**
>
> 競争と独占のいずれの市場構造で研究開発インセンティブが大きいかは，置換効果と粗利潤消失効果のバランスによる。置換効果が大きいほど，また粗利潤消失効果が小さいほど，競争企業の方が大きい研究開発インセンティブを持つ。

　図9.1の例では，粗利潤消失効果により独占企業が失う粗利潤は，最大で発明前の独占企業利潤である長方形 $B_I C_I F_I E_I$（または三角形 $AC_I F_I$）の面積に等しく，一方，置換効果により競争企業が独占企業以上に発明から獲得する粗利潤は，台形 $F_I F_{II} H G_I$（右上がり斜線部分）の面積に等しい。後者は発明による限界費用低下幅（Δc）が大きいほど大きい。この意味で，発明からの効果が大きいと期待されるほど，置換効果が相対的に大きくなり，競争企業の方が大きい研究開発インセンティブを持つだろうと予想される。

　発明前が独占の場合も，自社が発明せず，発明企業との複占になるのであれば，大きな発明であるほど発明企業の費用優位性が高くなり，複占への移行で消失する発明前独占企業の粗利潤は大きいから，この効果をおそれて独占企業も研究開発するだろう。したがって，発明の効果が大きいと予想されるときに

176　第Ⅱ部　戦略編

は，競争企業も独占企業もより大きな研究開発インセンティブを持つが，置換効果のため，競争企業にとってのインセンティブがより大きい可能性が高い。逆に，発明の効果が小さいほど，競争企業が新たに得る粗利潤は限定的であるのに対し，独占企業では，参入してくる発明企業に取って代わられるおそれが残るため，独占企業の方が大きい研究開発インセンティブを持つ可能性がある。

9.2 シュンペーター仮説と実証分析

こうした2つの効果のバランス以外の理由で，独占企業ほど，あるいは大企業ほど，研究開発を盛んにおこなうとの議論がされることがある。その根拠として次の4点があげられてきた。

(1) 研究開発資金

研究開発に投資しても発明に成功するとは限らず，発明した新商品がヒットするとも限らない。こうした不確実性のため外部資金の調達は難しく，内部資金に余裕がある独占企業あるいは大企業ほど有利である。

(2) リスク・プール

大企業ほど複数の研究プロジェクトを並行して実施できるから，失敗するプロジェクトがあっても，成功するプロジェクトと相殺することができ，全体としてのリスクを少なくできる。

(3) 規模の経済性

大企業ほど高費用の研究設備に投資できる。また，幅広い分野の研究者がいて交流できる。このため，研究開発における規模の経済性がある。

(4) 補完的資源

大企業ほど，研究部門以外にも，多様で豊富な経営人材や労働者技能を持っており，例えば新製品を市場に売り込みやすかったり，新製造工程を工場で迅速に導入できたりする。

こうした，独占企業ほど，大企業ほど，あるいは多角化した企業ほど，研究開発しやすい，あるいは研究開発に多く投資するとする考え方を，しばしば**シュンペーター仮説**という。

第9章 技術戦略　177

キーワード9.3 いわゆるシュンペーター仮説

高集中市場の企業ほど，企業規模の大きい企業ほど，あるいは多角化した企業ほど，研究開発を盛んに，また効率的におこなうという仮説。

　ただし，この用語は誤解を招きやすい。確かにシュンペーターは経済理論でいう完全競争とイノベーションとは相容れないと述べているが，より独占的になるほど，あるいはより大企業になるほど，イノベーションに投資したり，イノベーションに成功したりすると述べているわけではないからである。「いわゆる」と傍点を付したのはこのためである。

　また，これらの議論には反論もある。スタートアップ企業（新規創業企業）でもベンチャー・キャピタルから資金を調達できたり，自社で保有しない研究機器を外部からレンタルで利用したり，外部の専門業者に研究開発業務の一部をアウトソーシングしたりすることができるからである[5]。

実証分析結果

　このように理論的には両論あるため，現実に市場構造や企業規模と研究開発がどのような関係にあるかは実証研究の積み重ねで理解を深めるよりほかはない。実際，前節冒頭に引用したコーエンの展望論文にあるように，多数の実証研究が存在する。

　それらからの答えは何か。残念ながら，研究結果は常に一致するわけではなく，明確な答えが得られているわけではない。それでも最大公約数的な結果として，2点をあげたい。

　第1は，多くの研究結果が，規模に対しても，市場集中に対しても，研究開発支出や研究開発成果が逆U字型の関係を持つことを示唆していることである。すなわち，企業規模が大きくなるにつれ，あるいは集中度が高まるにつれ，研究開発支出（あるいは売上高に対するその比率）や研究開発の成果としての特許数などが増加する。しかし，あるところでいわば天井にたどり着き，その後はむしろ減少傾向になるというものである。ただし，そのピークがどの程

5　こうした問題を研究開発における企業の境界の問題という。生産において例えば部品を内製するか外部から調達するかの問題を企業の境界の問題というが，これを研究開発に応用したものである。拙著『バイオテクノロジーの経済学』第7章参照。

178　第Ⅱ部　戦略編

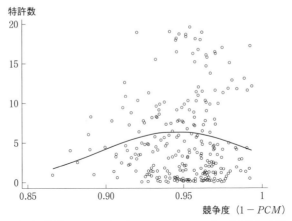

(注) 横軸は1からプライス・コスト・マージン（PCM）を引いたもので，市場の競争度の指標。縦軸は特許数（被引用数で加重）。データは英国の産業（17の2桁産業分類）×年（1973-94），ただし欠損値があるためアンバランス・パネルデータ。

(出所) P. Aghion, N. Bloom, R. Blundell, R. Griffith, and P. Howitt, "Competition and Innovation: An Inverted-U Relationship" (*Quarterly Journal of Economics*, 120(2), 2005, 701-728), Figure 1.

● 図 9.2 特許数と市場の競争度の関係——英国

度の規模や集中度で起きるかは，分析によって異なる。

　この結果は不思議ではない。多数企業がひしめく市場にいる小企業が研究開発活動をおこなうケースは稀である。一方，独占で参入の脅威も低い市場にいる企業も研究開発を熱心におこなうとは考えにくい。これらに対し，限定された数の企業が競争する寡占市場では，イノベーションが死活問題になっていると想像される。

　比較的最近の代表的な分析例としてP. アギオンらによるものを図9.2に示している。ここではイノベーションの指標として，被引用数（特許の重要性の指標）で加重した特許数を用いている。これは，どれだけ研究開発に投資しているかという研究開発インセンティブの差異と，その研究開発からどれだけ特許という形の成果を得ているかという研究開発の生産性の差異との双方を反映する指標である。横軸には，市場の競争度の指標として，1からプライス・コ

第9章　技術戦略　179

スト・マージン（PCM）を引いたものを用いている。定理3.2に示したように，クールノー均衡では PCM はハーフィンダール指数（HHI）と需要の価格弾力性の比率に等しい。よって，PCM が高いほど市場集中が高く，それにより限界費用を上回る高いマージンを得ていると考えることができる。この意味で独占度の指標であり，1からそれを引いたものは競争度の指標である。

英国の産業・年ごとの値が「○」で示されており，これらから推定された回帰式が曲線で示されている。競争度が上がるにつれ当初は右上がりだが，0.95前後（よって $PCM = 0.05$ 前後）でピークを迎え，その後は右下がりになる。すなわち逆 U 字型である。繰り返すが，他の多くの分析でも同様の逆 U 字型を得ているものの，傾きの大きさや，ピークの値をとる競争度あるいは集中度のレベルは，分析により異なる。

第2に，これも図9.2が示すように，逆 U 字型の曲線が当てはめられてはいるものの，実際の各データ・ポイントがこの曲線の近傍に密集しているわけではなく，バラツキがきわめて大きい。

すなわち，産業間や企業間の研究開発や特許数の差異を説明する変数としての競争度や集中度の役割は限られており，多くの差異が説明されずに残っている。アギオンらの回帰式でも，産業ごとのダミー変数を加えると有意であり，競争度以外の産業間の特性の違いが重要であることを示唆している。分析によっては，市場需要の大きさや成長率，産業・技術分野ごとの技術機会の差（科学技術の発展などにより新技術開発の余地がどれだけ大きいか），特許による専有性の差（発明の特許による保護がどれだけ効果的か）などが説明変数として統計的に有意であることを示したものもある。

まとめよう。市場における競争と研究開発や特許との関係については，理論的には置換効果と粗利潤消失効果という相反する効果が考えられる。実証分析結果の多くは，極端な独占でも極端な競争でもない，いわば中間的な寡占競争のもとで研究開発が最も活発になることを示唆しているが，説明力は限定的であり，産業別あるいは技術分野別の多くの要因も重要である。いずれにせよ，独占的になるほど，あるいは大企業になるほど研究開発が盛んになるとする，単純な，いわゆるシュンペーター仮説の正当性は疑わしい。

180　第II部　戦略編

9.3 特許制度と競争

これまでの議論では，発明された技術を発明者のみが独占的に利用できる，つまり専有できると仮定してきた。この仮定は特許制度の存在を前提にする。ところが特許制度のもとでは競争の意味も変わりうる。この問題を考えるが，そもそも，なぜ特許という制度が必要なのだろうか。

特許制度の意味

技術あるいは知識一般の大きな特徴として**非専有性**がある。りんごやパソコンのような通常の財の場合，私が保有していれば他者は利用できない。これに対し技術のような知識の場合，私が持っている知識を他者が利用（すなわち模倣やコピー）してしまう可能性があり，インターネットで不都合な情報が拡散するのを止められないように，模倣を止めるのは不可能である。逆にいえば，それを専有することは難しい。

しかし発明しても直ちに模倣されてしまうのでは，誰も研究開発へのインセンティブを持たない。そこで模倣を防ぎ，研究開発へのインセンティブを確保するための仕組みとして，発明者に発明した知識を専有する権利を与えることが必要になる。すなわち特許権である。特許権は**知的財産権**の1つで，ほかにも実用新案権，意匠権，商標権（以上4つをあわせて産業財産権という），著作権，営業秘密（ノウハウ・顧客リストなど）などがある。

特許制度は研究開発へのインセンティブを高める一方で，発明された技術の利用を必然的に過少にする。非専有性のため，発明された技術を利用することの限界費用はゼロなので，公開され，誰でも自由に利用できるようにするのが社会的最適だからである。すなわち，

定理9.2 **特許制度の二面性**

特許制度は専有と利用のトレードオフに直面している。すなわち専有権を与え研究開発へのインセンティブを高める効果と，発明技術の過少利用をもたらす効果のトレードオフである。

このため，最適な特許制度はこのトレードオフの中で設計される必要があ

る。発明済み技術の普及や応用に重点を置きたいのであれば，特許成立要件を満たす発明技術の範囲を限定し，また特許期間を短くすることが望ましい（いわゆる弱い特許）。逆に，新技術発明へのインセンティブを高めることの方が重要であれば，特許の範囲を広げ，期間を長くした方がよい（いわゆる強い特許）。

この特許制度の二面性を競争という観点から考えれば，発明済み技術に関するかぎり，技術が公開され，誰でも自由に模倣できることが参入障壁を下げ，競争を活発化する。しかし，それでは研究開発インセンティブが生まれず，新商品導入による販売競争や，新生産方法導入がもたらす費用削減による価格競争はなくなってしまうおそれがある。このため特許制度は製品市場における事後的な（すなわち発明後の）競争を損なうとしても，事前の（発明前の）競争，すなわち新製品・新製法をめざしての研究開発競争を活発化すると期待される。それだからこそ，どの国の競争法（独占禁止法など）も特許などの知的財産権に基づく独占を容認している。

前章8.5節の逆支払いの説明において，それによる参入遅延を競争制限的とする議論と，特許という権利の正当な行使とする議論が対立していることを述べたが，それぞれ事後的競争と事前的競争を重視する議論であり，それらの間でのトレードオフを巡っての対立でもある。

特許を巡る競争

特許の重要な要件の1つは新規性である。このため，同じ技術を複数者が発明した場合には，最初に発明した者（より厳密にいえば，最初に特許出願した者）のみが特許を取得できる。このことは特許を巡る競争を過剰にする可能性がある。

話を簡単にするために，R 円だけの研究開発費を投入すれば，今日から T 日後に発明が起きるとしよう。より多くの研究開発費を投入すれば，研究者数を増やしたり，より高速の実験機器を利用できたりして，より早く発明に成功すると見込まれている。すなわち，R を増やせば T は小さくなるから，T は R の減少関数である。数学的には $dT/dR = T'(R) < 0$ である。

T が小さくなれば，すなわち発明が早まれば，発明者の粗利潤（研究開発費控除前の利潤）の価値は二重の意味で大きくなる。1つは粗利潤がより早く得

られるようになる効果で，将来粗利潤の割引がそれだけ小さくなり，現在価値が高まる（現在価値については本書末尾の付録参照）。もう1つは，他者よりも先に発明に成功する確率が高まる効果である。

話をさらに単純化して，この発明をめざして研究しているライバルが1社だけあり，このライバルはτ日後に発明すると予想されているとしよう。そうだとすると，$T > \tau$であればライバルが先に発明して特許を取得してしまい粗利潤ゼロとなるのに対し，$T < \tau$であれば自社が特許を取得できプラスの粗利潤を得ることができるから，最適戦略は$T(R) = \tau - \varepsilon$（$\varepsilon$は微小数）となるように研究開発費$R$を決定することである。

しかし，ライバルはこのことを予想できるので，この$T(R) = \tau - \varepsilon$よりも少しでも早く発明できるよう，研究開発費を増額する。すると自社はさらに発明を早めるよう研究開発費を増額する。この競争は，これ以上発明を早めようとすれば研究開発費が増大し，発明からの粗利潤で回収できなくなるようになるまで続く。この結果，市場均衡の研究開発費は純利潤，すなわち研究開発費控除後の利潤の現在価値がゼロになるレベルで決まる。

この研究開発費は社会的に過大である。なぜか。発明が1日早まることの社会的貢献は消費者余剰を1日早く得られることのみであるのに対し，個々の発明者にとっての私的利益は，ライバルに先駆けて特許をとることによって得られる粗利潤全額（現在価値）だからである。明らかに後者が上回るから，過剰研究開発となる。

こうした競争は**トーナメント型競争**と呼ばれる。高校野球大会のようなトーナメント形式の戦いでは，点差にかかわらず勝ちさえすれば次の試合に進めるが，負ければそれで終わる。それだけに戦いは必死になる。同様に，1日でも先に発明すれば特許をとれるから，研究開発競争は必死になる。

定理9.3 | **特許制度が生む過剰な研究開発投資**

特許取得のための競争はトーナメント型の競争である。このため，他者よりも1日でも早く発明に成功しようとして，社会的に過剰な研究開発投資が起きる。

この過剰投資は，発明に不確実性があり，また企業数が増えれば緩和される。すなわち，Rを増やせば発明までの日数が縮まることは確かとしても，T日に発明が起きるとは限らず，$T-1$日や$T+1$日になるかもしれないような

状況では，発明を 1 日早めても特許をとれる確率が 0% から 100% に上がる
わけではない。このため，研究開発費を増やすことの利潤への限界的な効果は
限定的となる。また同じ発明をめざすライバルが増えれば，誰が先に発明する
かの不確実性が増すため，やはり研究開発費増加の限界的な効果は限定的とな
る。

このため，企業数が増えれば各社の研究開発費は減少する。しかし，どれか
1 社が発明する可能性は高まるため，産業における期待値としての発明日は早
まる[6]。

9.4　標準規格と特許

今日，規格の標準化が欠かせないものになった。読者諸君も身の回りを見れ
ば，規格が標準化しているからこそ便益をフルに享受できているものが多いこ
とに気づくだろう。例えば，携帯電話でつながる相手が同一電話会社と契約し
ている人に限られるとしたらどうだろうか。USB メモリに保管したファイル
を同一メーカーのパソコンでしか開けないとしたらどうだろうか。インターネ
ット経由でサイトにアクセスしても規格が違っていて文字や絵が化けてしま
ったらどうだろうか。こう考えてみるだけで，標準規格の価値を実感するだろ
う。標準規格があるからこそネットワーク効果の便益を十分に得ることができ
る。

規格の標準化自体は新しいものではない。大工が建てた家に畳屋が作った畳
を持ってきてもぴったりはまるのは，畳の規格が 1 間 × 半間と決まっている
からである。畳の規格は現在は政府により JIS 規格として定められているが，
もともと江戸時代には事実上存在していたようで，永年の，そして多くの職人
たちの仕事を通じて徐々に収斂していったものであろう。地域により江戸間，
京間のような微妙に異なる規格が併存するのもこのためと思われる。

このように事実上（英語で de facto）定まっていく規格を**デファクト規格**と
いう。これに対し，JIS 規格のように法令で（de jure）定められている規格を
デジュール規格という。海外旅行すると気がつくように，自動車は国により道

6　G. G. Loury, "Market Structure and Innovation"（*Quarterly Journal of Economics*,
　93 (3), 1979, 395-410). 拙著『新しい産業組織論』第 9 章参照。

184　第 II 部　戦 略 編

路の左側を走ったり（日本，英国など），右側を走ったり（米国，中国，ドイツなど）する。また電気コンセントの形状も異なる。これらは各国の法令で定められているデジュール規格だからである。

これらに対し，より最近の規格，特にエレクトロニクスや通信関係における規格は，新技術の採用にあたり，関係する企業・研究機関・政府などが集まって**標準化団体**（standard-setting organization）を結成し，ここで協議して決められるのがほとんどである。このため**SSO規格**と呼ばれる。フォーラム規格やコンソーシアム規格と呼ばれることもある。携帯電話の規格は本書執筆時点では4Gが主流で，次世代規格として5Gがまもなく一般化するといわれているが，いずれもSSO規格である。

> ┌─**キーワード9.4**│ 標準規格──デジュール規格，デファクト規格，SSO規格─┐
> 標準規格には，法令により定められるデジュール規格，法令や協議を経ることなく事実上決まるデファクト規格，多数の関係者で結成する標準化団体で協議して定められるSSO規格がある。

標準規格と競争政策

SSO規格では，標準規格の設定にあたって，競争関係にある企業が集まって協議する。このため共同行為ではあるが，「製品間の互換性が確保されることなどから，当該規格を採用した製品の市場の迅速な立上げや需要の拡大が図れるとともに，消費者の利便性の向上に資する面もあり，活動自体が独占禁止法上直ちに問題となるものではない」（公正取引委員会）。ただし，こうした活動を通じて，販売価格に関する合意が形成されたり，特定企業による標準規格の採用が制限されたり，競合する規格を排除する行動がとられたりすれば，独占禁止法上の問題となる場合がある[7]。

標準規格（例えば5G規格）が定まれば，通信事業者はその規格でそれぞれに通信サービスを開発・供給し，通信機器メーカーはその規格に基づいた機器を開発・発売し，またコンテンツ提供者はその規格に合わせたコンテンツを開

7　公正取引委員会「標準化に伴うパテントプールの形成等に関する独占禁止法上の考え方」および「知的財産の利用に関する独占禁止法上の指針」。本節・次節で公正取引委員会の考え方を引用している場合はこれらによる。

発・提供する。これら事業者たちはそれぞれに独立して開発や販売をおこなうことにより，競争が維持されなければならない。標準化作業においては共同作業が不可欠としても，消費者向け製品やサービスについては開発競争・販売競争が維持される必要があるからである。

標準必須特許と反共有地の悲劇

標準規格に基づき製品やサービスを提供するために必要になる特許技術がある。これを**標準必須特許**（standard essential patent），略して**SEP**と呼ぶ。

キーワード9.5 標準必須特許（SEP）

標準規格に合致した製品・サービスの生産や販売に必須の特許。

標準必須特許は，特に先端技術に関わるものでは，標準規格ごとに数百から数千に及ぶ。また1つの製品，例えばパソコンやスマホには数十から数百の標準規格が関わる。したがって，万を超えるような標準必須特許について権利をクリアしなければ発売はできず，それでなければ，特許権者から特許権侵害の訴えを起こされる可能性がある。このように1つの製品を発売するのに多数の特許が関わるような技術を**集積型技術**という[8]。

このため，標準規格に準拠した製品を発売するには，多数特許についての権利をクリアする必要がある。スマホやパソコンのような製品の場合，最終的なメーカーは組立メーカーであり，多くの会社から部品を調達して組み立てているから，部品に関わる特許については部品メーカーが権利をクリアしているはずであり，最終メーカー自身がすべての特許について権利処理しなければならないわけではない。それでも相当数に上り，これらについては，自社で特許を持っているのでないかぎり，特許権者とライセンス交渉して使用許諾を得る必要がある。

このため多数の特許権者と交渉することになるが，個々の特許権者が自分の

---

[8] これと対照的なのが，1つの特許が1つの製品に対応するような**独立型技術**で，このために医薬品産業では**逆支払い**へのインセンティブが起きることについては第8章8.5節で説明した。また，1つの特許が次の研究開発に必要となるような**累積型技術**もある。拙著『イノベーション時代の競争政策』第2章参照。

186　第Ⅱ部　戦略編

特許権収入を最大化しようとして高いライセンス料を要求すれば，これらが積み上がって，製品化に必要なライセンス料が大きく膨れ上がってしまう。この問題を**ロイヤリティ・スタッキング**すなわち**特許の積み重ね問題**という。

> **キーワード9.6 ロイヤリティ・スタッキング**
>
> 集積型技術において，個々の特許権者がそれぞれに有利と考えるライセンス料を要求する結果，製品化に必要なライセンス料合計が高額化する問題。

　この問題が深刻化すれば，製品価格が高くなりすぎて十分な需要が見込めず，製品化されないことになってしまう。その結果，特許権者はライセンス料収入を失い，メーカーは利潤を失い，消費者は消費者余剰を失う。つまり3者とも不幸になる。これを**反共有地の悲劇**，または**アンチコモンズの悲劇**という。

> **キーワード9.7 反共有地（アンチコモンズ）の悲劇**
>
> ロイヤリティ・スタッキングのため製品化されず，発明者・生産者・消費者のいずれもが余剰を得る機会を失うこと。

　共有地（コモンズ）の悲劇という言葉は環境問題や資源問題について使われ，空気や公海について所有権が成立せず共有地であるために，過剰利用が起きて大気汚染や漁業資源乱獲をもたらすことをいう。逆に技術については，特許という形で所有権が成立しているために過少利用が起きる。このために反共有地の悲劇というのである。

　この悲劇がどれだけ現実に起きているかを知ることは難しい。特許がなく発明技術が自由に利用可能であったら，どれだけの製品やサービスが提供されていただろうかという仮想的な質問に答えなければならないからである。しかし，特に中小企業や新規企業（スタートアップ企業）から，製品化を計画していたが特許権者から特許侵害の警告が来たために断念したとか，ライセンス交渉が成立せず断念したという話が聞かれるから，現実的な問題であることには間違いがない。

　標準規格の設定にあたっては，こうした悲劇が起きないための対策も欠かせない。標準規格に基づいて製品化やサービス提供しようとする企業が膨大な数の標準必須特許について個々にライセンス交渉すれば，ロイヤリティ・スタッ

キングが起き，結局誰も標準規格を使わないことになってしまいかねないからである。

そこで，現在の標準規格の設定にあたっては，標準化団体（SSO）が規格設定段階で，計画している標準規格について明らかにし，すべての特許権者に対して標準必須特許（SEP）があればSSOに登録するように呼びかけ，一定の条件（次節で説明する）でライセンスすることを義務づけるのが一般的である。これに従わない場合には，その特許が不要であるように標準規格を改めることも辞さない。

それでもなお，特許ライセンス交渉には多大の負担がかかることが多い。それを軽減するための2つの仕組みについて次節で説明しよう。

9.5 パテントプールとFRAND

反共有地の悲劇が起きるのは，個々の特許権者が自らのライセンス料収入の最大化のみを考え，その結果としてライセンス料の積み重ねが起きて製品化されなくなってしまったり，製品価格が高額になりすぎて需要が過小になってしまったりするからである。よって問題を解消するには，すべての特許権者が共同してライセンス料を決定すればよい。すなわち，標準規格 X に必須な特許を保有するすべての権利者が集まって団体を結成し，全必須特許を一括して適正なライセンス料で希望者にライセンスすればよい，これが**パテントプール**の考え方である。

キーワード9.8 | パテントプール

複数の特許権者が集まって1つの団体を結成し，ライセンス業務を集約する仕組み。特許ライセンスを受けることを希望する者は，パテントプールが定めるライセンス料を払うことにより，そのパテントプールが管理するすべての特許についての使用許諾を得る。

標準規格 X について全必須特許をカバーするパテントプールが成立しているとしよう。パテントプールでは，総ライセンス料収入を最大化するようにライセンス料率を決める。例えば製品価格の3%とか製品1単位当たり1ドルといった形である。パテントプールは独占的立場にあるが，ライセンス料を高く

188 第II部 戦略編

しすぎれば標準規格 X の普及が遅れるから，このことも考慮してライセンス料を決定する。

標準規格 X に基づいた製品を販売したい企業はパテントプールとライセンス契約を交わし，決められた料率に基づいてライセンス料を払う。パテントプールはこうして得られたライセンス収入をメンバー企業である特許権者に分配する。こうすることで反共有地の悲劇は避けられ，標準規格の普及が起きる。また，利用者はパテントプールとさえ契約すればよいから，時には 100 を超えるような特許権者とそれぞれに契約を結ぶ手間を省くことができる。すなわち，パテントプールは取引費用の低減に貢献する。

このため，パテントプールは競争企業が集まって共同行為をする場ではあるが，社会的貢献が大きく，独占禁止法違反として直ちに問題とされることはない。ただし，パテントプールが，製品価格や販売に関する共同行為に結びついたり，特定の競争者（潜在的参入企業を含む）に対してライセンスを拒絶したり（コラム 9.1 のパチンコ機製造パテントプール事件），差別的条件を課すことによって競争を制限していると判断されれば，独占禁止法違反と見なされる可能性がある。

コラム 9.1　パチンコ機製造パテントプール事件（1997 年審決）

パチンコ機製造業は主要メーカー 10 社でマーケットシェア 90% を超える寡占産業であった。また特許も当時で 2000 件を超えるハイテク産業でもあった。10 社は 1961 年にパテントプールとして日本遊技機特許運営連盟株式会社（「日特連」）を共同で設立し，保有特許に関するライセンス許諾決定，ライセンス料徴収などの業務を委託した。パチンコ機には法的規制があるため検定に合格する必要があり，これら特許なしで製造し検定に合格するのは事実上不可能であった。すなわちこれら特許は必須特許であった。

日特連は，ライセンス先をメンバー 10 社に限定し，その他企業（参入計画者を含む）に対するライセンスを拒否した。これは競争者を排除する行為として私的独占の禁止に違反するとされた。

（参考）木村智彦「共同のライセンス拒絶による競争者排除——パチンコ機製造特許プール事件」（『経済法判例・審決百選』22-23 ページ）。拙著『イノベーション時代の競争政策』第 6 章。

第 9 章　技術戦略　189

パテントプールの難しさ

　パテントプールはロイヤリティ・スタッキング回避のために効果的であるが，その結成は容易でない。メンバー間の合意形成が難しいからである。例えば，あなたは100の標準必須特許（SEP）保有者のうちの1人であるとしよう。パテントプールでは製品1個当たり1ドルのライセンス料を課す予定で，メンバー間には平等に分配されることが決まっている。他の99のSEP保有者はパテントプール結成に合意しており，あなたも参加を求められた。あなたは参加するだろうか。

　合理的な答えは否である。パテントプールに参加すれば，あなたの収入は製品当たり100分の1ドル，すなわち1セントである。これに対し，あなたがパテントプールに加わらず，独自にライセンス希望者（メーカー）と交渉したとすれば，1セント以上のライセンス料を得ることができるだろう。あなたが保有するのは必須特許だから，メーカーとしてはあなたからライセンスを受けないかぎり製品発売できない。よってライセンス料合計（パテントプールに対しての支払いとあなたへの支払いの合計）が1ドルから1ドル1セント以上になっても，ライセンスを受けようとするからである。実際，あなたがパテントプールと同額の1ドルを要求しても，メーカーは受け入れざるをえないだろう。言い換えれば，あなたは1人で，パテントプールは99人からなっているにもかかわらず，ともに必須だという理由であなたはパテントプールと同等の交渉力を持つ。このため，アウトサイダーとなって独自にライセンス契約を結ぶ方が有利である。これを**アウトサイダー問題**という。

| 定理9.4 | **パテントプールにおけるアウトサイダー問題** |

各特許権者は，パテントプールに加わらずアウトサイダーとしてライセンス希望者からより高いライセンス料を個別に得ようとするインセンティブを持つ。このため，パテントプールの結成が困難になることがある。

　特許権者がメーカーで標準規格の利用者でもある場合には，アウトサイダー問題は限定的である。ライセンス・アウト（技術供与）してライセンス料収入を得るとともに，ライセンス・イン（技術導入）して他の特許権者にライセンス料の支払いもするからである。あなたがアウトサイダーとして高いライセンス料を要求すれば，他の特許権者も報復して，あなたに高いライセンス料を要

190　第II部　戦略編

求するだろう[9]。またメーカーとしては，ライセンス料合計を安くし製品価格を安くすることで規格が普及することからの利益も大きい。このためメーカーの場合には，パテントプールに参加するメリットがアウトサイダーになることからの利益を上回ると期待される。

　ところが特許権者はメーカーばかりではない。特にアウトサイダー問題が深刻になりやすいのが，研究開発を専業とする企業や特許ライセンスを主業務とする企業である。機器・サービスの製造販売はせず，自ら研究開発して取得する特許や，発明者から譲り受けた特許からのライセンス料収入を主たる利潤源とする[10]。これら特許権者はライセンス料収入最大化をめざし，メーカーのように報復をおそれることもないため，アウトサイダーになるインセンティブが大きい。

　この結果1社でもアウトサイダーが生まれれば，他のメンバーにとってパテントプールに留まることのインセンティブは弱くなる。上の例でいえば，全員が参加し総ライセンス料が単位当たり1ドルになるからこそ標準規格の普及が期待されるのに，1社がアウトサイダーとして1ドル要求することで総ライセンス料が2ドルになってしまうのでは，標準規格が十分に普及するかも懸念され，また当然のことながら不公平感は大きい。よって，さらにアウトサイダーになろうとするものが出てきて不思議ではない。

　さらにパテントプールでは，ライセンス料のメンバー間の分配でも合意形成が難しい。最も明快で多く使われているのは，特許数当たり均等に分配する方法であるが，これはすべての特許の技術的・経済的貢献を同等としていることになるから，自社特許は画期的で重要度が他より大きいと主張する特許権者には不満が残る。

FRAND

　こうした問題のため，パテントプールは理想的ではあるものの，実際に結成されるケースは限られるようになってきた。この代わりに広く使われているの

9　この議論は，カルテルの安定性を説明するための議論と共通することを第11章で学ぶ。
10　こうした特許権者の中には，特許法務担当能力に欠ける中小企業に特許侵害による差止請求訴訟を起こす意図のあることをほのめかす警告状を送りつけ，一定の金額を払わせるといった手段をとるものもあり，**パテント・トロール**と呼ばれる。トロールとは北欧の昔話にある怪物を意味する。

が **FRAND** と呼ばれる条件である。

キーワード9.9 **FRAND 条件**

公正，合理的かつ非差別的（fair, reasonable, and non-discriminatory）な条件。fair を省き RAND 条件ということもある。

標準規格設定にあたり，標準化団体（SSO）は特許権者に標準必須特許の登録を呼びかけ，希望者への FRAND 条件でのライセンスを約束する宣言（FRAND 宣言）をすることを求める。パテントプールとは異なり，メーカーは特許権者と個別に交渉する。もちろん，何が公正で何が合理的かが定められているわけではないから，この交渉は容易ではない。それでも，特に欧米では特許ライセンスに関わる民事裁判が多く起きており，その判決などをもとに公正や合理的についてのある程度の共通認識が生まれている場合は多い。日本ではそうした訴訟は少ないが，アップル対サムスン事件は有名なので，コラム 9.2 に示す。

FRAND 宣言についての困難性はほかにもある。例えば，特許権者がライセンス料収入を増やすため，自社特許も必須だと主張して過大な登録がおこなわれることがある。理論的には，標準化団体ですべての登録特許を精査して，真に必須か否かを判定すればよいが，現実には費用と手間が大きくほとんどおこなわれていない。

以上をまとめよう。集積型技術における標準必須特許については，パテントプールにせよ FRAND 宣言にせよ，困難性は残り，最善ではないとしても，次善の仕組みとして幅広く使われている。また標準規格が普及し，それに基づいた製品やサービスが広く供給されることが競争を活発にし，消費者利益につながる。このため公正取引委員会も，FRAND 宣言をした標準必須特許権者が FRAND 条件でのライセンス希望者に対しライセンスを拒絶すれば，独占禁止法違反になる場合があることなどを明らかにしている。

コラム 9.2　アップル対サムスン事件（2014 年知財高裁判決）

第 3 世代携帯電話サービスに必要な標準規格の 1 つとして欧州電気通信標準化機構（ETSI）で定められた UMTS 規格があり，サムスン（韓国）は自社が保有する特許 Z がこの規格に必須な特許であるとして FRAND 宣言していた。アップル

（米国）は，この規格に基づいた製品（iPhone）を日本で販売していたため，サムスンがアップルにライセンス料支払いを求めたところ，このライセンス料が法外に高いとしてアップルが支払いを拒否し続けた。そこでサムスンが日本で損害賠償請求訴訟を起こしたものである（このほか，海外でも同様の訴訟が起きている）。

知財高裁は，FRAND 条件に相当するライセンス料についてはアップルに支払いを命じたが，この額を次の式で決めた。①ライセンス料合計額の上限として製品売上高の 5％ が妥当，②これに UMTS 規格の製品売上への貢献（％）を乗じたものが UMTS 標準必須特許全体に対するライセンス料合計の上限である，③それをUMTS 標準必須特許の数で割ったものが特許 Z に対するライセンス料として妥当である。この計算の結果，ライセンス料は 1000 万円弱となり，サムスンが要求していた金額を大きく下回ったといわれる。

（参考）　拙著『イノベーション時代の競争政策』第 5 章。

● ポイント

9.1　競争市場と独占市場のいずれで研究開発インセンティブが大きいかは，置換効果と粗利潤消失効果のバランスによる。

9.2　実証研究結果の多くは，完全競争でも独占でもなく中間的な寡占市場で研究開発が最も盛んになるという逆 U 字型の関係を示唆するが，説明力は限定的である。

9.3　最適な特許制度は専有と利用のトレードオフの中で決められる必要がある。

9.4　先に発明して特許を取得するというトーナメント型の競争の結果，社会的には過剰な研究開発がおこなわれる可能性がある。

9.5　ネットワーク効果が大きい技術分野では標準規格が重要であり，これらは集積型技術でもあるため，多数の標準必須特許のライセンスをいかに円滑におこなうかが大きな課題となっている。

◎ 練習問題

9.1　研究開発インセンティブに影響を与える置換効果とは次のどれか。①新製品が旧製品に置き換わる効果。②輸入製品が国産品に置き換わる効果。③標準規格の製品が規格外の製品に置き換わる効果。

9.2　特許がもたらす効果として可能性があるのはどれか（複数回答可）。①発明された技術の利用が社会的に過少になる。②特許獲得競争のために社会的に過剰な研究開発が起きる。③特許利用料が過大となり製品が発売されない。

9.3　次の 3 つの標準規格はそれぞれ，①デジュール規格，②デファクト規格，③SSO 規格のいずれか。

第 9 章　技術戦略　　193

（ア）　エスカレーターで急ぐ人は関東では右側を，関西では左側を歩く（なお鉄
　　　道会社などは，危険として，歩かないよう呼びかけている）。

（イ）　ボルトとナット。

（ウ）　ブルーレイ・ディスク。

9.4　パテントプールの活動として独占禁止法違反になる可能性があるのはどれ
　　　か。①共同でのライセンス料決定，②共同での製品価格決定，③ライセンス
　　　収入の特許権者への分配の決定。

9.5　FRAND の要件として含まれるのはどれか（複数回答可）。①合理的，②非
　　　差別的，③新規性。

第 III 部

政 策 編

第10章

市場画定と市場構造

市場とは何か？

❖ はじめに

　本章より第Ⅲ部として競争政策に関するいくつかの問題について解説していくが，最初にまず，市場とは一体何を指すのか，また，市場の構造はどのような要因によって決まり，日本ではどういう状況にあるのかを知っておく必要がある。競争政策としてどの市場を問題にするかを考えるためには，市場という概念を明確にしたうえで，その市場の構造を競争の観点から評価しなければならないからである。次章よりカルテル，合併・買収（企業結合），垂直的取引制限などの主要テーマを個別に説明していくが，本章はそのための基礎を与えるものである。

10.1 市場画定

　市場とは何か，この問題を改めて考えよう。第2章2.1節で市場を「財（物やサービス）が取引される場の総体」と述べ，それ以上の詳しい定義をすることなく，市場に n 社いるとしよう，などと表現してきた。供給者間で製品がまったく同質的であれば，この表現に曖昧さはない。しかし実際には，第6章でも述べたように，まったく同質的な市場というのは限られる。

　そうだとすると，製品 X と製品 Y（またはブランド X とブランド Y）の関係は，同じ財か異なる財かに二分されるわけではない。むしろ，完全に同じ財から完全に異なる財までの連続的な分布があり，必要に応じどこかで区切ること

196　第Ⅲ部　政策編

により市場を画定せざるをえないと考える方が現実的である。この分布とは，XとYとの間の代替性の程度に応じての分布である。消費者にとり，XとYが完全に代替的とは両社がまったく無差別であることを意味し，どちらかの方が少しでも安いなら，そちらを選択する。すなわちXとYとの需要の交叉弾力性（キーワード1.4）が無限大である。Y価格が1%上がってX価格より高くなれば，すべての消費者がXを需要するようになるからである。

　逆に，XとYとの間にまったく代替性がないなら，Yの価格が1%上がってもXへの需要は影響を受けない。よって需要の交叉弾力性はゼロである。このときはXとYとは別の財として考えた方がよい。

　通常は，需要の交叉弾力性はこれら両極端の間にある。すなわちゼロではないが有限値である。例えば，缶コーヒーのブランドAを考えよう。それと最も代替性の高いのは，つまり，それが店になかったとしたときに次にあなたが探すのはブランドBの缶コーヒーであろう。次には，（缶コーヒーはAとBしかないとすれば）缶入り茶C，さらに次には缶入り炭酸飲料D，などと続くだろう。これらはそれなりに代替性があるので，Aとの需要の交叉弾力性はプラスであるに違いない。これに対し，同じ飲料でもウィスキーとの需要の交叉弾力性はゼロに近く，飲料以外の財，例えば鉛筆や衣類との需要の交叉弾力性はゼロであろう。

　それでは，この分布の中で，一体どこで市場を区切ればよいのか，これを**市場画定**の問題という。

仮想的独占テスト

　このための便法として，日本に限らずどの国でも競争政策の現場で標準的に使われるようになったのが，**仮想的独占テスト**というものである。これは次の手順による。缶コーヒーの例でいえば，まずブランドAから始める。これは生産者が1社だから独占である。この独占企業が，Aの価格について「小幅ではあるが，実質的かつ一時的ではない価格引上げ」(small but significant and non-transitory increase in price，略して**SSNIP**，スニップと呼ぶ) をしたとしよう。例えば5%の値上げである。するとおそらく，多くの顧客が，相対的に安くなったブランドBの方が得だとして，Aを買わずにBを買うようになるだろう。この結果，Aへの需要は減少し，値上げしたにもかかわらず利潤

は減少するだろう。

　次に，ブランドＡとＢとが同じ独占企業により供給されており，両方について5％値上げしたとしよう。すると，缶コーヒーにこだわる人は支出増になってもＡかＢを買うが，そうでない人は缶入り茶Ｃに代替するだろう。その結果，この独占企業の利潤はやはり減少するとしても，Ａのみの独占企業が値上げしたときよりは利潤減が少ないだろう。

　さらに同様の思考実験を今度はＡとＢに加えＣも販売する独占企業を考え，値上げした場合についておこなう。今度は，多くの顧客が炭酸飲料Ｄへは代替せず，値上がりしてもＡ，Ｂ，Ｃのいずれかを買い続けるとしよう。すると，独占企業の利潤は値上げ効果で増加するだろう。そうだとすれば，Ａ，Ｂ，Ｃは競争しており同一市場にあるが，Ｄは異なる市場と考えてよいだろう。これが，仮想的独占テスト，または上記の理由で**スニップ・テスト**とも呼ばれるものである。

キーワード10.1 市場画定における仮想的独占テスト ―――

ある製品（サービスを含む）を考え，それと代替性の高い製品を順に加えていく。それらを独占企業1社が販売しており，全製品につき「小幅ではあるが，実質的かつ一時的ではない価格引上げ」をしたときに，この価格引上げの独占企業利潤への効果は，製品を加えるにつれ当初はマイナスでも，相対的に代替性が低い製品が加わるにつれプラスになる。このとき，効果がマイナスに留まる製品群が1つの市場を構成すると考える。これを仮想的独占テストまたはスニップ・テストによる市場画定という。

　すでに述べたように，これは需要の交叉弾力性の概念と密接に関連している。ＡとＢとの需要の交叉弾力性が大きいなら，Ａのみ値上げしてもＢにスイッチする消費者が多いから，Ａ独占企業にとり，値上げによる利潤へのプラス効果より，需要量減少によるマイナス効果が上回るだろう。一方，Ａ，Ｂ，ＣそれぞれとＤとの需要の交叉弾力性は大きくないなら，Ａ，Ｂ，Ｃが同時に値上げしてもＤへのスイッチは限定的でＤの需要量増加は限られる。このため，Ａ，Ｂ，Ｃをあわせて販売する独占企業の利潤への効果としては，値上げによるプラス効果が需要量減少によるマイナス効果を上回り，全体としてプラス効果を持つだろう。よってＡ，Ｂ，Ｃは同一市場にあると考えるのである。言い換えれば，需要の交叉弾力性の大小で市場を画定すればよいが，その線引

198　第Ⅲ部　政策編

きの基準として仮想的独占テストがある。

このため，理想的には，製品ごとの需要関数を他製品価格との依存関係を考慮しつつ推定することで，需要の交叉弾力性の推定値を得て，それを用い価格引上げの独占利潤への効果をシミュレーション分析して，仮想的独占テストを当てはめればよい。ただし，現実には多くの困難がある。1つはデータの問題で，細かい製品ごとの価格と需要量のデータが揃っているケースは限られる。また需要量は価格以外にも多くの要因（所得，天候，季節的要因，人口分布，産業的要因，その他）に依存するので，これら変数も加えてその影響をコントロールする必要があるが，これらのデータ入手も難しい。もう1つは推定上の問題で，類似製品間では価格その他多くの変数について相関が高くなりやすく，これによる推定バイアスが起きるおそれがある。こうした制約から，シミュレーション分析も可能なかぎり用いるものの，実際には商品特性や需要家行動などを総合的に判断して，仮想的独占テストの考え方を念頭に市場を画定していることが多い。

地理的市場の画定

さらに，市場画定には，地理的な範囲をどう考えるかの問題もある。読者が缶コーヒーを買おうとするときには近くのコンビニエンス・ストア（以下，コンビニ）やスーパーマーケット（以下，スーパー）あるいは自動販売機に行くだろうから，海外で缶コーヒーが安く売られていても代替しない。これに対し，日本の電子機器メーカーが半導体などの部品を買うときには，世界中の半導体メーカーから見積りをとって価格比較する。このように，商品によって市場画定すべき地理的範囲は異なる。

ここでも，基本的には仮想的独占テストを適用できる。市内のコンビニ A 店のみが値上げすれば，市内の他のコンビニへの需要のスイッチが起きるが，市内のすべてのコンビニやスーパーが値上げしても，市外の店へのスイッチは限定的と考えられるからである。そうだとすれば，市内のみで考える，あるいは，半径500 m などのいわゆる商圏で考えるのがよい。逆に，半導体の市場については，世界全体を1つの市場として考えた方がよい可能性がある。これらコンビニと半導体につき，実際に公正取引委員会が市場画定した事例をコラム 10.1 に示す。

第 10 章　市場画定と市場構造　199

市場画定が重要なのは，こうした企業結合審査の場合に限らない。カルテルでも「一定の取引分野における競争を実質的に制限する」（独占禁止法第2条第6項）ことが要件の1つであるから，一定の取引分野を画定する必要がある。例えば製品Aについてのカルテルを問題にするとしても，企業は「製品Bと製品Aは代替性が強く同一市場で競争しているので，Aだけについてカルテルしても価格を上げられるわけがない」などと反論する可能性があるからである。よって，競争政策に関わるすべての審査において市場画定は欠かせない。

コラム10.1　企業結合審査における市場画定

（1）　米国クアルコム社と米国NXP社の株式取得による統合（2017年度）

両社とも半導体の製造販売業を営むが，クアルコムの主要製品はスマホ等に使うベースバンドチップ，NXPの主要製品はNFCと呼ばれるチップであり，これらはともにスマホメーカー等に販売されているが，機能・用途が異なるため代替性はなく，市場は異なると判断された。地理的には，スマホメーカーが国内外の供給者を差別することなく購入先として取引していることから，世界全体が1つの市場と画定された。

クアルコムは世界のベースバンドチップ市場において約50％と高いシェアを持ち，NFCチップはベースバンドチップと組み合わされることで機能を発揮するため，クアルコムがNXP以外のNFCチップとの接続性を確保しないベースバンドチップを開発することで市場閉鎖（キーワード8.4）が起き，NFCチップ市場における競争が阻害されることが懸念された。これに対しクアルコムは他社チップとの接続性を約束するという問題解消措置を申し出て，それにより統合が承認された。

（2）　ファミリーマートとユニーグループの合併（2015年度）

ファミリーマートはコンビニのファミリーマート等をフランチャイズ方式でチェーン展開していた。一方，ユニーグループは持株会社で，子会社のサークルKサンクスがコンビニをチェーン展開していたほか，食品スーパーなども営んでいた。両社ともに事業を展開していたのはコンビニだけなので，審査はコンビニに限定しておこなわれた。

市場画定においては，まず，コンビニと他業態の小売業との間での需要の代替性は限定的と考えられたため，これらは別の市場であると判断された。地理的範囲としては，一般的にコンビニの商圏は半径500m程度といわれていることなどを踏まえ，各コンビニ店舗を中心とする半径500mの範囲を地理的範囲として画定した。

200　第III部　政策編

そこで，全国のコンビニを調べてみたところ，半径 500 m の地理的範囲内にファミリーマートおよびユニーグループ系のコンビニ店舗がいずれも存在するのは 2222 地域あり，このうち 68 地域では合併により競合関係にあるコンビニ・チェーンがなくなり，さらに半径 500 m から 1 km を見ても競合チェーンがないことから，これら 68 地域について個別に審査したところ，さまざまな理由で競争が制限されるおそれは少ないと判断され，公正取引委員会は合併を承認した。なおこの審査の過程では GUPPI という指標が利用されたので，第 12 章でふたたび取り上げる。

（参考）　公正取引委員会「主要な企業結合事例について」各年度版。

10.2　市場構造の決定要因

それでは，このようにして画定される市場において，その市場構造（第 2 章 2.1 節）はどのように決まるのだろうか。

第 2 章で，完全競争市場の持続可能な均衡においては，U 字型費用曲線での底に当たる生産量，すなわち最小最適規模（MES）で生産がおこなわれること，よって市場需要量を MES 生産量（q_{MES}）で割った数が企業数となることを述べた。このことは，市場規模が大きいほど企業数が大きく，MES が大きいほど企業数が小さくなることを示唆する。実際，大規模な生産設備を必要とするような産業ほど規模の経済性が働いて MES が大きくなるため，企業数が少ない傾向がある。例えば乗用車では 3 社集中度が 58% になるが，ボルト・ナットでは 15% にすぎない。出荷額は乗用車がボルト・ナットの 13.7 倍と圧倒的に上回るにもかかわらずである[1]。

寡占市場においてもこのことは変わらない。クールノー・モデルの線形モデルでの対称均衡を考えれば，（3.9）式，（3.11）式より粗利潤（固定費用控除前利潤）は，

$$(p-c)q = \frac{bS^2}{(n+1)^2}, \quad ただし, \quad S \equiv \frac{a-c}{b} \tag{10.1}$$

1　次節で説明する工業統計データによる。出荷額に 3 社集中度を乗じ 3 で割れば上位 3 社の 1 社当たり平均出荷額を得るが，これは乗用車ではボルト・ナットの 52 倍と大きい。MES の違いの大きさを示唆する。

であり，参入が自由に起こるのであれば，純利潤がゼロにならなければならないから，粗利潤は固定費用 f に等しくなる。よって，上式の右辺を f に等しいと置いて n について解けば次式を得る。

$$n = \sqrt{\frac{b}{f}S} - 1 \tag{10.2}$$

第2章で述べたように，S は価格が限界費用に等しいときの需要量であり，市場規模を表す。また完全競争均衡の生産量（＝需要量）であり，社会的余剰を最大化する生産量でもある。この市場規模が大きいほど均衡企業数は大きい。また固定費用（f）が大きいほど均衡企業数は小さい。MES が大きいほど固定的な設備費用が大きいと考えれば，この結果は完全競争の場合と共通する。そこで以下の定理を得る。

> 定理 10.1 **市場構造の決定**
>
> 一般に，市場規模が大きい産業ほど，また最小最適規模が小さい（あるいは固定費用が小さい）産業ほど，多数の企業が存続でき，市場集中は限定的となる。

製品差別化と参入障壁の影響

製品差別化がある場合にも，第6章6.5節の円環モデルを用いた議論でわかるように，円周が長いほど（すなわち市場規模が大きいほど），また固定費用が小さいほど多数の企業が存続できるから，上記定理は成立する。

交通費の影響もある。交通費が大きければ隣接する店からの競争圧力が弱まるため，より多くの店が存続できる。実際，鉄道網や道路が整備され移動が容易になったことで，移動の手間や時間コストを含めた交通費が下がり，消費者が遠くても気に入った店や品揃えが豊富な店に行くようになった。このため大型店などへの集中が起きて小規模個人商店が少なくなったことは，ここ数十年身の回りで起きている。

また，自分の好みから離れることで消費者の不効用が大きくなる商品についても，交通費が高いことと同効果であり，例えば衣服やレストラン，エンターテイメントのように自分の好みへのこだわりが大きいと見られる市場では，チェーン店の拡大はあるものの，小規模メーカーや小規模店も存続し，集中は弱い。また製品バラエティからの効用が高い商品についても，消費者は多様な差

202　第III部　政策編

別化商品を購入する傾向があるから，集中は限定的である。このように，消費者の好みへのこだわりやバラエティへの選好は集中を抑える方向に働く。ただし，ブランド間の集中を抑えても，企業間の集中を抑えるとは限らない。ファッション産業や化粧品産業のように，多数ブランドを所有する少数企業が大きなシェアを得ている場合もあるからである。

参入障壁があれば，もちろん市場構造の重要な要因となる。定理4.4で参入障壁はサンクコストの存在によることを述べた。上の定理10.1でいう固定費用がサンクコストである場合にはもちろん参入障壁となる。また無形資産，例えば広告，ブランド，技術なども参入障壁を形成しやすい。第7章や第9章で述べたように，広告投資や研究開発投資により蓄積されたグッドウィルや技術ストックが参入者に対する既存企業の競争優位を作るからである。このため，これらが重要な産業ほど，高い集中度が維持されやすい。上で乗用車とボルト・ナットの比較をしたが，乗用車産業の集中度が高いのは，こうしたグッドウィルや技術ストックのためでもあるに違いない。

市場構造の国際比較

国際比較の意味では，以上の議論から2つの推論を得る。第1は，市場規模の効果から，経済規模あるいは人口や面積が大きな国ほど，平均的に集中度は低くなることである。例えば日本とシンガポールを比較すれば，日本の方が産業内企業数は多く市場集中度が低い傾向がある。ただし集中度が高いからといってシンガポールでは競争が弱いということではない。隣国（マレーシアやインドネシア）と近く，また国際的に開かれた国のため，産業によっては海外からの競争圧力が強いからである。

第2に，最小最適規模は技術条件で決まり，またグッドウィルや技術ストックの効果も産業ごとの商品特性や技術特性で決まるから，産業間の市場集中度の大小は国際的に類似する。例えば，どの国でも輸送用機器や石油産業では集中度が高く，家具や衣服で低い。また国際間で市場集中度の産業間分布は統計的に有意な相関を持つ[2]。

---

2 F. L. Pryor, "An International Comparison of Concentration Ratios" (*The Review of Economics and Statistics*, 54 (2), 1972, 130-140).

10.3 日本の市場集中

　日本における市場集中の実態を概観しよう。ただしその前に2点の注意が必要である。

　最初は，データがカバーする範囲についてである。日本で入手可能な集中度データには，公正取引委員会（公取委）によるものと，経済産業省が政府指定統計として収集・作成する「工業統計調査」に基づくものがある。公取委データは1975〜2014年と40年間にわたり存在するが，競争政策執行上の参考にするためのものなので，すべての産業が調査対象になっているわけではなく，高集中産業に偏っている。逆に，工業統計は全製造業をカバーしているが，集中度データが公表された年は少ない。この調査は，事業所（工場など）ごとに出荷額（販売額と同一視してよい）その他のデータを集め，集計して産業分類ごとの出荷額などを明らかにすることを主目的とする。それに加え企業単位での集計もしているので，それにより市場集中度を計算できる。ただし残念ながらこの市場集中度が公表されている年は限られ，「工業統計調査」自体は100年を超える歴史を持つが，市場集中度が公表されたのは2018年まででは2006年までの数年および2008年，2010年のみである。

　もう1点注意すべきは，市場あるいは品目の分類である。「工業統計調査」は日本標準産業分類・商品分類に従って集計されており，競争政策などの観点から適切と思われる市場とは異なることが多い。例えばコラム10.1（1）で例にあげた半導体の場合，商品分類（6桁）ではバイポーラ型，モス型（論理素子），モス型（記憶素子），モス型（その他）などに分かれており，コラムに記したようにベースバンドチップ，NFCなどに分かれているわけではない。この例でもそうであるように，競争政策での市場画定はより細かいことが多い。一方，公取委データでは，分類が細かいものも粗いものもあって一定しない。

「工業統計調査」で見る市場集中度

　こうした注意を念頭に置いたうえで，とりあえず，全製造業をカバーしている「工業統計調査」の2006年版により概観しよう。表10.1は全製造業を1812品目に分けて3社集中度（CR3）およびハーフィンダール指数（HHI）の

● **表 10.1　市場集中度の品目別分布──全製造業**

(1)　3 社集中度（CR3）

CR3	品目数	%	累積 %
90% 以上	214	11.8	11.8
80〜90%	139	7.7	19.5
70〜80%	171	9.4	28.9
60〜70%	212	11.7	40.6
50〜60%	236	13.0	53.6
40〜50%	245	13.5	67.2
30〜40%	241	13.3	80.5
20〜30%	181	10.0	90.5
10〜20%	135	7.5	97.9
10% 未満	38	2.1	100.0
計	1,812	100.0	100.0

(2)　ハーフィンダール指数（HHI）

HHI	品目数	%	累積 %
5000 以上	126	7.0	7.0
2500〜5000 未満	337	18.6	25.6
1800〜2500 未満	212	11.7	37.3
1000〜1800 未満	420	23.2	60.4
500〜1000 未満	363	20.0	80.5
500 未満	354	19.5	100.0
計	1,812	100.0	100.0

（出所）　経済産業省『平成 18 年工業統計表　企業統計表』をもとに筆者作成。

分布を見たものである。例えば CR3 について見ると，10% 台から 90% 台までいずれも全品目の 10% 前後が存在し，比較的均一に分布している。また累積で見ると，半数が 50% を超えること，3 分の 2 が 40% を超えることもわかる。HHI では 2500 以上が約 4 分の 1，1000 以上が約 6 割などとなっている。

　ただしこの分布は産業により異なる。同データは 24 の産業大分類別にもこの分布を計算しているが，その中でも品目数が 200 を超える化学と一般機械，それに中小企業が多い食料品を選んで，全製造業とともに HHI の分布をグラフ化したのが図 10.1 である。一般機械における分布は全製造業と類似するが，化学では高集中の品目が比較的多く，逆に食料品は低集中の品目が比較的多い。化学では生産に大規模設備が必要な品目が多いこと，一方，食料品では大規模設備は不要な品目が多いことを考えると，定理 10.1 で最小最適規模が大きい産業では高集中になりやすいと予測したことと整合的である。

　このことをさらに見るために，表 10.2 では 2010 年データを用い相関係数を計算した。ただし工業統計には最小最適規模や固定費用のデータがないため大企業割合で代替すると，これはいずれの集中度指標とも 0.5 前後の高い相関を持っている。もちろん，相関係数は因果関係を示しているものではないから，大規模生産が必要な産業では高集中になるといいきることはできない。それでも，これらの間に正の相関があることは定理 10.1 の予測と合致する。ま

第 10 章　市場画定と市場構造　**205**

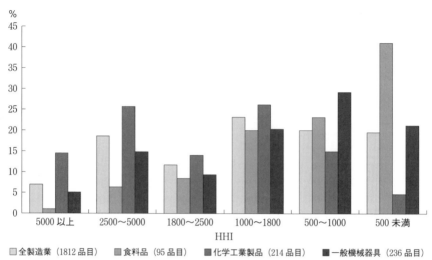

● 図 10.1　ハーフィンダール指数の品目数比率分布

● 表 10.2　相関係数（2010 年）

	大企業割合	CR3	HHI
出荷金額	0.214	−0.122	−0.106
大企業割合	1	0.525	0.468
CR3		1	0.870
2008 年数値	0.942	0.955	0.887

（注）　サンプル数：1752（この他 42 品目あるが出荷額が秘匿されているため除く）。
　　　　大企業：「会社組織」は，資本金 3 億円超，かつ，従業者 300 人超の企業。「組合・その他」，「個人」は従業者 300 人超の企業。
（出所）　経済産業省『平成 20 年・平成 22 年工業統計表　企業統計表』をもとに筆者作成。

た定理 10.1 では市場規模が大きい産業ほど集中が低いと予想しているが，市場規模を表す出荷金額と 2 つの集中度指標との相関がいずれもマイナスであることはこの定理と整合的である。

　ただし，以上の分析は限られたものである。より正確に分析するには重回帰分析が必要であり，しかも出荷金額と大企業割合が正に相関していることから，説明変数の独立性が確保されるような推定方法を使用する必要がある。ま

た，最小最適規模などについてより適切なデータを工夫する必要もある。したがって以上の相関分析から得られる結論は限定的である。それでも理論的考察（定理 10.1）との整合性がある程度得られたといえよう。

なお表 10.2 は，2 つの集中度指標間の相関が 0.87 と高く，指標による差は少ないこと，また 2008 年と 2010 年という 2 年間で相関は 0.9 前後ときわめて高く，2 年間で見るかぎり変化は少ないことも示唆している。

公取委データで見る市場集中度の変化

しかし集中度の変化を見るためにはより長期間を見なければならない。そこで，公正取引委員会競争政策研究センターで公取委データを用い 20 年間（1991～2010 年）の変化が分析された。ただしサンプルは 109 産業と少ない。その結果によると，4 社集中度（CR4）でも HHI でも前半の 10 年間には中位数がやや低下するが，後半の 10 年間にやや増加して，1991 年と 2010 年ではほぼ変化がない，ただし，CR4 は最後の 2 年間のみ若干高まる[3]。

CR4 が変わらないということは，上位 4 社のシェア合計が変わらないことを意味する。そうであるとすれば，この産業は安定的な寡占といってよいであろうか。もし 4 社の順位が変わらず，それぞれのシェアも変わらないなら，おそらくこの推論は正しい。しかし，4 社のシェア合計は変わらないが，4 社の顔ぶれやその間での順位や各社シェアが年により変動しているなら，寡占産業ではあり続けながらも企業間で競争が続いていると考えた方がよい。そこでシェアや順位の変動についても分析された。その結果，例えば，トップ企業がある年から翌年にかけて交代する確率は 12%，上位 3 社の顔ぶれか順位に変化がある確率は 40%（逆にいえば 1 位，2 位，3 位ともその順位のまま残る確率は 60%）であった[4]。もちろん，この数字が高いか低いかを評価することは難しい。それでも，寡占とはいえ何年も無風で安定的という産業は必ずしも多くないという印象を受ける。

3　土井教之・本庄裕司・工藤恭嗣「モビリティー指数を利用した我が国主要産業の市場構造の変化の検証と競争政策の実務への利用可能性の検討」（公正取引委員会競争政策研究センター報告書 CR01-14, 2014）。

4　Y. Honjo, N. Doi, and Y. Kudo, "The Turnover of Market Leaders in Growing and Declining Industries: Evidence from Japan" (*Journal of Industry, Competition and Trade*, 18 (2), 2018,121-138)

海外との比較

　こうした日本の状況は海外，特に米国とは異なっている可能性がある。英国『エコノミスト』誌（2016年3月24日）は，米国で企業の合併・買収などにより市場集中が進んでいるとする特集を組み，1997年から最新年（産業により2007年または2012年）の間に，893産業のCR4の加重平均は26％から32％へと増加したとして，独占化への警鐘を鳴らした。この特集は大きな注目を集めたため，経済協力開発機構（OECD）競争委員会では2018年にこのテーマに関する特別会合を開いたが，米国からの参加者の間では，『エコノミスト』誌のように独占化を懸念する意見と，この分析を批判する意見に二分された。後者からは，競争を正しく評価するように画定された市場で見るかぎり心配されるような市場集中は起きていないとの意見が表明されている。まさに市場画定の重要性を示すものである。なお，欧州では，2010～15年で見るかぎり，集中度が上昇した国，ほぼ不変の国，低下した国とさまざまであり，一定の傾向が見られるわけではない[5]。

● **ポイント**

10.1　競争政策の現場では，市場画定のために仮想的独占テストまたはスニップ・テストと呼ばれる手法が使われる。

10.2　理論的にも実証的にも，市場規模が大きい産業ほど，また最小最適規模が小さい産業ほど，市場集中度が低くなる傾向がある。

10.3　国際的には，規模の大きい国ほど市場集中度が平均的に低くなるが，産業間での順位は類似する。

10.4　日本の集中度データによれば，集中度の高い産業（品目）から集中度の低い産業まで幅広く分布している。

◎ **練習問題**○─────

10.1　アップル社のiPhoneと他社製のスマートフォンを市場として同一と考えるか否かを決めるためには，次のいずれを知ることが最も重要か。①両製品で利用可能なアプリの数，②両製品間の価格差，③両製品間の需要の交叉弾力性。

10.2　日本の市場構造の特徴として正しいのはどれか。①どの産業でも独占企業への集中が著しい。②集中度が高い産業から低い産業までさまざまである。

───────────────

5　http://www.oecd.org/daf/competition/market-concentration.htm（2019年6月アクセス）。なお筆者も招聘され日本の状況について講演した。

208　　第III部　政策編

③集中度は毎年上昇している。

10.3　どの国でも産業間で集中度の高い産業，低い産業がほぼ共通している理由
として正しいのはどれか（複数回答可）。①最小最適規模の産業間分布はど
の国でも共通している。②製品が差別化されているかどうかの産業間分布は
どの国でも共通している。③多国籍企業がどの国でも大きな存在である。

10.4　公正取引委員会の集中度データは以下のサイトで見ることができる（2019
年 6 月アクセス）。あなたが関心を持つ産業を少なくとも 2 つ選び，いずれ
が集中度が高いかを調べ，その理由として 10.2 節であげられた諸要因で説
明できるか考えてみなさい。

https://www.jftc.go.jp/soshiki/kyotsukoukai/ruiseki/index.html

第11章

カルテル

いつ起きるか，なぜ持続するか？

❖ は じ め に

　独占企業の利潤は寡占企業の利潤合計より必ず大きい。これは定理8.3とし
て，逆支払いや市場分割へのインセンティブを企業が持つ根本的な理由である
ことを述べた。この定理はまた，寡占企業が共謀して全体としてあたかも独占
企業のように意思決定することへのインセンティブを説明する。すなわちカル
テルおよび談合である。つまり，全社が共謀して利潤合計を最大化するように
価格や生産量を決定し，そのうえで各社に利潤を適宜分配すれば，各社とも寡
占均衡より高い利潤を享受できる。

　ただし，パテントプールにおけるアウトサイダー問題（定理9.4）と同様に，
共謀から逸脱して自社利潤だけ増やそうとする企業が現れる可能性がある。ど
のような場合に逸脱が起きやすいのか，逆にいえば，どのような場合に逸脱が
起きずカルテルが持続するのか，この問題を本章で考えていく。

　カルテルや談合は，日本の独占禁止法はもちろん，世界のどの国の競争法で
も違法とされている。どのような場合に違法となるのか，それに対する制裁は
十分なのか，こうした問題も本章では考えていく。

　なお，**カルテル**と**談合**の違いは以下では重視しない。カルテル，典型的には
価格カルテルは，企業が共謀して価格を決め，あるいは値上げの幅や率を決
め，その価格ですべてのカルテル参加者が販売する。これに対し談合では，あ
る商品・サービス・工事を供給するのは，入札を経て選ばれた1社である。こ
の1社が受注できるよう他社は高価格の見積りを出すなどして協力する。その

210　　第Ⅲ部　政策編

代わり，他の商品や工事では別の企業が受注できるよう他社が協力したり，あるいは受注者が協力者に談合金として利潤の一部を分配したりすることで，談合の恩恵を全参加者が共有できるようにする。談合が起きやすいのは公共工事発注や政府機関による備品発注であるが，民間発注でも見積り合わせにより発注先を決める場合には談合が起きることがある。

いずれも競争企業間の共謀であることには違いがなく，また独占禁止法でもいずれも「不当な取引制限」にあたる。このため，以下ではカルテルを念頭に置いて説明するが，基本的な議論は談合においても成立する。

11.1　カルテルからの逸脱と報復

n 社（$n \geq 2$）からなる同質的寡占市場を考える。彼らが共謀することなく独立に意思決定していれば，クールノー均衡やベルトラン均衡のような寡占均衡が成立する（第3章参照）。線形モデルの対称均衡の場合，各社利潤はクールノー均衡であれば（10.1）式で決まり，ベルトラン均衡ではゼロとなる（定理3.4）。

次に，全企業が共謀してカルテルを結成し，価格を $\hat{p}$ にすることに合意したとしよう。このときの第 i 企業の利潤を $\hat{\pi}_i$ とする。最も理想的なのは結合利潤最大化で，全企業の利潤合計を最大化するように価格と生産量を決定する。よって $\hat{p}$ は独占価格 p^m（図2.3または図2.4）に等しくなり，独占利潤（π^m）をカルテル・メンバー間で分け合うから，$\sum_{i=1}^{n} \hat{\pi}_i = \pi^m$ である。

この分配が容易でない場合には，より簡便な方法として，例えば各社とも前期より供給量を 10% 削減するという形で共謀することもある。これにより産業供給量も 10% 減少し，需要曲線に沿って左上に動くため価格は上昇する。ただしこのときは独占価格 p^m になるとは限らないので，利潤合計も独占利潤以下になる可能性がある。

どのようにカルテル価格 $\hat{p}$ が決められるにせよ，カルテルを維持すれば各社は利潤 $\hat{\pi}_i$ を得るとする。もちろん，この利潤はカルテルなしの寡占利潤を上回らなければならない。これはカルテル成立のための必要条件である。

ただし，カルテルが成立しているときにそれに留まるための十分条件ではない。他社がすべて合意を遵守して $\hat{p}$ の価格で販売しているなら，それより

微小に低い価格 $\hat{p} - \varepsilon$ で販売すればすべての需要を奪うことができるからである。それにより利潤を $\overline{\pi}_i\ (> \pi_i)$ に増やすことができる。ε をゼロで近似できるなら、カルテルでの利潤合計をこの企業が独り占めすることになり、$\overline{\pi}_i = \sum_{j=1}^{n} \pi_j$ である。こうした行動をカルテルからの**逸脱**という。

キーワード11.1 逸　脱
カルテル参加企業がカルテルで合意した価格より低価格で販売したり、合意した量より多く販売したりすることにより、他参加企業から需要を奪い自社利潤を増やそうとする行為。

当然のことながら、$\overline{\pi}_i$ が π_i を大きく上回るほど逸脱への誘惑は大きい。逸脱により全市場を独占できるのであれば、このことはマーケットシェアの小さい企業ほど逸脱が有利であることを意味する。言い換えれば、シェアの大きい企業は逸脱してもシェアを大きく伸ばせるわけではないので、逸脱へのインセンティブは限定的で、カルテルを維持しようとする。

トリガー戦略による報復

しかし、逸脱による利益が永続することはありえない。他社は顧客を奪われ、自社への需要が減少したことに気がつくはずだからである。このため他社も逸脱企業に対抗して価格を下げ、あるいは供給量を増やそうとして、結局、寡占均衡に戻るか、あるいは逸脱企業への制裁のためゼロ利潤均衡などになってしまうだろう。これを逸脱企業への**報復**と呼ぶ。報復には意図的なものもそうでないものも含まれる。意図的な報復とは、カルテル結成時の合意として、誰か1社でも合意に反する行動をとれば他社はいっせいに限界費用に等しい価格付けをするとか、いっせいに供給量を1割増加するなどの報復行動をあらかじめ決めておくものである。こうした戦略を、逸脱行動が起きれば引き金（トリガー）を引いていっせいに報復するという意味で**トリガー戦略**という。

これに対して意図的でない報復としては、誰かが合意に反し供給量を増やしたり価格を下げたりしたのを見て他社もそれに対応して自社利潤最大化行動をとる結果、クールノー均衡やベルトラン均衡に落ち着く場合が含まれる。また中間的な形での報復としては、誰かが逸脱行動をとったときに他社も追随して同じ行動をとるというものがある。例えばある企業（A社）が価格を5%下げ

212　第Ⅲ部　政策編

たなら他社もいっせいに 5% 下げる，それを見て A 社が価格を戻したら他社もいっせいに戻すというもので，**しっぺ返し戦略**という。この場合には，カルテル結成時にしっぺ返し行動を合意しておく場合も，合意しなくても各社が単に追随する場合もあるであろう。

意図的か否かにかかわらず，報復を受けたあとの利潤を $\underline{\pi}_i$ とする。$\underline{\pi}_i < \hat{\pi}_i < \overline{\pi}_i$ である。

企業が逸脱するかどうかを決めるには，こうした報復の可能性を考慮する必要がある。つまり，逸脱すればしばらくの間は $\overline{\pi}_i$ を得るが，一定期間の後に報復を受け利潤は $\underline{\pi}_i$ に減少する。このため，長期的利潤（将来利潤の現在価値）は $\alpha\overline{\pi}_i + \beta\underline{\pi}_i$ の形で表される。α, β はそれぞれの利潤が得られる期間を反映するウェイトである。これに対し逸脱しなければ，カルテルが全期間維持され，長期的利潤は $(\alpha + \beta)\hat{\pi}_i$ である。よって，逸脱が起きずカルテルが維持されるための条件は，次の不等式が満たされることである。

$$\alpha\overline{\pi}_i + \beta\underline{\pi}_i < (\alpha + \beta)\hat{\pi}_i \tag{11.1}$$

あるいはこの式を

$$\alpha(\overline{\pi}_i - \hat{\pi}_i) < \beta(\hat{\pi}_i - \underline{\pi}_i) \tag{11.2}$$

と書くこともできる。

カルテルが持続するための条件

（11.2）式の左辺カッコ内は逸脱行動からの利潤増，右辺カッコ内は報復からの利潤減を意味し，いずれもプラスである。前者が小さいほど，そして後者が大きいほど，不等式は満たされやすい。

また α が小さいほど，そして β が大きいほど，不等式は満たされやすい。それではこれらは何に依存して決まるだろうか。

最も大きな決定因は報復の素速さである。報復が素速く起きれば起きるほど α は小さく β は大きい。報復後の低利潤の期間が長いからである。また β は将来利潤の今日の利潤に比しての重要性が高ければ高い。例えば，将来的に市場需要が経済発展や嗜好変化に伴って成長すると予想されていれば，利潤も成長すると予想されるので，今日の利潤に比して将来利潤の貢献が大きくなり β

が大きくなる。また，将来利潤に対しての割引が大きければ β は小さくなる。r を年利子率とすれば，今日の 1 円は 1 年後には $1+r$ 円になるから，1 年後の 1 円は今日の $1/(1+r)$ 円と等価値である。これを r の率で割り引くといい，r を**割引率**という。割引率が高いほど，将来利潤の**現在価値**は低く，このため β は小さい。このことは章末の数学注で示している。

以上をまとめ，以下の定理を得る。

| 定理 11.1 | **カルテルの持続性** |

カルテルからの逸脱へのインセンティブは以下の条件が満たされるとき小さく，このためカルテルは持続しやすい。
- (1) 逸脱からの利潤増が小さい。
- (2) 報復からの利潤減が大きい。
- (3) 報復が迅速におこなわれる。
- (4) 予想される利潤成長率が高い。
- (5) 将来利潤に対する割引が小さい。

11.2　カルテルの成立と持続性

この定理 11.1 をもとに，カルテルはどのような産業で成立しやすいか，成立したカルテルがどのような場合に持続しやすいかを，より現実的な観点も含めて検討しよう[1]。

逸脱による利潤増は，すでに述べたとおり，シェアの小さい企業の方が大きいと予想される。逸脱により大きくシェアを伸ばすことができるからである。したがって，企業数が多いほど，また企業間でシェア格差が大きいほど，逸脱は起きやすくカルテルは持続しないと予想される。逆にいえば，少数で同程度の規模の企業に集中している産業ではカルテルが持続しやすいと予想される。また，そうした産業ほど，カルテルへの企業間の合意も容易であろう。

ただし企業間でシェアが不均一であるのは，リーダー的企業が存在し，この企業が他社より低費用の技術を持っている場合や，差別化されており品質の高

1　このテーマの展望論文として次の論文が便利で，本節でも参考にした。M. C. Levenstein and V. Y. Suslow, "What Determines Cartel Success?" (*Journal of Economic Literature*, 44 (1), 2006, 43-95).

214　第 III 部　政策編

い，あるいはより多くの顧客に好まれる商品を供給している場合である可能性がある。こうした場合には，このリーダー企業が本気で報復行動をとれば他企業，特にシェアの小さい縁辺企業は対抗できず市場から駆逐されてしまうだろう。このことを予想するのであれば，彼らは逸脱を自制するかもしれない。またリーダー企業が存在すれば，他社もそれに従うためカルテルの合意が容易な可能性がある。コラム 11.1 に示した壁紙カルテル事件はそうした例である。

コラム 11.1　壁紙販売業者によるカルテル（2017 年 3 月排除措置命令）

サンゲツ，リリカラ，シンコールの 3 社は，自社のブランドを付した壁紙を仕入れ，販売業者や内装工事業者等に販売していた。3 社の壁紙の販売金額の合計は全国の壁紙総販売金額の大部分を占め，なかでもサンゲツは 50% を超えるシェアを有していた。3 社は，いくつかの 2 社間での情報交換を経て，2014 年 3 月，店舗向けの設備，内装等に関する展示会が開催されていた東京都江東区所在の会場において営業責任者による面談を実施し，同年の秋以降になると消費税率の引上げによる壁紙の需要の減少が見込まれることから，それまでに壁紙の仕入価格の上昇を転嫁するため壁紙の販売価格を引き上げることとし，サンゲツによる壁紙の販売価格の引上げの内容に合わせて，リリカラおよびシンコールが壁紙の販売価格を引き上げることを合意した。

これを受けて，サンゲツは同年 6 月 23 日出荷分から販売価格を 10% 引き上げることを顧客に通知した。これを確認したうえで，リリカラおよびシンコールも同日出荷分から販売価格を 10%（シンコールは 10〜15%）引き上げることを顧客に通知した。

本件では，公正取引委員会は排除措置命令を 3 社に出すとともに，リリカラに 2111 万円，シンコールに 350 万円の課徴金を課した。サンゲツは課徴金減免制度（11.5 節で説明する）を利用して報告したため，課徴金は免除された。

市場需要の成長と変動

定理 11.1（4）は，市場需要の成長が見込まれているときには逸脱のインセンティブが低く，カルテルは持続しやすいとする。ただし，合意形成は難しい可能性がある。例えば，成長率を高く予想する企業と低く予想する企業間での合意が難しくなる。また，最小最適規模が大きい設備への投資が必要な場合に

第 11 章　カルテル　215

は，高成長を予想して活発に設備投資しようとするいわば強気の企業と慎重論の企業との間で意見が分かれやすい。さらに，高成長産業へは参入が起きやすいから，カルテルによる高価格の設定を参入阻止の観点から避ける可能性も存在する。

市場需要の変動は，特に観察や予測が難しいときに，カルテルの持続性に大きな影響を持つ。例えば自社への需要が減少したときに，それが市場需要全体の減少によるものなのか，他社の逸脱により需要が奪われたためなのかを区別することが困難になる。このため，逸脱の発覚が困難になることで逸脱しやすくなる可能性も，誰も逸脱していないにもかかわらず需要減を逸脱のためと誤認して報復行動が起きてしまう可能性も存在する。こうした意味で，カルテルの持続性にはマイナス効果を持ちそうである。ただし，逸脱や報復が起きる結果として価格や需要量が変動するという逆効果もあり，こうした変動はカルテルが機能している証拠だとする議論もある。

需要の価格弾力性の効果も一律ではない。弾力性が大きければ，低価格販売という逸脱による需要増は大きいと期待されるから，逸脱の利益は大きくなるだろう。ただし報復後に例えばクールノー均衡になると予想されているのであれば，弾力性が大きければプライス・コスト・マージン（PCM）は小さくなり（定理 3.2)，価格は限界費用に近くなるから，報復後の利益が低くなり逸脱をためらわせる可能性がある。また，同じ理由で PCM を高めることを目的にカルテル合意が成立しやすい可能性も存在する。

定理 11.1 (3) は，報復が素早く起きる場合に逸脱へのインセンティブが低く，カルテルが持続しやすいことを示している。各社の価格や販売量を観察しやすい場合には，この条件は成立しやすい。例えば，同質的産業で集中度が高い市場では，各社の逸脱行動は観察されやすいであろう。また他社行動についての情報を顧客から得る場合もある。以前からの顧客に営業活動に行き，他社が安い価格で販売したことを知るような場合である。この意味では，顧客との関係が密接で安定的な場合や大口顧客がいる場合には，逸脱によって販売量を増やすことが難しく，また逸脱行動が他社に知られる危険性も高いから，カルテルは持続しやすいと考えられる。

216　第III部　政策編

事業者団体を通じた共謀

　もう1つの情報源がいわゆる業界団体で，独占禁止法では**事業者団体**と呼ぶ。独占禁止法は事業者団体が主導する形でのカルテル・談合や不公正な取引方法などの競争制限行為を禁止している（第8条）。それとともに，事業者団体による情報収集活動が競争制限効果を持つ場合にはこれを禁止する。もちろん事業者団体による情報収集および公表は，メンバー各社のみならず原材料供給企業や顧客にも資することが多いから，一概に禁止されているわけではないが，メンバー企業間の共謀を容易にする場合には問題とされる。

　例えば，過去のデータについての平均など統計値のみを公表することは問題とされにくいが，現在あるいは最近のデータや，個別企業に関するデータ，特に価格に関するデータをメンバー企業に提供することは問題とされる可能性がある[2]。

　また，こうした事業者団体が全事業者をカバーし広範に活動しているのは，参入・退出が少なくメンバーの顔ぶれが安定的な産業であることが多い。許認可その他で行政官庁との接触が多い産業で，情報伝達，意見表明，陳情などの窓口として団体が設立されている場合もある。これらの場合には，競争企業間の意見交換が，団体での会合や親睦会なども含め多く起きる可能性があり，カルテルが成立しやすく，また持続しやすい。残念なことに公共工事に関する談合がしばしば起きているが，全国レベルでは大手ゼネコン間での談合，地方レベルでは地元建設業者間での談合，また特定業務に関する専門業者間での談合など，いずれも歴史的継続性があり，しかも規制や見積り，発注などで競争事業者間の接触が多い産業でのケースである[3]。

　よって，業界団体がある産業や固定的なメンバーによる日常的な接触が起きやすい産業では，安定的なカルテル・談合が維持される可能性がある。それだけに，カルテルや協調が起きないよう競争当局による監視が必要であり，逆に

2　公正取引委員会「事業者団体の活動に関する独占禁止法上の指針」。

3　それぞれ例示しておこう。大手ゼネコン間での談合としては2018年3月に公正取引委員会が検事総長に告発したいわゆるJR東海リニア新幹線事件，地方建設業者間での談合としては2014年2月に排除措置命令・課徴金納付命令が出された千葉県発注の山武地区特定土木一式工事談合事件，そして道路舗装専門業者間での談合としては2016年9月に排除措置命令が出された東日本高速道路（株）関東支社発注舗装災害復旧工事談合事件がある。それぞれ公正取引委員会サイトの報道発表欄（https://www.jftc.go.jp/houdou/pressrelease/index.html）で詳細を見ることができる。本書で引用しているその他の公取委関連の事例についても同様である。

第11章　カルテル　217

いえば，事業者は誤解を受けることがないよう接触を避け，また接触時には弁護士など第三者を立ち会わせるなどの配慮が必要である。

このように，カルテルの成立しやすさ，また成立したカルテルの持続性については，さまざまな要因が影響する。また，同じ要因がカルテルを容易にする方向にも，逆にカルテルからの逸脱を容易にする方向にも働く場合があり，状況に応じて判断する必要がある。

11.3 共謀，協調と不当な取引制限

ここで改めてカルテル（また談合）とは何かを考えてみたい。本章冒頭では「寡占企業が共謀して全体としてあたかも独占企業のように意思決定すること」と書いた。意思決定の対象は価格や生産量・販売量に限定されない。設備投資，製品開発，販路，調達，雇用などについても企業間で共謀がおこなわれればカルテルである。

それでは**共謀**とは何か。その最も重要な要素は共同での意思決定である。ただし，決めただけで誰も守らないのでは意味がない。したがって，参加者がそれを遵守するようになっていることも必要である。本章11.1節で説明した逸脱者への報復もその仕組みである。参加者間で遵守のための何らかの拘束が起きているといってよい。そこで共謀を次のように定義しよう。

キーワード11.2　共　謀

企業間で共同して意思決定し，それによって互いに拘束すること。

独占禁止法ではカルテルや談合は「**不当な取引制限**」と呼ばれ禁止されているが，その定義を以下に示そう。

キーワード11.3　不当な取引制限

「事業者が，契約，協定その他何らの名義をもつてするかを問わず，他の事業者と共同して対価を決定し，維持し，若しくは引き上げ，又は数量，技術，製品，設備若しくは取引の相手方を制限する等相互にその事業活動を拘束し，又は遂行することにより，公共の利益に反して，一定の取引分野における競争を実質的に制限すること。」（独占禁止法第2条第6項）

218　第III部　政策編

「共同して……決定」，「相互にその事業活動を拘束」という言葉で明らかなように，これはキーワード 11.2 でいう共謀を意味する。

「共同して決定」とは何か

しかしさらに考えると，「共同して決定」とはどこまで含まれるのだろうか。例えば，コラム 11.1 に示した壁紙カルテルの場合には，3 社の責任者が面談し合意しているから明らかに共同して決定している。しかし，面談（あるいはメールのやりとり）で，「当社は 6 月より 10% 値上げするつもりだ」などとそれぞれが自分の予定を一方的に伝えているだけならどうだろうか（例 1 とする）。あるいは面談もなく，2 位以下の各社が，「原料代も上がってきたからそろそろ値上げしたいがトップシェアの A 社が値上げしてくれないと上げられない，A 社が上げてくれればすぐ追随しよう」と考えているだけだとすればどうだろうか（例 2 とする）。いずれのケースでもいっせいに同率の値上げが実現するだろう。これらは共謀と見なすべきだろうか。不当な取引制限にあたるとして独占禁止法違反とすべきだろうか。このように考えると，共同しているかどうかの判断は実は容易でないことがわかるだろう。

これについての裁判所の判断としてよく引用されるのが，東芝ケミカル事件における東京高裁判決である。コラム 11.2 にこれを示すが，「事業者間相互で拘束し合うことを明示して合意することまでは必要でなく，相互に他の事業者の対価の引上げ行為を認識して，暗黙のうちに認容することで足りる」と述べており，事業者間での情報交換がまったくおこなわれていないのであれば「共同して」にはあたらないとしても，何らかの情報交換がおこなわれている場合には，かなり幅広く「共同して」が認定される可能性があることを示唆している。上の例でいえば，例 1 はこの意味での「共同して」にあたると見なされるだろう。

コラム 11.2　東芝ケミカル事件（1995 年 9 月東京高裁判決）

紙基材フェノール樹脂銅張積層板の市場において，東芝ケミカルと同業 7 社が，1987 年に意見交換をしたうえでいっせいに販売価格の引上げに関する決定をしたのは不当な取引制限の禁止に違反すると公正取引委員会が審決したところ，東芝ケミカルは「複数事業者の価格引上げ行為が類似した態様のものとなった場合におい

ても，各事業者が互いに他の事業者の価格引上げ行為の内容を単に認識していたにとどまる限りは，これらは相互に関連なく併存するといいうるに過ぎず（以下略）」として違反を否定し，審決取消を求めて東京高裁に提訴した。

高裁判決は，不当な取引制限にいう「『共同して』に該当するというためには，複数事業者が対価を引き上げるに当たって，相互の間に『意思の連絡』があったと認められることが必要であると解される。」と述べたうえで，「しかし，ここにいう『意思の連絡』とは，複数事業者間で相互に同内容又は同種の対価の引上げを実施することを認識ないし予測し，これと歩調をそろえる意思があることを意味し，一方の対価の引上げを他方が単に認識，認容するのみでは足りないが，事業者間相互で拘束し合うことを明示して合意することまでは必要でなく，相互に他の事業者の対価の引上げ行為を認識して，暗黙のうちに認容することで足りると解するのが相当である（黙示による『意思の連絡』といわれるのがこれに当たる。）。」とした。

そのうえで，8社が情報交換をしていたことを認定し，「原告は，同業7社に追随する意思で右価格引上げを行い，同業7社も原告の追随を予想していたものと推認されるから，本件の本件商品価格の協調的価格引上げに付き『意思の連絡』による共同行為が存在したというべきである。」と結論した。これにより違反が確定した。

（参考）『ケースブック独占禁止法 第4版』2019，ケース1-1。「　」内は判決文からの引用。

暗黙の協調

この意味でも共同していないにもかかわらず，なお競争企業間で並行的な行動がとられることがある。上の例2のような場合である。これを**暗黙の協調**または単に**協調**と呼んで，共謀から区別しよう。

> ┌─ **キーワード11.4** 暗黙の協調 ─────────────
> 企業間で明示的に共同決定（東京高裁判決のいう「意思の連絡」を含む）するわけではないが，暗黙の了解により，各社が共謀と同等の行動をとること。

ここで定理11.1に戻ろう。定理は，(1)～(5)の条件が満たされていれば，現状（$\hat{\pi}_i$の利潤を得ている）から誰も逸脱しないことを意味している。この現状が共謀によって実現されている必要はない。すなわち暗黙の協調により，あるいは協調がなくても何らかの理由により，$\hat{\pi}_i$が実現しており，定理が満た

220　第Ⅲ部　政策編

されているなら，この状態が持続する。もちろん価格は限界費用を上回り，社会的厚生の損失（デッドウェイト・ロス，定理2.9）が発生している。

典型的には**プライスリーダーシップ・モデル**がある。第3章3.5節で説明したように，このモデルでは，リーダーは自分の決定する価格に他社（フォロワー）が追随することを予測して価格決定する。リーダーとフォロワーの間で，あるいはフォロワー間で何らの共同行為あるいは意思の連絡があるわけではない。このため，限界費用を上回る価格が維持されているとしても，不当な取引制限にあたると断定することは困難である。この最後の意味では，クールノー均衡や差別化ベルトラン均衡でも同様である。

ただし重要な逆の問いは，こうした行動をも規制すべきか，である。こうしたモデルでは，各社は他社の行動を観察し，あるいは予測しながら，独立に自社の行動を決定している。これは自由主義経済の根本である。こうした行動が許容されているからこそ，各社は自主的に生産・販売活動をおこない，さらにはイノベーションを起こそうとする。その結果実現する価格が限界費用を上回っているからといって規制するのでは，社会主義経済になってしまい，経済の活気は失われるのではないだろうか。

競争政策におけるカルテル規制は，こうした難しいバランスの上に成り立っている。

11.4　ハブ・アンド・スポーク型カルテル

明らかにカルテルというべきであるが，競争事業者間での共同決定や意思の連絡がないため不当な取引制限と見なすことができないものもある。事業者団体が主導するカルテル・談合が禁止されていることについては，すでに11.2節で述べた。例えば，事業者としての医師の団体である医師会もこれにあたるから，2014年2月には埼玉県の吉川松伏医師会がインフルエンザ任意予防接種（国民健康保険などの対象外であり，料金は医師が自由に設定できる）の料金を決定し会員医師に守らせていたとして，排除措置命令を受けている。

産業外にありながら，何らかの意味で影響力を及ぼしうる主体（企業，団体など）が産業内事業者（複数）にカルテルや談合と同等の行為をおこなわせることもある。これを**ハブ・アンド・スポーク型カルテル**と呼ぶ。自転車の車輪

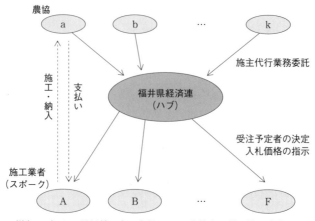

(注) aとAの間以外にも、全部で11の農協と6社の施工業者間に、あわせて42件（および入札によらないもの15件）の施工・納入および支払いの関係（図での破線）があるが、略す。

● 図11.1　ハブ・アンド・スポーク型カルテル（福井県経済連事件）

を考えれば、ハブとはその中心にある車軸、スポークとはハブから放射線状に延びて車輪を支える矢をいう。

┌─ キーワード11.5　ハブ・アンド・スポーク型カルテル ─────
│ 産業外の主体がハブとなり、スポークの先にある産業内事業者（複数）に影響力
│ を行使してカルテル・談合と同等行為をおこなわせること。
└─────────────────────────────

　コラム11.3に示した事件では、福井県経済連がハブとなり、スポークにあたる施工業者たちに指示することにより談合と同等行為をしていた。これを図示すると、図11.1のようになる。
　この事例では、施工業者間での共同行為は認定されておらず、不当な取引制限にはあたらない。また発注者は各農協であり、経済連はそれらから発注業務などを委託されていたに留まる。しかし、経済連が事実上の発注先決定者であったため、施工業者に影響力を及ぼしうる立場にあった。また通常であれば発注者・支払者である各農協が安く購入するために監視すべき立場にあるが、工事費用等を精査する能力が十分ではないうえに、費用の主要部分を県や市からの補助金に依存しており、コスト意識が低かったものと見られる。

このほか米国では，アップル社がタブレット（iPad）発売にあわせ電子書籍事業に参入するにあたり，各出版社がアップルストア（iBookstore）で販売する電子書籍の価格につき共謀したとして，アップルおよび出版社数社が米国競争法（シャーマン法）違反とされた。この事件では出版社間で意思の連絡があったことが確認されており，通常のカルテル事件である。ただし，アップルも各出版社に対して最恵待遇（定理5.3）を要求するとともに価格に関する連絡をしており，カルテルに荷担したとして起訴された。アップルは争ったが最高裁で敗れ，シャーマン法違反が確定した[4]。このため，アップルをハブとするハブ・アンド・スポーク型カルテルの要素がある。

コラム11.3　福井県経済連事件（2015年1月排除措置命令）

　福井県経済農業協同組合連合会（福井県経済連）は福井県内の農協等を会員とする団体であり，会員である農協等から委託を受けて，穀物の乾燥・調製・貯蔵施設の製造請負工事等に係る施主代行業務などをおこなっていた。すなわち，各農協は工事発注にあたり基本設計し入札により施工業者を決める必要があるが，この業務を経済連に委託していた。経済連は，それぞれの工事につき受注予定者を決定し，当該予定者が受注できるように入札参加者に入札すべき価格を指示し，当該価格で入札させていた。

　公正取引委員会は，福井県経済連が，この行為によって「入札参加者の事業活動を支配することにより，公共の利益に反して，特定共乾施設工事の取引分野における競争を実質的に制限していた。」として，独占禁止法が禁止する私的独占（キーワード8.1）の支配行為にあたると認定した。

4　詳しくは拙著『イノベーション時代の競争政策』第11章。なおシャーマン法第1条は「各州間の又は外国との取引又は通商を制限するすべての契約，トラストその他の形態による結合又は共謀（conspiracy）」（公正取引委員会訳）を禁止する。conspiracyは陰謀とも訳されるように，キーワード11.2で述べた共謀（collusion）よりも幅広い概念である。また独占禁止法と異なり，この条文には「一定の取引分野」といった表現もない。このためアップルもconspiracyへの参加者として対象とされた。

第11章　カルテル　223

11.5　インセンティブ・メカニズムとしての課徴金と減免制度

　繰り返し述べているように，カルテル（および談合）は不当な取引制限として独占禁止法で禁止されている。公正取引委員会は違反を認定したときには，事業者に対して排除措置命令（違反行為の取り止めなどを命じるもの）および課徴金納付命令を発する。公正取引委員会はまた検事総長に**告発**することもでき，この場合には検察庁が刑事事件として起訴することになる。公正取引委員会は悪質と考えられる事件に限定して告発しているが，検察庁が起訴し，裁判所が独占禁止法違反と認めれば，違反企業に罰金，また担当者に懲役刑が科される。したがって，この場合には，違反企業は行政処分としての課徴金と，裁判所が命じる罰金の両方を科せられることになる（ただし，罰金の半額を課徴金から控除する制度がある）[5]。

　告発案件は年平均1件未満と少ないので，以下では主として**課徴金**について考える。カルテルに対する課徴金は，原則として，違反が認定された期間の対象商品（または役務）売上高の 10% である[6]。

課徴金による抑止効果は十分か

　課徴金制度の主たる目的は違反行為によって得た不当利得の没収とされているが，経済学的観点からは，それが違反行為を避けるための十分なインセンティブを与えているかが重要である。簡単化していえば，仮に不当利得が 10% だとしても，課徴金が 10% ではカルテル抑止の観点からは不十分である。すべてのカルテルが摘発され課徴金を課されるわけではないからである。

　カルテルが摘発され課徴金その他のペナルティが科される確率を ρ としよう。すると企業にとり，ペナルティの期待値は $\rho \times$ ペナルティであり，

　　　不当利得 $> \rho \times$ ペナルティ

であるかぎり，カルテルに参加するインセンティブがある。言い換えれば，ペ

5　こうした制度は国により異なる。例えば，米国ではすべて刑事事件として取り扱われ，裁判所が罰金（企業に対し）や禁固刑（個人に対し）を科す。逆に EU（欧州連合）では EC（欧州委員会）による行政処分として制裁金を科す。日本の制度はこれらの両方の面がある。

6　中小企業に対して率の低減，違反を繰り返した事業者や主導的役割を果たした事業者に対して率の上乗せなどの調整があるが略す。

224　第Ⅲ部　政策編

ナルティが十分な抑止力を持つためには,

　　ペナルティ ＞ 不当利得 ÷ ρ

が成立するほどペナルティが高くなければならない。

┌─ 定理 11.2 　インセンティブ・メカニズムとしてのペナルティ ─────

違反者に対して科せられるペナルティ（独占禁止法では課徴金および告発され有
罪になったときの罰金および懲役刑）がカルテルへの十分な抑止力を持つために
は，カルテルから期待される不当利得（カルテルによる利潤増）をペナルティ賦
課確率 ρ（カルテルが摘発されペナルティを科される確率）で割った額を上回る
必要がある。

　残念ながら，すべてのカルテルが摘発されているわけではないから，不当利
得や ρ についての情報は入手困難で，定理 11.2 を検証することは不可能であ
る。それでも，不正確ながらある程度の類推は可能である。不当利得の率は売
上高の 13.7％ という数字がある。これは公正取引委員会が 2004〜14 年度に違
反とした 85 件から，カルテルによる価格引上げ率または談合後の価格低下率
を推計したものである[7]。

　一方，摘発確率については欧米で 13〜17％ という推定値がある[8]。これは摘
発されたカルテルが何年持続したかを調べ，それから毎年の摘発確率を推計し
たものである。ハザード関数という推定法を用いているが，きわめて大まかに
いえば，カルテルが摘発されるまで 2 年経ったのであれば，毎年の摘発確率は
50％ と見なすという考え方に近い。カルテルの平均的な持続期間は約 8 年と
いう研究もあるから[9]，確率 10％ 台という推定結果と合致する。ただし一度も
摘発されず継続したカルテルは含まれていないので（注 8 の研究では一部含む），
実際の摘発確率はさらに低い可能性がある。

　すると，摘発確率を大きめに 20％ としても，ペナルティは不当利得の 5 倍

7　独占禁止法研究会第 7 回会合参考資料集より（https://www.jftc.go.jp/soshiki/
kyotsukoukai/kenkyukai/dkkenkyukai/dokkinken-7.html，2019 年 6 月アクセス）。

8　P. G. Bryant and E. S. Eckard, ''Price Fixing: The Probability of Getting Caught''
(*The Review of Economics and Statistics*, 73 (3), 1991, 531-536), E. Combe, C.
Monnier, and R. Legal, ''Cartels: The Probability of Getting Caught in the European
Union'' (Bruges European Economic Research Papers, No. 12, 2008).

9　M. C. Levenstein and V. Y. Suslow, ''Breaking Up Is Hard to Do: Determinants of
Cartel Duration''(*Journal of Law and Economics*, 54 (2), 2011, 455-492).

第 11 章　カルテル　225

以上でなければならないことになり，不当利得が 13.7% であれば，ペナルティは当該売上の 70% 近くでなければならないことになる。したがって定理 11.2 を考えれば，原則 10% という現行の課徴金制度はカルテル防止のためのインセンティブとしては明らかに不十分である。もちろん告発されればこれに罰金などが加わるが，罰金は課徴金より低いことが多いので，まだ不十分である。公共工事や公共調達に係る談合の場合には，さらに受注停止処分が科されることが多く，これによる受注減もペナルティとなる。それでもまだインセンティブとしては不十分な可能性が高い。

課徴金減免制度

この問題を是正するためには，課徴金の率を高くするとともに，摘発確率を向上させることが欠かせない。しかし容易に想像できるように，各社とも隠匿するため，カルテルに関する情報を公正取引委員会のような当局が入手することは困難である。これを是正するための仕組みとして，米国で最初に導入され，日本でも 2006 年に導入（2010 年に拡充）されたのが**課徴金減免制度**である。英語を用い**リニエンシー制度**とも呼ばれる。

キーワード11.6 課徴金減免制度（リニエンシー制度）

カルテル参加企業が自らの違反行為に係る事実について当局に自主的に情報提供した場合に，一定の条件のもとで，課徴金を免除または減額する制度。免除・減額率は情報提供の順序に応じて変わる。

日本では，公正取引委員会が立入検査をおこなう前であれば，最初の申請者（課徴金減免制度を利用して情報提供することを申請する事業者）は全額免除，2 番目の申請者は 50% 減額（よって課徴金は原則的に売上高の 10% × 0.5 = 5%），3 ～5 番目の申請者は 30% 減額（同じく 3%），立入検査後でも 5 番目までなら 30% 減額（同じく 3%）となっている[10]。

これは企業にとり明らかに**囚人のジレンマ**（本書末尾の付録参照）の状況である。表 11.1 を見よう。ここではカルテル参加者は 2 社のみとし，両社のと

---

10 なお本書執筆の最終段階（2019 年 6 月）で，公正取引委員会の審査への協力度合いによって減免率を調整したり，6 番目以下であっても最大 5% の減額を認めたりすることなどを内容とした独占禁止法改正案が国会で成立した。公布から 1 年 6 カ月以内に施行される。

226　第III部　政策編

● **表 11.1　課徴金減免制度申請における囚人のジレンマ——課徴金率**

		企業 B	
		申請しない	申請する
企業 A	申請しない	0, 0 または 10, 10	10, 0
	申請する	0, 10	0, 5 または 5, 0

る戦略により決まる課徴金率が示されている。よって，付録に例示された利得表と異なり，値は小さいほど企業にとって望ましい。なお，立入検査後の課徴金減免申請の可能性は無視する。

　両社のとりうる戦略は，情報提供し課徴金減免を申請するか，申請しないかである。両社とも申請すれば，申請順に応じて第 1 位になれば課徴金の売上高に対する割合は 0%（全額免除），第 2 位になれば 5%（10% から 50% 減額）となる。1 社のみ申請した場合には，その企業が 0%，申請しなかった企業は 10% となる。両社とも申請しなかった場合には，カルテルが摘発されなければ課徴金は発生しないが，摘発されればともに 10% 課せられる。

　企業 A にとり，企業 B が申請しないと見込まれる場合には，カルテルが摘発される（そして 10% の課徴金が課される）確率がゼロでないかぎり，申請した方が有利である。B が申請すると見込まれる場合にも，申請順位で後れをとったとしても 5% であるから，申請した方がよい。企業 B にとっても同様であるから，両社とも申請することを選択し，右下のセルが実現する。すなわち両社とも課徴金減免を申請し，カルテルは摘発され，申請順位第 1 位企業は課徴金免除，第 2 位企業は 50% 減額，すなわち課徴金率 5% となる。

　実際，課徴金減免の申請は毎年 100 件前後あり，例えば 2018 年度に排除措置命令が出された 8 件の不当な取引制限案件では，すべて課徴金減免制度が利用されている[11]。いわば各社はゲーム論の予測する合理的な判断をしており，それだからこそ囚人のジレンマの状況が実現しているわけであるが，課徴金減免制度の場合，このことが当局の審査能力を高め，摘発確率を高めることで，

11　https://www.jftc.go.jp/dk/seido/genmen/kouhyou/index.html，2019 年 6 月アクセス。

カルテル抑制へのインセンティブを高め，社会的に望ましい状況を作り出している。

● ポイント

11.1 逸脱からの利潤増が小さいほど，報復からの利潤減が大きいほど，報復が迅速に起きるほど，また将来利潤がより重要であるほど（例えば成長率が高いほど，あるいは割引率が低いほど），カルテルは持続しやすい。

11.2 競争企業間で共同決定，情報交換，意思の連絡などがなくても暗黙の協調が起き，高価格が持続することがある。こうした行動を不当な取引制限として独占禁止法で禁止することは難しい。

11.3 競争企業間での意思の連絡がなくても，第三者がこれらに影響力を行使してカルテルと同様行為をさせることがある。ハブ・アンド・スポーク型カルテルという。不当な取引制限にはあたらないが，他の条項により独占禁止法違反とされたことがある。

11.4 課徴金や罰金がカルテル抑制への十分なインセンティブを与えるためには，摘発確率が 100% 未満であることを考慮に入れて制度設計する必要がある。

11.5 カルテル参加企業の自主的な情報提供を促す課徴金減免制度は，囚人のジレンマの状況を作り出すことで，摘発確率を高めることに貢献している。

◎ 練習問題○───────────────────────

11.1 カルテルによる社会的影響として正しいのはどれか（複数回答可）。①消費者余剰が損なわれる。②生産者余剰が損なわれる。③社会的余剰が損なわれる。

11.2 カルテルが持続しやすい条件として正しいのはどれか（複数回答可）。①逸脱による利潤増が大きい。②逸脱への報復が直ちに起きる。③報復を受けることのダメージが大きい。

11.3 次のうち暗黙の協調が起きている可能性が最も高いのはどれか。①原材料価格が上がったため各社とも値上げした。②需要増で品不足となったため各社とも値上げした。③トップシェアの企業が値上げしたので他社も追随した。

11.4 課徴金減免制度が囚人のジレンマの状況をもたらしている結果として次のどれが起きているか。①各社とも他社を信頼して誰も自白しない（すなわち，カルテルしていても当局に情報提供しない）。②他社が先駆けて自白することをおそれて，各社とも自白する。③自白すると囚人になるので，誰も自白しない。

11.5 公正取引委員会の下記サイトからカルテル・談合（不当な取引制限）

228 第Ⅲ部 政策編

の事例を 1 つ選び，報道発表文や排除措置命令書を読んで，不当な取引制限（キーワード 11.3）の要件である「共同して … 決定」や「相互にその事業活動を拘束」がどのように認定されているか調べなさい（https://www.jftc.go.jp/houdou/pressrelease/index.html）。

【数学注】逸脱が起きないための条件——定理 11.1 の証明

現在価値と割引率の概念については付録で説明している。それを応用し，まず，逸脱しないときの利潤の現在価値を計算しよう。カルテルが続くかぎり毎期末に $\hat{\pi}_i$ の利潤が得られると予想されているなら，利子率を r として，利潤の現在価値は次式のとおりとなる。

$$\sum_{t=0}^{\infty} \frac{\hat{\pi}_i}{(1+r)^{t+1}} = \frac{\hat{\pi}_i}{r} \tag{11 補.1}$$

右辺は等比級数の公式（本書末尾の（付 3）式参照）による。

一方，逸脱すれば当初は $\overline{\pi}_i$ の利潤が得られる。ところが T 期後には報復され，利潤は $\underline{\pi}_i$ に低下する。よって利潤の現在価値は次式左辺で示され，ふたたび等比級数の公式により右辺のように書くことができる。

$$\sum_{t=0}^{T-1} \frac{\overline{\pi}_i}{(1+r)^{t+1}} + \sum_{t=T}^{\infty} \frac{\underline{\pi}_i}{(1+r)^{t+1}} = \left[1 - \left(\frac{1}{1+r}\right)^T\right] \frac{\overline{\pi}_i}{r} + \left(\frac{1}{1+r}\right)^T \frac{\underline{\pi}_i}{r} \tag{11 補.2}$$

これらの式を本文（11.1）式と比較すれば，以下の関係が得られる。

$$\alpha = \left[1 - \left(\frac{1}{1+r}\right)^T\right] \frac{1}{r} \tag{11 補.3}$$

$$\beta = \left(\frac{1}{1+r}\right)^T \frac{1}{r} \tag{11 補.4}$$

よって，

$$\alpha + \beta = \frac{1}{r} \tag{11 補.5}$$

であるから，（11 補.1）式の右辺は本文（11.1）式右辺と同じであることもわかる。

（11 補.1）式で示される値が（11 補.2）式の値を上回れば，企業は逸脱するインセンティブを持たないが，この条件は式を整理すれば以下のとおりである。

$$\left[1 - \left(\frac{1}{1+r}\right)^T\right] (\overline{\pi}_i - \hat{\pi}_i) < \left(\frac{1}{1+r}\right)^T (\hat{\pi}_i - \underline{\pi}_i) \tag{11 補.6}$$

これが本文（11.2）式であり，$\overline{\pi}_i - \hat{\pi}_i$ が小さいほど，$\hat{\pi}_i - \underline{\pi}_i$ が大きいほど，T

第 11 章 カルテル　　229

が小さいほど，そして r が小さいほど，この条件は満たされやすく，逸脱へのインセンティブが低い。また，本書末尾の付録（付6）式で示したように，利潤が成長すると予想されていれば，割引率 r が成長率の分だけ低くなるのと同効果であるから，利潤成長率が高いときにも上式の不等号は成立しやすい。よって定理11.1を得る。

| 第12章 |

企 業 結 合

なぜ企業は合併しようとするのか？

❖ はじめに

　カルテルとは，独立の企業間で合意することで独占と同様の状態を作り出すことであった。それが禁止されているのであれば，合併して1つの企業になってしまえばよいではないか，そう読者は思わないだろうか。

　この疑問は正しく，また誤りでもある。正しいのは，合併して独占になる，すなわちマーケットシェア100% になるなら，企業にとり有利であることである。ただし，こうした合併は競争を制限すると判断され禁止されるだろう。

　誤りでもあるというのは，合併によりシェア100% にならないなら，すなわち合併しない企業が残るなら，産業全体での利潤は増えても合併企業はむしろ利潤を減らす可能性があるからである。簡単な例として，当初4社あり，すべて費用条件などが同一であるとしよう。すなわち対称均衡となり，各社は25% のシェアを得る。このうち2社が合併すると合計3社となり，合併後に実現する対称均衡では各社シェアは33% になるはずである。よって合併会社のシェアは合併前には2社あわせて50% であったものが，合併により33% に減少する。このため，全社利潤合計は増えるとしても，合併会社の利潤額はその50% から33% になり，減ってしまう。

　それではなぜ企業は合併しようとするのだろうか。この問題を本章では考えていく。またその競争政策への含意についても考える。

　最初に用語を整理しておく。**合併**とは，複数会社が統合して1社になることである。A社がB社を吸収しB社は消滅する場合（吸収合併）も，C社を新設

231

しA社もB社もこれに吸収されて消滅する場合（新設合併）もある。A社がB社の全株式を取得するが子会社として存続させる場合には合併ではなく**買収**と呼ぶが，経済的効果は同じと考えられ，以下では区別しない。それではB社株式の100％取得ではないが50％超なら同じと考えてもよいのか，40％なら違うのかという問題は微妙である。このほか，事業譲受けも譲り受けられた事業を自社事業と統合する点では，合併と同効果である。このように，複数会社あるいは複数事業が結合する仕方は多様であり，一般には合併・買収（**M&A**）と総称し，公正取引委員会は**企業結合**と呼んでいる。本章では主として合併を念頭に置いて解説するが，本章12.5節では，競争会社間での少数の株式取得や株式持合，あるいは共通株主の存在が競争制限の効果を持つ場合があることも議論する。

合併には水平型，垂直型，混合型の3種がある。第10章で述べた方法により画定した市場を考え，同一市場内の企業間の合併であれば**水平型**という。垂直関係にある企業間，すなわち上流企業・下流企業間の合併であれば**垂直型**という。このいずれにも当たらないものを混合型という。**混合合併**の中心は事業多角化のための合併である。関係の薄い複数事業を営む会社を複合企業あるいはコングロマリット企業というため，混合合併を**コングロマリット型合併**ともいう。混合合併では，通常は，個々の市場における競争関係は変わらないので競争政策として問題になることはない。また，垂直合併についても，第8章8.4節で説明した市場閉鎖の問題を別とすれば，問題になることは少ない。

このため本章では水平合併に限定し，その経済効果や競争政策上の課題を説明する[1]。

12.1　合併の経済効果

寡占市場を考える。当初 n 社あったが，このうちの2社が合併したことにより企業数が $n-1$ 社に減少したという状況を考えよう。この変化が価格や生産量にどう影響するかは，第Ⅰ部で議論したように，企業の行動様式（生産量

---

[1] 企業組織という観点からは，なぜ垂直統合するのか，なぜ多角化するのか，なぜ合併する会社も分社化する会社もあるのかなど，インセンティブやリスク負担などに関わる多くの興味深い論点がある。これらについては，拙著『企業経済学 第2版』参照。

232　第Ⅲ部　政策編

決定か価格決定か），製品は同質的か差別化されているか，そして参入障壁があるかどうかにより異なる。参入障壁が存在しないのであればコンテスタブル市場となり，価格は平均費用に等しく，合併は影響しない。製品差別化があっても，参入障壁がないのであれば，参入企業が同一製品を同一条件で販売できるので，この点に変わりはない。

そこで，参入障壁が存在するケースを考えよう。また差別化がある場合については後に議論するとして，まず同質的な場合を考えよう。合併の効果は，数量決定型のクールノー・モデルか，価格決定型のベルトラン・モデルかにより異なる。ベルトラン・モデルであれば，定理 3.4 により，合併後に独占になるのでないかぎり（すなわち合併前企業数 $n \geqq 3$ であれば），合併前後でともに価格は限界費用に等しいから，合併の影響はない。ただし長期的に生産設備への投資がおこなわれる状況では，定理 3.5 により生産能力についてのクールノー均衡が成立する。

このため，同質財のクールノー均衡への合併の効果を考えるのが基本となる。そこで定理 3.2 での（3.6）式を再掲しよう。

$$\frac{p - \sum MC_i \cdot s_i}{p} = \frac{\text{HHI}}{\eta} \tag{12.1}$$

ただし MC_i は i 社の限界費用，s_i は i 社のマーケットシェアであるから，$\sum MC_i \times s_i$ は限界費用のシェアによる加重平均であり，左辺は産業レベルのプライス・コスト・マージン（PCM）と解釈できる。

合併はハーフィンダール指数（HHI）を増加させるから，PCM を増加させる。よって各社の限界費用が変わらなければ価格 p を上昇させる。需要曲線は変わらないから，産業生産量（＝消費量）は減少する。この結果，消費者余剰も社会的余剰も減少する。

利潤への影響

利潤への影響はどうか。産業レベルでの PCM が増加するのであれば，産業利潤率は上がりそうである。ただし生産量が減少するので，利潤額への影響は単純ではない。また合併企業は合併前の 2 社が 1 社になるので，利潤額が減少する可能性がある。このことを線形モデルの対称均衡で調べてみよう。すなわち，すべての企業の限界費用は等しく，合併によっても変わらない場合であ

る[2]。

n 社あるとき，均衡での各社利潤（π^n）は（10.1）式で示したように，

$$\pi^n = (p^n - c)q^n = \frac{bS^2}{(n+1)^2} \tag{12.2}$$

である。ただし，ふたたび，$S \equiv (a-c)/b$ である。

合併後の各社利潤（π^{n-1}）は，上式の n を $n-1$ で置き換えたものになる。また，合併前の合併 2 社の利潤合計は π^n の 2 倍である。よって，合併による利潤増は以下のとおりである。

$$\pi^{n-1} - 2\pi^n = \frac{bS^2}{n^2} - 2\frac{bS^2}{(n+1)^2} = \frac{bS^2[2-(n-1)^2]}{n^2(n+1)^2} \tag{12.3}$$

これは，$n=2$ のとき，すなわち合併により独占になるときはプラスであるが，$n \geqq 3$ であればマイナスである。つまり，合併により独占になるのでないかぎり，合併は合併会社の利潤を減少させる。以上をまとめれば以下のとおりである。

定理 12.1 **水平合併の効果**

合併により需要や費用条件が変わらず，製品差別化もなく，合併前後でクールノー均衡が成立するのであれば，合併は価格を上昇させ生産量を減少させるから消費者余剰も社会的余剰も減少させる。また線形モデルの対称均衡で考えれば，合併会社の利潤は合併により減少する。

この利潤変化についての結果を理解するには，第 6 章 6.5 節で述べた**顧客奪取効果**を考えるとよい。図 12.1 を見よう。四つ角に商店がある。提供している商品やサービスに差はない。このとき A が顧客を増やそうとしたとする。これにより増える顧客にはこの四つ角への新規の顧客もあるだろうが，多くは競争相手（B，C，D）から奪取する顧客である（図の矢印）。

次に A と B が合併したとする。すると，A が獲得する顧客の一部は今や社内にある B からの奪取である（B から A への矢印）。これら顧客については，合併会社全体としてはプラスとマイナスが相殺し販売増をもたらさない。いわ

---

2 クールノー・モデルを使ったより一般的な分析は，J. Farrell and C. Shapiro, ''Horizontal Mergers: An Equilibrium Analysis'' (*American Economic Review*, 80 (1), 1990, 107-126) を参照。

234　第 III 部　政策編

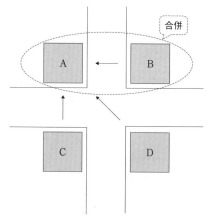

● 図 12.1 合併による顧客奪取効果の内部化

ば顧客奪取効果が内部化したことになる。このため，A が顧客奪取するインセンティブは弱まる。B も同様である。この結果，A・B 合併会社は徐々にマーケットシェアを失う。他の条件がまったく同じ対称均衡では，もともと A が 25%，B も 25% のシェアを持っていたものが，均衡では合併会社のシェアは A，B あわせて 33% に減少する。それに伴い利潤も減少する。

　こうした効果があるにもかかわらず，なぜ企業は合併しようとするのだろうか。その理由としてよくあげられるのは，合併がもたらす効率性向上である。次にこの影響を考えよう。

12.2　合併による効率性向上

　合併を計画する会社は，ほぼ例外なく，合併目的として合併により効率性を向上させ，費用を低下させることをあげる。例えば十八銀行とふくおかフィナンシャルグループ（FFG）との統合は，それによる競争制限のおそれを公正取引委員会が指摘したことで 2018 年 8 月に条件付きで統合を承認するまで約 2 年を要し，新聞紙上を賑わしたが，両行はその目的として「スケールメリットを活かした業務の効率化」や「両社の有する充実したネットワークを活用する

ことによって業務の効率性を向上させる」ことなどをあげた[3]。

こうした効率性向上はいくつかの理由で期待される。第1は，十八銀行・FFG がいうように，**規模の経済性**（スケールメリット）が働き合併による規模拡大が費用低下をもたらすことである。第2は，**シナジー効果**である。これは相乗効果と訳されるが，両社の持つ資源や能力の補完性を生かして結合することで生産性を高め，あるいは技術開発やマーケティングをより効果的にする効果である。第3は，**学習**である。合併相手のよりよい技術，販売方法，経営ノウハウなどを学習することによる効率性向上である。

重要なのは，価格に影響するのは限界費用だということである。固定費用の削減は純利潤（固定費用控除後利潤）を増やすが，価格には影響しない。しかも，サンクコストは回収できない費用なので削減できない。

そこで，限界費用を低減させるような効率性向上を考えよう。すると(12.1) 式での MC_i が合併企業について小さくなるので，プライス・コスト・マージン（PCM）が増加しても価格 p が低下する可能性がある。

ウィリアムソンの厚生トレードオフ

O. E. ウィリアムソンは，価格が上昇し消費者余剰が減少したとしても，限界費用低下がもたらす利潤増加により社会的余剰は増加する可能性があると主張した。これはウィリアムソンの**厚生トレードオフ**と呼ばれる[4]。図 12.2 は，合併前均衡（上付き添字 I）と合併後均衡（上付き添字 II）を比較している。

限界費用は合併前には c で一定であり，各社共通であるとして，合併後に $c - \Delta c$ に低下したが，価格は p^{I} から p^{II} に上昇したとしよう。合併前の消費者余剰は三角形 $AB^{\mathrm{I}}E^{\mathrm{I}}$，利潤は長方形 $B^{\mathrm{I}}C^{\mathrm{I}}ME^{\mathrm{I}}$ の面積であるから，両者をあわせた社会的余剰は $AC^{\mathrm{I}}ME^{\mathrm{I}}$ の面積に等しい。一方，合併後の消費者余剰は $AB^{\mathrm{II}}E^{\mathrm{II}}$，利潤は $B^{\mathrm{II}}C^{\mathrm{II}}KE^{\mathrm{II}}$ となり，社会的余剰は $AC^{\mathrm{II}}KE^{\mathrm{II}}$ となる。

これらを比べると，社会的余剰は合併により $E^{\mathrm{II}}HME^{\mathrm{I}}$（右上がり斜線部分）だけ失われ，$C^{\mathrm{I}}C^{\mathrm{II}}KH$（右下がり斜線部分）だけ増えたことがわかる。前者は

3　十八銀行，FFG「経営統合に関する基本合意について」（2016 年 2 月 26 日両行プレスリリース）。

4　O. E. Williamson, "Economies as an Antitrust Defense: The Welfare Tradeoffs" (*American Economic Review*, 58 (1), 1968, 18-36).

236　第III部　政策編

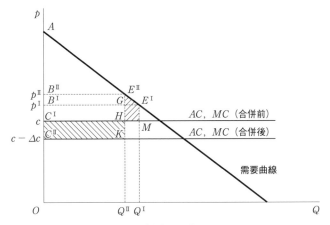

● 図 12.2　ウィリアムソンによる合併の厚生トレードオフ

生産量減少による厚生減，後者は費用削減による厚生増であり，これらのバランスにより，合併が社会的余剰を増加させるか減少させるかが決まることになる。これがウィリアムソンの厚生トレードオフである。価格上昇が小さいほど右上がり斜線部分は小さく，限界費用の低下が大きいほど右下がり斜線部分は大きいから，合併により社会的厚生が増加する可能性は高まる。

合併会社のみの効率性向上

ただしウィリアムソンの議論は，合併会社のみならず非合併会社も含めすべての企業の限界費用が Δc だけ低下することを前提としており，非現実的である。実際，もしそうだとすれば，合併会社は合併によって他社に対し優位に立てるわけではないから，合併へのインセンティブは低い。

そこで，合併会社の限界費用は合併により $c - \Delta c$ となるが，非合併会社の限界費用は c のまま変わらないものとしよう。前節に引き続き線形モデルにこの仮定を入れれば，合併後価格は次式で示される（$\Delta c = 0$ であれば前節と一致する）。なお分析の詳細は章末数学注に示し，本文では結果のみを示す。

$$p^{\mathrm{II}} = c + \frac{1}{n}(bS - \Delta c) \tag{12.4}$$

よって合併会社の費用低下（Δc）が大きいほど合併後の市場均衡価格は低い。しかし合併は定理 12.1 に示した価格上昇効果も生むから，両効果のバラ

● **表 12.1　合併による限界費用低下と価格，消費者余剰，利潤の変化**

ケース Δc の大きさ	1 $0 \leqq \Delta c < \overline{\Delta c}$	2 $\Delta c = \overline{\Delta c}$	3 $\overline{\Delta c} < \Delta c < p^{\mathrm{I}} - c$	4 $\Delta c = p^{\mathrm{I}} - c$	5 $p^{\mathrm{I}} - c < \Delta c$
価　　格	↑	↑	↑	―	↓
消費者余剰	↓	↓	↓	―	↑
合併会社利潤	↓	―	↑	↑	↑

（注）　―，↑，↓はそれぞれ合併後に当該変数が不変，上昇あるいは低下することを示す。c は合併前限界費用（および非合併会社の合併後限界費用），Δc は合併会社の合併による限界費用低下，p^{I} は合併前均衡価格を示す。

ンスを考慮する必要がある。そこで合併前後の価格変化を調べると，次式のとおりとなる。

$$p^{\mathrm{II}} - p^{\mathrm{I}} = \frac{1}{n}\left[(p^{\mathrm{I}} - c) - \Delta c\right] \tag{12.5}$$

$p^{\mathrm{I}} - c$ は合併前のマージン（より正確には限界マージン），すなわち価格と限界費用の差に等しいから，この式は，合併による費用低下が合併前マージンを上回るほど大きいときにのみ合併後価格は低下することを示している。例えば合併前マージンが限界費用に対し 10% であれば，価格が下がるためには，限界費用が 10% 以上低下しなければならない。

利潤は合併によりどう変わるか。この問題を考えるために，合併会社の利潤が合併によって変わらないような Δc の値を計算し，これを $\overline{\Delta c}$ とすると，これは合併前マージンである $p^{\mathrm{I}} - c$ より小さいことが章末の数学注で示されている。そこでこれらの結果をまとめたのが表 12.1 である。

表のケース 5 では (12.5) 式がマイナスとなり，合併後に価格は下がる。合併会社利潤は増加するため合併へのインセンティブもあり，消費者余剰も増加するので，合併は社会的に望ましい。

逆にケース 1 では価格が上昇するため，消費者余剰は減少する。ただし合併会社利潤も減少するので，合併会社が利潤最大化をめざすなら合併しようとしないはずである[5]。このケースは定理 12.1 で示した効率性向上がゼロである場合を含む。

5　合併が利潤あるいは株主利益の最大化より，経営者の成長追求や「帝国建設の夢」を求めてなされているからだとする意見もある。拙著『企業経済学 第 2 版』第 12 章参照。この場合にはケース 1 でも合併が起きる可能性がある。

競争政策上問題になりやすいのは中間的なケース 3 で，このときウィリアム
ソンの厚生トレードオフが起きる。合併会社の利潤は増加するが，価格は上昇
し，消費者余剰は減少する。よって，消費者余剰基準に立てば禁止すべきであ
る。Δc が小さいなら，消費者余剰の減少は大きく合併会社の利潤増は小さい
ので，消費者余剰と全社の利潤をあわせた社会的余剰も減少するようになる。
この場合には，社会的余剰基準からも禁止すべきことになる。
　まとめれば次の定理となる。

定理 12.2 **合併による効率性向上の効果**

合併により合併会社の限界費用が低下するとき，低下が十分に大きければ均衡
価格も低下し，消費者余剰も利潤も増加することがある。しかし低下が十分で
ないと，合併会社利潤が増加することにより合併インセンティブがある一方で，
価格は上昇し消費者余剰や社会的余剰が減少することがある。

　よって，合併が効率性を向上させるとしても，直ちに合併が社会的に望まし
いと結論できるわけではない。しかも，合併会社が合併前に合併により効率性
が向上すると主張していても，合併後に実際に効率性が上がるとは限らない。
経営者は合併効果を楽観的に予測しがちだからである。実際，合併の効果を合
併会社の利潤や株価の変化で測り，非合併会社と比較した分析を見ると，合併
会社の成果が合併後に相対的に上昇した事例が多いとはいえない[6]。それだけ
に，合併による効率性向上については慎重な審査が求められる。

12.3　合併がもたらす協調的行動

　これまで，合併の前でも後でもクールノー均衡が成立するものとしてきた。
しかし合併前にはクールノー・モデルが想定する行動がとられていても，合併
後にはそうではないかもしれない。例えばシェアで突出する企業が生まれれ
ば，他の企業はその企業に追随するようになり，第 3 章 3.5 節のプライスリー
ダーシップ・モデルあるいはシュタッケルベルグ・モデルが想定するような行

6　これについても拙著『企業経済学 第 2 版』第 12 章参照。また「企業結合の事後評価——経済
　分析の競争政策への活用」（公正取引委員会競争政策研究センター共同研究報告書，CR 04-11，
　2011 年）も参照。

動を各社が取り始めるかもしれない。前章のコラム 11.1 の壁紙カルテル事件ではサンゲツがリーダー役を果たしたことを紹介したが，こうしたリーダー企業が合併により生まれれば，他社がリーダーに追随する行動を取り始める可能性が高まる。

　競争企業間で明示的な**共謀**はなくても，暗黙の**協調**が成立する可能性があることは第 11 章 11.3 節で述べたとおりである。共謀や協調が持続しやすい条件は定理 11.1 にあるとおりだが，合併によりこれら条件のいくつかは成立しやすくなる。企業数が減少し，あるいはリーダー的企業が生まれることによって合意形成が容易になるほか，各社の行動についての情報が伝わりやすくなって，逸脱への報復が迅速におこなわれるようになるからである。またリーダー企業が逸脱企業に対して厳しい措置をとり，他の競争相手もそれに追随すれば，逸脱企業は存続できなくなることもありえよう。このため合併が逸脱を不利にし，共謀や協調を容易にする市場構造をもたらし，価格の上昇と消費者余剰の損失を生むおそれがある。

　公正取引委員会もこうした懸念から，合併のもたらす影響として，前節まで議論した各社の「単独行動」による変化とともに，「協調的行動」をとることによる影響も審査している。すなわち，「水平型企業結合によって競争単位の数が減少することに加え，当該一定の取引分野の集中度等の市場構造，商品の特性，取引慣行等から，各事業者が互いの行動を高い確度で予測することができるようになり，協調的な行動をとることが利益となる場合がある。」[7]。このため，これら条件についても審査が必要となる場合がある。実際に，公正取引委員会が単独行動よりも協調的行動の可能性を懸念した事例をコラム 12.1 にあげる。経済学におけるカルテル理論が現実の合併規制に生かされていることが，引用文からわかるであろう。

コラム 12.1　出光・昭和シェル統合と JX・東燃ゼネラル統合（再）

　この統合については，第 4 章のコラム 4.1 で輸入の可能性との関係で紹介したが，統合後にはガソリン元売市場における 2 社集中度は約 80% に達する。それにもかかわらず，公正取引委員会が「単独行動によって，ガソリン元売業に関する一定の取引分野における競争を実質的に制限することとはならないと考えられる」

7　公正取引委員会「企業結合審査に関する独占禁止法の運用指針」，引用は第 4，1 (2)。

240　第 III 部　政策編

（傍点筆者）としたのは，ガソリン需要の減少により設備稼働率が低下していたため，当事会社が価格維持のため供給を削減しようとしても競争事業者が供給を増やそうとすることが期待されたからである。

その一方で「協調的行動」により競争が制限されることが危惧された。公正取引委員会は次のようにいう。

「本件両統合により，①競争事業者の数が減少すること，②同質的な商品であり，販売条件について競争する余地が少ないこと，③コスト構造が類似すること，④業界紙による通知価格の掲載等により，各石油元売会社は適時に他社の通知価格の変動状況等に係る情報を入手できることから，互いの行動を高い確度で予測できるようになると考えられる事情が認められる。また，ヒアリング等によれば，競争事業者及び需要者においても，競争が緩和され収益改善が図られることが望ましいという共通認識を持っていたことからすると，協調的な行動に関する共通認識に到達することが容易であると考えられる。

また，上記①及び④からすると，協調的行動からの逸脱監視が容易と考えられる。

さらに，出光統合当事会社及び JX 統合当事会社はいずれも十分な供給余力を有しており，報復行為を容易に行うことができると考えられる。」

このため，

「出光統合当事会社及び JX 統合当事会社が，自社以外の競争事業者との協調的行動によって，ガソリン元売業に関する一定の取引分野における競争を実質的に制限することとなると考えられる。」（傍点筆者）。

そのうえで，第 4 章のコラム 4.1 で引用した問題解消措置がとられることで，「協調的行動に対する十分な牽制力となり得る輸入促進効果が認められると考えられる。」と結論したのである。

（参考）　公正取引委員会「平成 28 年度における主要な企業結合事例について」。

12.4　差別化市場における価格上昇圧力

公正取引委員会による合併審査は，第 10 章 10.1 節で説明した**市場画定**から始まる。キーワード 10.1 で示したように，**仮想的独占テスト**あるいは**スニップ・テスト**を用いて画定することが望ましいが，需要の交叉弾力性が得られない場合には厳密なテストが難しく，商品の用途や消費者の認識などを考慮して

第 12 章　企業結合　241

画定することが多い。例えば，第4章のコラム4.1および本章のコラム12.1
の事例で，市場を石油全般でなくガソリン，軽油などに分けて画定したのは，
主な用途が異なり，また使用機器により限定されるからである。

　市場が画定されれば，その市場での各社シェアおよびハーフィンダール指数
（HHI）を計算する。合併後もHHIが十分に小さいなら協調も起きにくく，ま
た合併によるHHIの増加も十分に小さいなら（12.1）式により価格上昇も小
さいことから，これらの条件が満たされればほぼ自動的に合併は容認される。
このHHIおよびその増分に関する基準を**セーフハーバー基準**，すなわち安全
港基準と呼び，合併を計画する企業への指針とするため公表されている[8]。こ
の基準が満たされないときには，シェアや集中度以外にも輸入，参入，供給余
力，代替品の存在など多面的に検討される。

　こうした審査プロセスは，商品が同質的な場合には比較的容易である。JX
のガソリンと出光のガソリンは多くのドライバーが同質と見なしていると思わ
れるから，市場画定は容易であり，それに基づいたシェアの計算についても争
われていない。

　これに対し，製品が差別化されている場合には市場画定が難しく，それによ
って適用されるセーフハーバー基準の妥当性も限定的となる場合がある。そこ
で，この場合には次のような分析が提案されている[9]。

転 換 率

　ふたたび図12.1を見よう。そして4つの商店が差別化されているとしよう。
実際，小売業の場合には地理的な意味で必ず差別化されている。例えば図の左
上に住んでいる消費者にとっては，交差点を渡る必要がないだけAが便利で

8　公正取引委員会ガイドラインは，「企業結合後の当事会社グループが次の①～③のいずれか
　に該当する場合には，水平型企業結合が一定の取引分野における競争を実質的に制限するこ
　ととなるとは通常考えられず」としている。① HHI < 1500。② 1500 < HHI ≦ 2500，かつ
　ΔHHI ≦ 250。③ HHI ≧ 2500，かつ ΔHHI ≦ 150。ただし HHI は % 表示，ΔHHI は合併によ
　る HHI の増分。

9　これは J. ファレルと C. シャピロによって提案されたもので，米国当局の水平合併ガイ
　ドラインにも採用されている。J. Farrell and C. Shapiro, ''Antitrust Evaluation of
　Horizontal Mergers: An Economic Alternative to Market Definition'' (*The B. E.
　Journal of Theoretical Economics*, 10 (1), 2010, Article 9. 以下でも入手可能。
　https://papers.ssrn.com/sol3/papers.cfm?abstract_id=1313782, 2019 年 6 月アクセス).

242　第 III 部　政 策 編

ある。よってCの方が安くてもAで買ってしまうかもしれない。また，店の品揃えや店員サービスなどでも差別化されているだろう。

　差別化されていれば，Aが値上げしたとしてもAで買い続ける消費者がいる。また，好みや居住地に応じ，購入先をBに転換する顧客もCやDに転換する顧客もいる。さらには購入を止めてしまう顧客もいる。このうちBでの購入に切り替える顧客の比率をAからBへの**転換率**（diversion ratio）と呼ぶ。D_{AB} と記す。

キーワード12.1 **転換率**

Aの値上げなどにより減少した需要量のうち，Bの購入に切り替わる需要量の比率をAからBへの転換率という。

　B以外へ転換する顧客も，購入を止めてしまう顧客もいるから，転換率は1未満である。12.1節での表現を使えば，AからBへの転換はBによるAからの顧客奪取である。数学的には，転換率は，微小なAの需要減により起きる転換の程度を表す限界の概念である。

　ふたたびAとBとが合併するとしよう。ただし，前節までとは異なり両社は差別化された製品（商店の例では販売サービス）を販売しているから，合併後もブランドAとブランドBが残り，Aの価格（p_A）を上げてもBの価格（p_B）を上げる必要はない。このため，同質財であればA，Bとも値上がりになるのでAからBへの転換はないが，差別化されているため，Aのみ値上げすれば，相対的に安くなったBへ転換する顧客が存在する。この比率を示すのが D_{AB} である。そして重要なのは，A，Bが合併したときAからBへ転換した需要は合併会社内に留まることである。

利潤への影響

　この結果，ブランドAの値上げによりAの販売量を1単位減らしたことの合併会社利潤への影響は，次の2つの効果の合計である。

　(a)　Aの価格と販売量が変わることからの利潤への効果

　(b)　Bへの転換によりBの販売量が変わることからの利潤への効果

(a) は販売量を1単位減らしたときの収入の変化から費用の変化を引いたものなので，限界収入から限界費用を引いたものにほかならない。合併前のA社

が利潤を最大化していたとするかぎり，利潤最大化条件（定理1.1）によりこれはゼロである。

そこで（b）のみを考えればよい。これは，Bへの転換率にBの限界マージン，すなわち価格と限界費用（MC）の差を乗じたものに等しい。これを **UPP** と呼ぼう。AからBへの転換によるものなので，下付き添字でこのことを示して，

$$UPP_{AB} = D_{AB}(p_B - MC_B) \tag{12.6}$$

さらにUPPをAの価格で除した比率を **GUPPI**（グッピと読む）と呼ぶ。すなわち，

$$GUPPI_{AB} = D_{AB}\frac{p_B - MC_B}{p_A} = D_{AB}\frac{p_B}{p_A}\frac{p_B - MC_B}{p_B} \tag{12.7}$$

UPP や $GUPPI$ がプラスであれば，Aの値上げは（b）の効果を通じ合併会社利潤を増加させる。このため**価格上昇圧力**（upward pricing pressure）が強い。このために UPP，また比率化して GUPPI（gross upward pricing pressure index）と呼ぶのである[10]。GUPPIを構成する最後の比率はB社の限界マージンをその価格で割った比率で，限界マージン率とも呼ばれるが，B社のプライス・コスト・マージン（PCM）（キーワード2.7）にほかならない。よって次の定理を得る。

定理12.3 **差別化された市場での価格上昇圧力**

差別化された市場における合併では，合併前の両ブランド間でのGUPPIが高いほど，合併後に少なくともいずれかのブランドについて価格上昇が起きる可能性が高い。ただしAからBへのGUPPIとは，AからBへの転換率にBとAの価格比率，およびBのプライス・コスト・マージン（PCM）を乗じたものとして定義される。BからAへのGUPPIも同様である。

GUPPI を用いた合併審査

GUPPIがプラスとなる合併は合併後に価格上昇が予想されるので，禁止さ

---

10 gross（粗）という形容詞がついているのは，このあとで述べる効率性向上効果を考慮する前だからである。

244 第Ⅲ部 政策編

れる必要がある。ただし合併により効率性が向上し，Ａの限界費用が低下すると予想されているのであれば，限界収入がこの低い限界費用に等しくなるまでＡの価格を下げ販売量を増やすのがＡの利潤最大化条件であるから，価格下落圧力が生じ，合併後に値上げが起きるかどうかは，これと GUPPI による価格上昇圧力とのバランスによる。すなわち，効率性向上効果があれば，GUPPI がプラスであるからといって必ず値上げが起きるわけではない。

GUPPI を使った合併審査では，市場画定をする必要がなく，合併企業間の転換率を推定して GUPPI を計算すればよいので，合併審査を容易にする。とはいえ，ＡからＢへの転換率は，Ａの価格が 1% 上がったときにＢの需要量が何 % 増えるかという AB 間の需要の交叉弾力性（キーワード 1.4）と類似しており，また需要の交叉弾力性がわかれば仮想的独占テストは容易になるから，作業としては，市場画定するか GUPPI を用いるかの間で共通性が高い。

実際，公正取引委員会は，第 10 章のコラム 10.1（2）ですでに取り上げたファミリーマートとサークルＫサンクスという 2 つのコンビニ・チェーンの合併に際し，店舗での顧客への質問票調査により転換率を推計し，GUPPI を計算して，各店舗から半径 500 m 内に合併チェーン以外のコンビニ店がなくなるとき，隣接圏内（半径 500 m〜1 km）に競合コンビニ・チェーン店がある場合に比較して，ない場合に GUPPI が大きいことから，詳細な審査をおこなう対象として後者のケースに集中したことがある。つまり，GUPPI 分析で直ちに合併の効果を判断するのではなく，市場画定を補足する目的で利用した事例である。

12.5　少数株主，株式持合と共通株主

これまでＡ社とＢ社が合併するとして説明してきた。すなわちＡによるＢの吸収合併であれば，ＡがＢの株式を 100% 承継し，完全な支配権を得る。しかし本章冒頭に記したように，一般に M&A と呼ばれ，公正取引委員会が企業結合と呼ぶのは合併に限らない。実際，公正取引委員会に 2018 年度に届出があった水平結合 179 件のうち合併は 10 件しかなく，**株式取得**が 135 件と

75％ に達する[11]。株式取得については，株式保有比率が 20％ を超えるとき，または 50％ を超えるときに届出義務が発生する。50％ を超えれば完全支配できるとするなら，その効果としては合併の効果と同様に考えてよいであろう。しかし，50％ 未満の株式取得も多く，その場合の競争への効果については必ずしも合併の効果と同じではない可能性がある。

　このことを考えるため，次の 3 タイプの株式保有を考えよう。

キーワード 12.2 少数株主，株式持合，共通株主

少数株主：A 社が B 社の株式を所有するが，B 社の経営支配権を獲得するわけではない場合，A 社は B 社の少数株主であるという。

株式持合：A 社が B 社の少数株主であると同時に，B 社もまた A 社の少数株主である場合，両社間で株式持合があるという。

共通株主：A 社，B 社と競争関係にない投資家 Z（複数の場合も含む）が A，B 両社の少数株主である場合，Z は A 社，B 社の共通株主であるという。

　これらの区別は，図 12.3 に示すとおりである。(1)では，A が B の株式のうち β の比率（以下，持株比率という）の株式を保有する。(2)では，それと同時に，B が A の株式のうち α の比率の株式を保有する。(3)では，Z が A の株式のうち比率 α を，B の株式のうち比率 β を保有する。

　以下では，いずれの場合も，株式保有は経営支配権を伴わないものとする。また各社経営者は自社総収益（自社事業の利益に保有株式からの収益を加えたもの）を最大化するものとする。ただし，共通株主の場合には，株主の利益を考慮する場合も考察する[12]。

　A と B は同一市場において競争関係にある。これに対し Z は競争関係にない。機関投資家や金融機関，あるいは他産業事業会社などである。前節同様に差別化された市場を考え，価格上昇圧力（UPP）が株式保有により生じるかを

11　残る 34 件は多い順に事業譲受け，吸収分割，共同株式移転である。公正取引委員会「平成 30 年度における企業結合関係届出の状況」。企業結合の公正取引委員会への届出義務は国内売上高が一定以上の場合に生じる。

12　株式保有からの収益と経営支配権とが同一ではないことについては，次の論文参照。以下での価格上昇圧力に関する議論でも同論文を参考にした。D. P. O'Brien and S. C. Salop, "Competitive Effects of Partial Ownership: Financial Interest and Corporate Control" (*Antitrust Law Journal*, 67, 2000, 559-614).

246　第 III 部　政策編

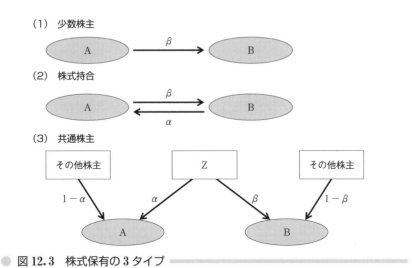

● 図 12.3 株式保有の 3 タイプ

分析しよう。以下では，各社総収益 (V_A, V_B) はすべて配当として持株比率に応じて株主に分配されるものとする[13]。

少数株主と株式持合の価格上昇圧力

最初に少数株主のケースを考える。A 社の総収益は

$$V_A = \pi_A + \beta V_B = \pi_A + \beta \pi_B \tag{12.8}$$

である。このもとで，前節同様に，A 社が価格 p_A を上げ，ブランド A の販売量が 1 単位減少したときの影響を考える。前節「利潤への影響」の項で述べた (a) (b) の 2 つの効果がここでも発生するが，前節同様に (a) の効果はゼロと見なしてよいのに対し，(b) については (12.6) 式で示した UPP の効果がある。この効果は，合併の場合にはフルに合併会社利潤に影響したが，少数株主の場合には比率 β にあたる部分が A 社の配当収入として A 社総収益へ影響する。すなわち，A 社総収益への影響を ΔV_A と記せば，

---

[13] 会社収益の分配には配当以外にも利子支払いや社内留保があるが，こうした分配比率の決定（配当政策）は企業価値（株価総額と負債総額の和）に影響しないため，株主にとって無差別であることがモジリアニ＝ミラー定理として知られている。よってすべて配当されると単純化してかまわない。拙著『企業経済学 第 2 版』第 3 章参照。

$$\Delta V_A = \beta \times UPP_{AB} \tag{12.9}$$

である。よって，定理 12.3 と同様に，$GUPPI_{AB}$ がプラスのとき，少数株主であっても，価格上昇圧力が生じる。ただし合併のときには $\beta = 1$ と同じであるから，それに比べれば，$\beta < 1$ であるだけ価格上昇圧力は弱い。

次に株式持合であればどうか。このとき B にも配当収入があるから，

$$V_A = \pi_A + \beta V_B = \pi_A + \beta(\pi_B + \alpha V_A) \tag{12.10}$$

となり，整理して，

$$V_A = \frac{\pi_A + \beta \pi_B}{1 - \alpha \beta} \tag{12.11}$$

である。ふたたび π_B を通じた効果である（b）のみ考慮すればよいから，次式を得る。

$$\Delta V_A = \frac{\beta}{1 - \alpha \beta} \times UPP_{AB} \tag{12.12}$$

これを（12.9）式と比較すると，$\beta < \beta/(1 - \alpha \beta)$ であるから，一方向の少数株主より，株式持合の場合の方が ΔV_A が大きく，よって価格上昇圧力は強いことになる。例えば，$\alpha = \beta = 0.4$，すなわち A 社も B 社もそれぞれ相手株式の 40% を持ち合うとすれば，$\beta/(1 - \alpha \beta) = 0.4/(1 - 0.4 \times 0.4) \approx 0.48$ であり，少数株主の場合の $\beta = 0.4$ より大きくなる。

上式は A 社について見たが，株式持合の場合には，B 社についても同様の考慮が働く。すなわち（12.12）式と対称的に，

$$\Delta V_B = \frac{\alpha}{1 - \alpha \beta} \times UPP_{BA} \tag{12.13}$$

である。よって，A 社のみならず，B 社にも価格上昇圧力が働く。この意味でも株式持合は少数株主の場合以上に価格上昇圧力を生みやすい。これはもちろん合併の場合も同様である。ただし α も β も 0.5 未満であれば $\beta/(1 - \alpha \beta) < 1$ であるから，合併に比べれば価格上昇圧力は弱い。まとめれば次の定理となる。

> **定理 12.4** 少数株主および株式持合のもとでの価格上昇圧力
>
> GUPPI がプラスであれば，少数株主および株式持合のもとでも価格上昇圧力が生まれる。これらの間では株式持合のときに価格上昇圧力はより強い。ただし合併の場合よりは弱い。

共通株主を通じた価格上昇圧力

最後に共通株主のケースを考えよう。この場合は A，B 両社は株式保有していないので，$V_A = \pi_A$，$V_B = \pi_B$ である。よって各社が自社総収益（＝利潤）を最大化するのであれば，通常の各社の利潤最大化と変わらず，共通株主が存在するからといって価格上昇圧力が生まれるわけではない。しかし，経営者が株主収益を最大化すると考えるのであれば，価格上昇圧力が生まれる。

A 社には 2 タイプの株主がいる。B の株式も保有する株主（図 12.3 (3) の Z）とそれ以外である。Z の総収益は $V_Z = \alpha \pi_A + \beta \pi_B$ であるのに対し，それ以外の A の株主（下付き添字 $-Z$ で示す）の総収益は $V_{-Z} = (1-\alpha)\pi_A$ である。いずれかの株主が決定権を持っているわけではないとすれば，株主利益を最大化しようとする経営者は，V_Z と V_{-Z} の何らかのウェイト付きの加重平均を最大化しようとするであろう。ここではこのウェイトの議論にまで踏み込まないが，重要なのは，価格上昇圧力が共通株主を通して生まれることである。ふたたび，A が値上げにより 1 単位の販売量を減らすとすれば，B への需要の転換を通じて π_B を上昇させ，$\beta \pi_B$ だけ V_Z を上昇させる。すなわち A の株主でもある Z の総収益を増加させる。このため，この効果を考慮する経営者は価格上昇圧力を持つことになる。Z 以外の株主にはこの効果は存在しない。この結果，価格上昇は株主 Z を喜ばせ，その他株主には無差別であるとすれば，経営者には価格上昇圧力が生まれるだろう。

> **定理 12.5** 共通株主の存在がもたらす価格上昇圧力
>
> 共通株主の総収益を含めた全株主の収益を高めることを考えて経営者が意思決定するとき，GUPPI がプラスであれば，価格上昇圧力が働く。

このように，個々の株式保有比率自体は過半数に満たないものであっても，一方向の少数株主であれ，双方向の株式持合であれ，また共通株主の存在であれ，GUPPI がプラスであれば価格上昇圧力が生まれる。ただし，合併の場合

第 12 章　企 業 結 合　　249

と同様に，こうした株式保有が例えば何らかの業務提携を伴うことにより効率性向上を生むのであれば，それとのバランスを考えなければならない。

共通株主についての事例と実証分析

　最後に，こうした株式保有に伴う競争上の問題を実感するために，米・日それぞれの事例を簡単に紹介しよう。

　表 12.2 は米国における 4 大航空会社の主要株主を示す。ここでは年金積立金の運用などを受託する機関投資家のうち代表的な 5 機関の持株状況を示している。これらは 4 大航空会社いずれにおいても 10 大株主に含まれ，あわせて30% 前後の株式を保有する。なかでもバークシャー・ハサウェイ（Berkshire Hathaway）は 2 社について最大株主，他でも第 2 位，第 3 位である。さらに株主を増やせば，例えばアメリカン航空の 7 大株主をあわせて 49.55% の持株比率となり，しかもこれら 7 株主はすべてサウスウエスト航空の 10 大株主に含まれるなど，航空会社間の共通株主の存在は大きい。

　J. アザーらは表に示した論文で，米国の 2001～14 年の四半期別および路線別の航空料金のパネルデータを用い，共通株主の存在を考慮した修正ハーフィンダール指数（MHHI）を計算して，これが航空料金と正の相関を持つことを実証した[14]。これにより，株主がすべて独立であった場合に比べ，チケット価格は 3～7% 上昇したと彼らは結論した。

　次に日本の例である。2016 年度の石油業界における 2 件の同時統合についてはコラム 4.1 およびコラム 12.1 で紹介したが，今度はガソリン市場ではなく LP ガス市場についての審査結果を紹介しよう。統合の当事者である 4 社は自らは LP ガス元売業を営んでいないが，いくつかの LP ガス元売業者に出資していた。この関係が図 12.4 に示されている（下段が LP ガス元売業者）。統合により，統合後の第 1 位，第 2 位企業である JX 統合当事会社と出光統合当事会社がともにジクシスの株主になるほか，EG とジクシス，ジクシスと AE 間に共通株主が生まれることになる。これにより統合が価格上昇圧力を生むこと

14　同質的寡占のクールノー・モデルにおける均衡条件より（12.1）式としてプライス・コスト・マージン（PCM）とハーフィンダール指数（HHI）の関係を得たが，共通株主の存在を考慮して均衡条件を解くと，HHI に共通株主の持株比率や経営支配権を反映させた指標（MHHI と呼ぶ）と PCM との間で同様の関係を得る。

● 表 12.2　米国 4 大航空会社主要株主の順位と持株比率（％）（2016 年）

株主名	デルタ 順位	デルタ 持株比率	サウスウエスト 順位	サウスウエスト 持株比率	アメリカン 順位	アメリカン 持株比率	ユナイテッド・コンチネルタル 順位	ユナイテッド・コンチネルタル 持株比率
Berkshire Hathaway	1	8.25	2	7.02	3	7.75	1	9.2
BlackRock	2	6.84	4	5.96	5	5.82	2	7.11
Vanguard	3	6.31	3	6.21	4	6.02	3	6.88
State Street Global Advisors	4	4.28	6	3.76	6	3.71	6	3.45
PRIMECAP	7	2.85	1	11.78	2	8.97	4	6.27
5 株主計		28.53		34.73		32.27		32.91

（出所）　J. Azar, M. C. Schmaltz, and I. Tecu, "Anticompetitive Effects of Common Ownership"（*Journal of Finance*, 73（4）, 2018, 1513-1565）Table 1 をもとに筆者作成。

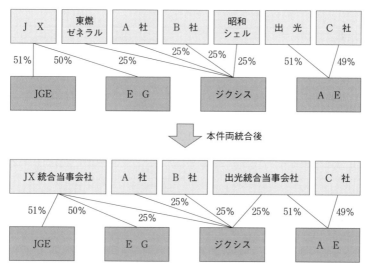

（注）　JX 統合当事会社は JX ホールディングス（株）による東燃ゼネラル石油（株）の株式取得により誕生する会社，出光統合当事会社は出光興産（株）による昭和シェル石油（株）の株式取得により誕生する会社をいう。
（出所）　公正取引委員会「平成 28 年度における主要な企業結合事例について」16 ページ。

● 図 12.4　出光・昭和シェルおよび JX・東燃ゼネラル統合による LP ガス元売業者に対する出資関係の変化

が懸念された。
　実際，公正取引委員会がアザーらの分析方法も応用しながらシミュレーショ

第 12 章　企業結合　　251

ン分析したところ，「シミュレーションによって計算された価格変化率は，LP
ガス元売業者ごとにまちまちであり，各種条件の設定値等にも左右されるが，
価格変化率が最大となる LP ガス元売業者については，2% 程度ないし 6% 程
度価格が上昇するという結果となった。」（図 12.4 の出所と同じ，19 ページ）。こ
のことを当事会社に指摘したところ，持株比率の引下げや役員派遣の限定，ま
た情報遮断措置の実施などを中心とする問題解消措置を当事会社が提案したた
め，コラム 4.1 で述べた問題解消措置などとあわせ，これらを条件として統合
が容認されている。

　M&A すなわち企業結合に関する産業組織論および競争政策上の課題として
は，合併や支配権を含む買収が中心になることはもちろんであるが，少数株主
であっても，特に持ち合いや共通株主が存在すれば注意深い検討が必要なこと
がこれらの事例からよくわかるだろう。

● ポイント

12.1 同質財クールノー・モデルによれば，合併は価格を上昇させ，社会的厚生
の損失を増やす。合併会社自身の利潤は減少する。

12.2 しかし合併が効率性向上により限界費用の低下をもたらすのであれば，価
格が低下し消費者余剰が増加する場合がある。

12.3 合併は企業間の協調的行動を生むことにより，価格を上昇させることがあ
る。

12.4 製品差別化のある合併企業間の転換率に価格比率とプライス・コスト・マ
ージンを乗じた比率を GUPPI と呼び，これがプラスであれば合併は価格上
昇圧力を生む。

12.5 合併でなくても，競争企業間で株式所有関係が生まれたり，共通株主が存
在したりすれば，価格上昇圧力が生まれる。

◎ 練習問題

12.1 合併が価格に与える影響が大きいと予想されるのは次のどの場合か。①輸
入が多い産業での国内企業同士の合併。②マーケットシェアの大きい企業同
士の合併。③異なる産業の企業間の合併。

12.2 合併による効率性の向上が期待されているとき，クールノー・モデルによ
れば次のどれが正しいか。①価格は必ず低下するから望ましい。②合併企業
の利潤が増加するほど効率性が向上するのであれば，価格は必ず低下する。
③合併企業の利潤が増加し，価格も上昇する場合がある。

252　第Ⅲ部　政策編

12.3 製品が差別化されている市場での合併の効果として正しいのはどれか。①合併する両社の製品間に競争があるため，合併が競争を制限することはない。②両社のどちらかの製品を値上げすると，合併相手の製品への需要を減らす効果があるから，値上げのインセンティブはない。③両社のどちらかの製品を値上げすると，合併相手の製品への需要を増やす効果があるから，値上げのインセンティブが起きる。

12.4 GUPPI を計算するために必要な情報は次のどれか（複数回答可）。①合併する企業のマーケットシェア，②合併企業製品間の転換率，②合併企業のプライス・コスト・マージン。

12.5 表 12.2 は米国航空産業で機関投資家が主要な共通株主である実態を示しているが，同様の実態は日本でも，また他産業でも広がっている。たとえば日本航空と ANA（全日本空輸などを子会社とする持株会社）の最大株主はともに日本マスタートラスト信託銀行であり，また 10 大株主のうち 8〜9 株主が機関投資家で（同一投資家の異なる信託口を別個に数える），重複している。読者も関心のある産業の主要企業について共通株主が存在するか，実態を調べなさい。なお各社の「大株主の状況」については有価証券報告書参照（金融庁サイト EDINET よりダウンロード可能）。

【数学注】合併による効率性向上の影響——定理 12.2 と表 12.1 の導出

線形のクールノー・モデルで，合併前は全企業が限界費用 c で等しいが，合併後には，合併会社（合併前の企業 1 および 2 が合併して企業 1 となる）の限界費用のみ Δc だけ低減して $c - \Delta c$ となり，非合併会社（$i = 3, \cdots, n$）の限界費用は c のままである場合を考える。このとき，合併後の各社の反応関数は（3.8）式を応用して，次のとおりである。

$$q_1 = \frac{1}{2}\left[\frac{a - (c - \Delta c)}{b} - Q_{-1}\right], \quad \text{ただし} \quad Q_{-1} = \sum_{i=3}^{n} q_i$$

$$q_i = \frac{1}{2}\left(\frac{a - c}{b} - Q_{-i}\right) \equiv \frac{1}{2}(S - Q_{-i})$$

$$\text{ただし} \quad Q_{-i} = q_1 + \sum_{\substack{j=3 \\ j \neq i}}^{n} q_j, \quad i = 3, \cdots, n$$

非合併会社間では対称的なので，$Q_{-1} = (n-2)q_i$，$Q_{-i} = q_1 + (n-3)q_i$ となる。このことを利用し，上式を連立させて解けば，クールノー均衡生産量（上付き添字の I，II はそれぞれ合併前，合併後の均衡値を示す）として次式を得る。

$$q_1^{\mathrm{II}} = \frac{1}{n}\left[S + (n-1)\frac{\Delta c}{b}\right]$$

第 12 章　企業結合　253

$$q_i^{\mathrm{II}} = \frac{1}{n}\left[S - \frac{\Delta c}{b}\right], \quad i = 3, \cdots, n$$

$$Q^{\mathrm{II}} = q_1^{\mathrm{II}} + (n-2)q_i^{\mathrm{II}} = \frac{1}{n}\left[(n-1)S + \frac{\Delta c}{b}\right]$$

$$p^{\mathrm{II}} = a - bQ^{\mathrm{II}} = c + \frac{1}{n}(bS - \Delta c)$$

これが本文（12.4）式である。よって合併による価格の変化は，この式と合併前均衡価格を示す（3.11）式の差をとれば，次式となる。

$$
\begin{aligned}
p^{\mathrm{II}} - p^{\mathrm{I}} &= \frac{1}{n}(bS - \Delta c) - \frac{1}{n+1}bS \\
&= \frac{1}{n}\left[\frac{bS}{n+1} - \Delta c\right] \\
&= \frac{1}{n}\left[(p^{\mathrm{I}} - c) - \Delta c\right]
\end{aligned}
$$

これが本文（12.5）式である。なお最後の等号は（3.11）式による。

　これらの式を利用すれば，合併後の合併会社の利潤は以下のとおりである。

$$\pi_1^{\mathrm{II}} = \left[p^{\mathrm{II}} - (c - \Delta c)\right]q_1^{\mathrm{II}} = \frac{[bS + (n-1)\Delta c]^2}{bn^2}$$

合併前の各社の利潤は（12.2）式で示されているから，合併による合併会社の利潤増は次のように計算される。

$$
\begin{aligned}
\pi_1^{\mathrm{II}} - 2\pi_1^{\mathrm{I}} &= \frac{[bS + (n-1)\Delta c]^2}{bn^2} - \frac{2(bS)^2}{b(n+1)^2} \\
&= \frac{2(bS)^2}{b(n+1)^2} + \frac{(n-1)^2}{bn^2}\left(\Delta c - \frac{bS}{n+1}\right)\left[\left(\Delta c - \frac{bS}{n+1}\right)\right. \\
&\qquad \left. + \frac{4nbS}{(n-1)(n+1)}\right] \\
&= \frac{2(bS)^2}{b(n+1)^2} + \frac{(n-1)^2}{bn^2}\left[\Delta c - (p^{\mathrm{I}} - c)\right]\left\{\left[\Delta c - (p^{\mathrm{I}} - c)\right]\right. \\
&\qquad \left. + \frac{4nbS}{(n-1)(n+1)}\right\}
\end{aligned}
$$

　最後の等号は（3.11）式より $p^{\mathrm{I}} - c = bS/(n+1)$ であることによる。

　右辺を 0 に等しくする Δc を $\overline{\Delta c}$ とすれば $\overline{\Delta c} < p^{\mathrm{I}} - c$ でなければならない。右辺第 1 項はプラスだからである。言い換えれば，$\Delta c \geqq p^{\mathrm{I}} - c$ のときを含め $\Delta c > \overline{\Delta c}$ であれば $\pi_1^{\mathrm{II}} > 2\pi_1^{\mathrm{I}}$ であり，合併会社の利潤は増加する。これらをまとめたのが表 12.1 である。

254　第Ⅲ部　政策編

第**13**章

垂直的取引制限

定価販売は消費者に不利か？

❖ は じ め に

　ほとんどの商品は原料採掘，精錬，加工，組立，運送，販売など多くの取引
段階を経て消費者に届いている。これらの段階間での取引関係を垂直的取引関
係という。そしてこの関係を川の流れにたとえ，原料に近い側を上流，最終消
費者に近い側を下流という。企業にとり，そこから仕入れる相手が上流企業で
あり，販売する相手が下流企業である。

　こうした垂直的取引関係の中で取引相手に対して何らかの制限を課す行為を
垂直的取引制限と呼ぶ[1]。本章では主としてメーカー・小売店・消費者という
3段階を考え，再販売価格維持行為などの垂直的取引制限を中心に，その経済
学的な意味と競争政策上の課題を解説する。なお，メーカーと呼んだが製造品
メーカーに限定されるわけではなく，例えばホテルや航空会社と旅行代理店
（オンラインを含む）の関係もメーカー・小売店関係に含まれる。このため上流
企業をサプライヤー（供給者）と呼ぶこともある。

　メーカー・小売店・消費者の間では，メーカー・小売店間の取引と，小売
店・消費者間の取引の，2つの取引がつながっている。メーカーと小売店の間
には卸売業者が入ることもあるが，以下では単純化のため3段階に限定する。

　垂直的取引関係に関わる諸問題，特に小売店を取り巻く状況については近年
の変化が著しい。インターネットを利用したオンライン取引の普及による。し

1　上流あるいは下流を用いた市場閉鎖により同業競争相手の仕入や販売を困難にする可能性につ
　いては，すでに第8章8.4節で述べた。

かもオンライン・ショッピングサイトが大きな存在となるにつれ，最恵待遇に類した条項をサプライヤーに要求する行為が生まれ，競争制限効果を持つことが懸念されるようになった。本章13.5節でこれについて説明する。

オンラインのショッピングサイトもオフラインの実店舗も，メーカーと消費者の仲介としてプラットフォームと呼ばれる役割を果たしている。しかもオンライン・プラットフォームは，ビッグデータと呼ばれる膨大なデータの検索・閲覧・収集・分析を可能にしたことによって，新たな諸問題を生み出している。これらの問題については最終章である第14章で解説する。

13.1 卸売モデルと代理店モデル

メーカーと小売店との関係では，誰が小売価格を決定するかに応じて2つのモデルがある。

> **キーワード13.1 卸売モデルと代理店モデル**
>
> メーカー・小売店・消費者の関係において，メーカーが卸売価格を決定して小売店に販売し，小売店が小売価格を決定して消費者に販売するモデルを卸売モデル（またはホールセール・モデル）と呼ぶ。これに対しメーカーが小売価格を決定し，小売店を通して消費者に販売するモデルを代理店モデル（またはエージェンシー・モデル）と呼ぶ。代理店モデルでは，小売店はあらかじめ定められた率または額の販売手数料を受け取る。

図13.1を見よう。(a) は**卸売モデル**を示す。小売店はメーカーから商品を卸売価格（wholesale price, p_w と記す）で仕入れ，小売価格（retail price, p と記す）を決めて消費者に販売する。売れれば，単位当たり $p - p_w$ の粗利潤（販売に要する経費を控除する前の利潤）を得る。小売店は小売価格決定権を持っており，高い小売価格で売れるほど，そして安い卸売価格で仕入れるほど，高い粗利潤を獲得できる。その代わり，売れ残れば収入ゼロとなり，メーカーに返品できないため，仕入費用（p_w）を回収できないリスクがある。

(b) は**代理店モデル**を示す。小売店がメーカーの代理店（agency）として機能するモデルで，メーカーが小売価格（p）を決定し，小売店にこの価格で消費者に販売させる。小売店はこの小売価格の一定率あるいは一定額を手数料

256　第Ⅲ部　政策編

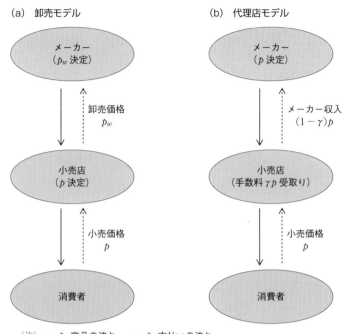

● 図 13.1 卸売モデルと代理店モデル

として受け取る（図は手数料が一定率 γ である場合を示している）。小売店は価格決定権を持たない代わりに，売れ残りのリスクを負わないのが普通である。売れたときのみメーカーから仕入れるか，先に仕入れて在庫しているとしても，売れ残れば返品できる契約が多いからである。代理店モデルも昔からあり，代表的なのは JR 切符の旅行代理店での販売である。旅行代理店は JR のコンピュータ・システムとつながっていて，顧客の需要に応じて JR の定めた価格で，切符をプリントアウトして販売している。代理店は手数料収入を得る。コンサート・チケットの販売も同様である。

ブランド間とブランド内の競争

いずれのモデルでも，図ではメーカー，小売店，消費者がいずれも単独であるように描いているが，もちろんそれぞれ複数の場合もある。この場合にはメーカー間，小売店間それぞれで競争が起きることが期待される。まずメーカー

第 13 章　垂直的取引制限　257

間を考えよう。市場内に複数のメーカーが存在し競争する。差別化市場を念頭に，これを**ブランド間競争**と呼ぶ。価格競争も，品質や製品特性についての非価格競争もある。価格競争とは，卸売モデルでは，卸売価格を巡っての競争である。卸売価格を低くすれば多くの小売店がその商品を取り扱い，また小売店が決定する小売価格も安くなって販売量を伸ばすことを期待できるからである。代理店モデルの場合には，メーカー自身が決定する小売価格を巡っての競争になる。

これに対して同一メーカーの商品，すなわち同一ブランドについての小売店間の競争を**ブランド内競争**という。

キーワード13.2 ブランド間競争とブランド内競争

メーカーの商品（ブランド）が小売店を通じて販売されるとき，同一市場内メーカー間の競争をブランド間競争と呼び，同一ブランド商品の小売店間の競争をブランド内競争と呼ぶ。

卸売モデルであれ代理店モデルであれ，ブランド間競争は，原則的に，本書でこれまで解説してきた形の競争である。よって完全競争か独占か寡占か，そして寡占市場であれば差別化があるかないか，各社が価格決定型行動をとるか数量決定型行動をとるかなどによって，均衡は変わる（表3.1）。

ブランド内競争については，卸売モデルの場合，小売店間で店舗立地や販売サービスの差がないなら，消費者は最も安い小売店から購入するためベルトラン競争となり，小売価格は仕入原価である卸売価格に一致するはずである。しかし小売店間でも立地などで差別化されていれば，小売価格が卸売価格を上回る可能性も，小売店間での小売価格の差異が持続する可能性もある。

代理店モデルではメーカーが小売価格を決定するが，どの小売店経由で販売しても小売価格を同一にする場合と，小売店により小売価格を変更する場合とがある。後者ではブランド内でもブランド間でも価格競争があるのに対し，前者ではブランド内価格競争はない。しかし価格以外で，立地やサービスについてのブランド内競争が起きる可能性がある。また小売店間で手数料を巡っての競争が起きる可能性もある。特に小売店間で異なる小売価格をメーカーが設定する場合には，手数料を低くすることでメーカーに自店経由の小売価格を低く設定することを促すという形の競争が起きることが期待される。

258　第Ⅲ部　政策編

いうまでもなく，原則として，ブランド間でもブランド内でも競争があることが社会的に望ましい。しかしながら状況によっては，これら競争に何らかの制限が加えられた方が消費者の利益になることもないわけではない。このことを以下で説明していこう。

13.2 二重の限界化

卸売モデルを考える。まず極端なケースとして，メーカーも小売店も独占であるとしよう。よってブランド間でもブランド内でも競争がない。また単純化のため，線形モデル（キーワード2.3）を考え，メーカーにとっての限界費用は一定で c に等しいとする。小売店にとっての限界費用，すなわち追加的に商品1個を販売するときの費用増分は，この商品を仕入れる費用である卸売価格（p_w）に等しい。メーカー，小売店ともに固定費用は無視する。

小売店の最適化行動

最初に小売店を考える。小売店は $p = a - bQ$ で表される市場需要曲線（消費者から小売店への需要を表す）に直面し，限界費用は p_w であるから，定理2.8の c を p_w で置き換えて，

$$Q = \frac{a - p_w}{2b} \tag{13.1}$$

$$p = \frac{a + p_w}{2} \tag{13.2}$$

が利潤最大化条件である。Q は均衡販売量（＝需要量）であるが，在庫の可能性を無視すれば，小売店の仕入量でもあるから，メーカーへの需要量でもある。よって（13.1）式を書き直した次式は，メーカーが決める卸売価格（p_w）に対応して小売店からの需要量がどう変わるかを示す式でもあり，メーカーにとっての逆需要関数と解釈できる。

$$p_w = a - 2bQ \tag{13.3}$$

第13章 垂直的取引制限　259

メーカーの最適化行動

メーカーも独占企業なので，ふたたび定理 2.8 を利用する。ただし，Q にかかる係数が b でなく $2b$ になっていること，メーカー限界費用は c であることを考慮すれば，メーカーの最適生産量および最適卸売価格（上付き添字 v を付す）は以下であることがわかる。

$$Q^v = \frac{a-c}{4b} \tag{13.4}$$

$$p_w^v = \frac{a+c}{2} \tag{13.5}$$

(13.5) 式を (13.2) 式に代入すれば，均衡小売価格（P^v）は，

$$p^v = \frac{a + p_w^v}{2} = \frac{a + \dfrac{a+c}{2}}{2} = \frac{3a+c}{4} \tag{13.6}$$

であることもわかる。

独占均衡の比較

これを定理 2.8 で得た通常の独占解（Q^m, p^m）と比較すると，販売量は半分であること（$Q^v = Q^m/2$），また卸売価格は独占価格と等しいが小売価格は独占価格を上回ること（$p^v > p_w^v = p^m$）がわかる（$a > c$ のため）。これを図示したのが，図 13.2 である。

消費者からの需要曲線を直線 AT で示す。最初に通常の市場均衡を復習しよう。限界費用が c であれば，完全競争均衡は E^C 点で決まり，均衡解（Q^c）は S（$\equiv (a-c)/b$）に等しく，これが社会的最適でもあることは定理 2.3 および 2.5 で示した。一方，独占解では，直線 AL が需要曲線 AT に対応する限界収入曲線であり，これが限界費用 c に等しい K 点に対応して均衡点は E^m となる。均衡では販売量 Q^m，価格 p^m であり，$Q^m = S/2$ となる。

ところがメーカー・小売店間取引，小売店・消費者間取引の 2 段階あると，小売店がその仕入限界費用 p_w に応じて決める仕入量は (13.1) 式または (13.3) 式で表されるが，これは図の直線 AL にほかならない。すなわち直線 AL は価格に応じて小売店の仕入量を表す直線，言い換えればメーカーにとっての需要曲線である。するとメーカーの最適解を求めるには，需要曲線 AL

260　第Ⅲ部　政策編

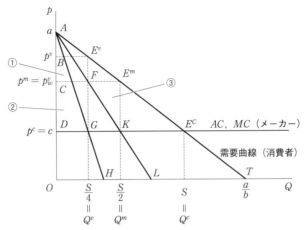

(注) 直線 AT は消費者から小売店への需要曲線, 直線 AL は小売店の限界収入曲線＝メーカーへの需要曲線, 直線 AH はメーカーの限界収入曲線を表す。①は長方形 $BCFE^v$, ②は長方形 $CDGF$, ③は長方形 $FGKE^m$ のそれぞれ面積を表す。

● 図 13.2　二重の限界化

に対応する限界収入曲線 AH を描き，それと限界費用が等しい点を求めることになる。これによる均衡点は E^v で，よって均衡販売量 Q^v は $S/4$ になるから，独占解 Q^m の半分，社会的最適解（完全競争解）Q^c の 4 分の 1 に留まる。

均衡での卸売価格 p^v_w は独占解 p^m と等しいが，小売価格 p^v は図にあるようにそれより高くなる。言い換えれば，独占では価格は限界費用を上回るが，メーカー，小売店と 2 段階で独占であれば，このことが二重に起き，小売価格はさらに限界費用を上回ることになる。このことを**二重の限界化**という。以上のモデルで販売量が独占解の 2 分の 1，社会的最適解の 4 分の 1 になったのは独占で線形モデルのためであるが，より一般的には次の定理として書くことができる。

── 定理 13.1　二重の限界化 ──────────────

メーカーが小売店に卸売価格で販売し，小売店が消費者に小売価格で販売する卸売モデルで，メーカー段階でも小売店段階でも競争が不完全であれば，メーカーは限界費用を上回るレベルに卸売価格を設定し，小売店は仕入費用である卸売価格を上回るレベルに小売価格を設定する。このため，小売価格は二重に限界費用を上回り，その結果，販売量（＝消費量）は二重に社会的最適を下回る。

第 13 章　垂直的取引制限　　**261**

> これを二重の限界化という。

二重の限界化がもたらす損失

これに伴い，社会的厚生の損失すなわちデッドウェイト・ロス（定理 2.9）も二重に発生する。独占が 1 段階から 2 段階になったことによって，厚生損失は，図 13.2 での三角形 $E^m K E^C$ から $E^v G E^C$ に増加し，消費者余剰は三角形 ACE^m から ABE^v に減少する。

さらに興味深いのは，利潤も 1 段階での独占利潤である四角形 $CDKE^m$（＝図の② ＋ ③）から，2 段階でのメーカー利潤 $CDGF$（＝ ②）プラス小売店利潤 $BCFE^v$（＝ ①），合計 $BDGE^v$（＝ ① ＋ ②）に減少することである。これが減少なのは，定理 8.3 と同じ論理による。すなわち，1 段階での独占企業が E^v 点を選ぶこともできたのに E^m 点を選んだのは，E^m 点で利潤がより大きいからにほかならない。

このため，企業が製造と小売を統合させれば E^m 点を選ぶことになり，利潤を増やすだけではなく，消費者余剰も社会的余剰も増やすことになる。限界化を二重ではなく一重で済ませるからである。垂直統合については，第 8 章 8.4 節で，市場閉鎖による競争制限をもたらすことが懸念される場合があることを述べたが，逆に，二重の限界化を防ぐことによって価格低下効果をもたらすことがあることも考慮する必要がある。

13.3 フランチャイズ制と再販売価格維持行為

垂直統合しなくても二重の限界化を避けるための 2 つの方法がある。

フランチャイズ制

第 1 は，メーカーが卸売価格を限界費用 c に等しく設定し，その代わり，小売店利潤の一部を受け取ることである。卸売価格が c に等しければ，これが小売店にとっての限界費用となり，小売店は図 13.2 の E^m 点を選択して，小売価格を通常の独占価格 p^m と同じに決めることになる。よって小売店は四角形 $CDKE^m$ すなわち② ＋ ③の利潤を得る。このうち② ＋ α をメーカーに支払え

262　第 III 部　政策編

ば，メーカーは二重の限界化のときの利潤である②より α だけ利潤を増やす。しかも②＋③＞②＋①なので，メーカーへの支払い後の小売店利潤（＝②＋③－（②＋α））が二重の限界化のもとでの小売店利潤（＝①）より大きくなるように α を決めることができる。この結果，メーカーも小売店も利潤を増やす。

この支払いの仕組みは，第5章5.3節で説明した**二部料金制**にほかならない。すなわち小売店からメーカーへの支払いは，固定部分（＝②＋α）と変動部分である $c×$ 仕入量の合計からなる。メーカーと小売店がフランチャイズ契約を結び，メーカーは毎月あるいは毎年の固定料金を会費や経営指導料などの名目で小売店から受け取り，そのうえで，限界費用に等しい卸売価格で商品供給するような場合である。この場合には，垂直統合しているわけではなく，またメーカー・小売店ともに独占であったとしても，二重の限界化は発生しないから社会的に改善している。

再販売価格維持行為

第2の方法は，メーカーが小売価格を決定し，小売店に守らせることである。これを**再販売価格維持行為**，略して再販という。一般的な形で定義すれば次のとおりである。

> **キーワード13.3** 再販売価格維持行為（再販）
>
> 販売にあたり，販売者が，販売先がその顧客に再販売するときの価格（再販売価格）を決定し，販売先に守らせる行為。

本節での議論では，販売者がメーカー，販売先が小売店，顧客が消費者，再販売価格が小売価格にあたる。そこで，メーカーが小売価格を p^m に決定し，小売店に守らせるとする。すると合計利潤は②＋③になる。そのうえで卸売価格 p_w を p^m と c の間に決定し，メーカー利潤である $(p_w - c) × Q^m$ が②より大きく，また小売店利潤である $(p^m - p_w) × Q^m$ が①より大きくなるようにすることができる。これによってメーカーも小売店も利潤を増やすとともに，社会的にも改善する。すなわちこのケースでは，再販は社会的にも望ましい。

第13章 垂直的取引制限 **263**

| 定理 13.2 | 再販売価格維持行為の効果 |

メーカー間でも小売店間でも競争が不完全であるとき，再販売価格維持行為により二重の限界化を解消し，消費者余剰・生産者余剰（粗利潤）・社会的余剰のいずれも増加させることができる。

再販と競争政策

　この再販のプラス効果は，小売店段階での競争（ブランド内競争）が不完全で二重の限界化が起きるときに生じる。逆に，競争が存在する場合には，再販は小売店間での価格競争を阻害する可能性がある。例えば小売店段階でベルトラン型の競争が起きていれば小売価格は卸売価格に等しくなり，小売店利潤はゼロであるが，メーカーが再販価格として卸売価格を上回る小売価格で販売するよう，すべての小売店に要請すれば，小売店は価格競争を回避できるからプラス利潤をあげられることになり，喜んで再販の要請に従うだろう。メーカーによる再販の要請がブランド内競争を抑え，事実上，小売店間の共謀と同じ効果を生むからである。いわば**ハブ・アンド・スポーク型カルテル**（キーワード11.5）のハブの役割をメーカーが果たすことになる。

　このため，原則として，再販は不公正な取引方法の 1 つとして禁止されている。すなわち，公正取引委員会の公表しているガイドラインによれば，「再販売価格維持行為は，流通業者間の価格競争を減少・消滅させることになるため，通常，競争阻害効果が大きく，原則として公正な競争を阻害するおそれのある行為である。」[2]。

　この観点から独占禁止法違反とされた事例を，コラム 13.1 に示す。この例でも，メーカーからの再販の要請に従い「販売ルール」を守ることが小売店にとって共謀と同様に有利なため，再販が持続した。

　ただし，再販は当然違法ではない，すなわちその行為をしているだけで直ちに違法と判断されるものではない。この点でカルテル・談合と異なる。上に引用したガイドラインで「通常」とか「原則として」という言葉が含まれているのもこのためである。言い換えれば，再販は，それなりの正当化理由があれば，違法とは判断されない場合がある。これまで述べてきた二重の限界化の回

　2　公正取引委員会「流通・取引慣行に関する独占禁止法上の指針」（2017 年改正）。本章で公正取引委員会の考え方を引用している場合は，すべてこの指針の第 1 部による。

264　第 III 部　政策編

避もそうした理由でありうる。

　実はこのガイドラインでは，二重の限界化について正当化理由としての記載がない。公正取引委員会担当者によれば，「ガイドラインにおいて二重の限界化の回避についての競争促進効果の典型例として言及がないのは，ガイドラインの見直しに向けて公正取引委員会が行った事業者ヒアリングにおいて，二重の限界化のようなことを問題視している事業者がみられなかったことなどを踏まえたものである。」[3]とある。少なくとも事業者たちの意識によれば，二重の限界化は現実の問題として起きているものではないようである。

　このほかにも，再販の正当化理由として公正取引委員会が認めているものがある。小売店サービスである。これについては節を改めて説明するとして，その前に，代理店モデルとの関係を明確化しておこう。

コラム 13.1　コールマンジャパン事件（2016 年 6 月排除措置命令）

　コールマンジャパン（以下，コ社）は米国コールマンの子会社で，コールマンから輸入，または国内外で製造委託したキャンプ用品を，自らまたは卸売業者を通じて国内小売業者に販売していた。コ社は毎年 8 月頃に，翌シーズンに小売業者が販売するにあたっての「販売ルール」を次のとおり定めていた。

　　（ア）　販売価格は，コ社が定める下限の価格以上の価格とする。
　　（イ）　割引販売は，他社の商品を含めた全ての商品を対象として実施する場合または実店舗における在庫処分を目的として，コ社が指定する日以降，チラシ広告をおこなわずに実施する場合にかぎり認める。

　コ社は自らまたは卸売業者を通じて，小売業者に対して翌シーズンの取引について商談をおこなうにあたり，この販売ルールに従って販売するよう要請し，コ社が他の小売業者にも販売ルールに従って販売させることを前提に，小売業者の同意を得て，販売ルールに従って販売するようにさせていた。

　公正取引委員会はこの行為が再販売価格維持行為にあたり不公正な取引方法の禁止に違反するとして，同行為をおこなわないことなどを命じた。

---

[3] 佐久間正哉編著『流通・取引慣行ガイドライン』（商事法務，2018，62 ページ）。

代理店モデルと再販

　読者はすでに，再販が違法なら代理店モデルも違法ではないのか，と気がついたかもしれない。代理店モデルではメーカーが小売価格を決定し小売店に守らせるからである。この疑問は正しい。ただし公正取引委員会は，再販について次の例外規定を設けている。「事業者の直接の取引先事業者が単なる取次ぎとして機能しており，実質的にみて当該事業者が販売していると認められる場合には，当該事業者が当該取引先事業者に対して価格を指示しても，通常，違法とはならない。」という規定である。

　この例として，委託販売であって，受託者（図 13.1 (b) での小売店）が商品売れ残りなどのリスク負担を負わないなど，取引が委託者（メーカー）のリスク負担と計算においておこなわれている場合をあげている。したがって，13.1節で例としてあげた JR 切符の旅行代理店での販売のように，小売店（旅行代理店）が在庫を持たない場合にはメーカーによる小売価格決定は違法とはならない。これに対し，もし旅行代理店が列車や航空の一定数の切符を買い切っていて，売れ残っても返品できないような場合には，旅行代理店は割引価格で販売する自由を持っていなければならず，メーカー（鉄道会社，航空会社など）が値引きを禁止したとすれば，再販として独占禁止法違反である。

13.4　小売店サービスとただ乗り問題

　二重の限界化は，（事業者たちのいうように現実にはあまり起きていないとしても），メーカーと小売店が統合すれば避けられ，両者にとり有利であることを述べた。それなのになぜ，多くの場合に，メーカーは消費者に直販せず小売店を通して販売するのだろうか。それは，小売店がメーカーにはない競争上の優位性を持っているからにほかならない。こうした優位性は，小売店が提供するさまざまなサービスによる。例えば，複数ブランドを陳列することによる顧客にとっての利便性，地域と密着することによる消費者との信頼関係，地域向けのチラシ広告，店員による商品説明，あるいは商品の配達と据付け，アフターサービスなどである。地域の電器店では，価格では大型ディスカウント・ストアに負けるものの，電話を受ければ電球 1 個でも配達・取替えに行くことで消費者の信頼を得て，また彼らのニーズも知って，販売成績を上げている例があ

266　第 III 部　政策編

る。

　ただし，ただ乗り問題（フリーライダー問題）が起きることがある。道路や
安全維持のような公共財がそうであるように，人々は，自らは貢献することな
く他者の貢献やサービスを享受，すなわちただ乗りしようとする。小売店が提
供するサービスの多くもまた，購入しない顧客を排除することができず，ただ
乗りされる。電器店の例でよく聞かれるのは，高齢者が居住する家に電球取替
に行くことでその信頼を勝ち取るものの，成人した子どもが帰ってきたときに
高齢者を自動車に乗せて離れた大型店に行き家電製品を買うため，電器店の売
上が伸びず撤退して，誰も電球取替えに来てくれなくなったという地域住民か
らの嘆きである。これは，電器店の提供するサービスに消費者がただ乗りする
ことで生じた問題である。

定理 13.3 **流通サービスにおけるただ乗り問題**

消費者は，小売店が提供するサービスを無料で利用したうえで，低価格で販売す
る他の小売店で購入するインセンティブを持つ。この結果，どの小売店もサービ
スを提供しなくなり，消費者にとってもメーカーにとっても不幸となる。

　この問題はオンライン・ショップの広がりにより深刻化している。読者の中
にも，実店舗に行って商品を眺め，試して比較し，あるいは店員から説明を聞
いたうえで，ネット検索して最も安いところに発注したという経験を持つ人は
少なからずいるであろう。この結果，実店舗の経営は困難になり，撤退するケー
スが増えている。しかし撤退が続けば，消費者は商品を手にとって眺めたり
店員に説明を聞いたりする場を失い，ブラ歩きしてショッピングを楽しむ機会
を失うばかりか，誤った商品選択をしてしまうなど，消費者効用が低下するお
それがある。

再販とただ乗り問題

　再販は，こうしたただ乗り問題を回避するために有効である。オンライン・
ショップを含め，どの小売店に行ってもメーカーの指定する小売価格で販売さ
れているため，ただ乗りが起きず，各小売店は価格競争の代わりにサービスを
提供することで顧客を勧誘しようとするからである。この結果，消費者は充実
したサービスを享受することができる。

第 13 章　垂直的取引制限　**267**

| 定理 13.4 | ただ乗り問題回避手段としての再販売価格維持行為 |

再販があるとき，小売店は価格競争の代わりにサービス提供で競争するため，ただ乗り問題が起きず，（再販により小売価格が上がったとしても）消費者余剰が増加することがある。

　再販導入前（下付き添字 I で示す）に比較して，導入後（下付き添字 II で示す）には価格が上がるにもかかわらず消費者余剰が増加するケースがあることは，広告の効果を見た第 7 章の図 7.2 と同様の図 13.3 で見ることができる。線形モデルで需要曲線は直線であるが，再販により小売店サービスが維持されれば右上の需要曲線 II であるのに対し，再販がなければ小売店サービスが提供されず，消費者効用が低下して需要曲線 I であるとしよう。再販前には価格は p_I であるが再販により p_{II} に上昇した場合を考える。すると消費者余剰は再販前には三角形 $A_I B_I E_I$ の面積に等しいが，再販後には $A_{II} B_{II} E_{II}$ の面積となる。需要曲線のシフトが平行であれば，明らかに $Q_{II} > Q_I$ のとき，すなわち再販後に販売量（＝消費者購入量）が増加するとき，再販後の方が消費者余剰は大きい。再販導入に伴うサービス提供による消費者効用の増加効果が，価格上昇による消費者余剰減少効果を上回り，合計として消費者余剰は増加しているのである。

　メーカーと小売店の粗利潤はどうか。c をメーカー限界費用とすれば，再販前の両者の合計粗利潤は四角形 $B_I G H E_I$ の面積であり，再販後には $B_{II} G J E_{II}$ の面積であるから，$Q_{II} > Q_I$ であれば再販後の方が大きい。よってこのケースでは，再販は，小売サービスただ乗り問題を防ぐことにより，消費者余剰も生産者（メーカー，小売店）余剰も増加しており，社会的により望ましい状況が実現している。ただし需要曲線の I から II への右方シフトは小売店によるサービス提供によるから，その費用（店舗，店員，チラシ広告などの費用）を粗利潤から差し引いて純利潤を知る必要がある。もし小売店間のサービス競争が活発であるなら，この小売店純利潤がゼロになるまでサービス費用が投入されるだろう[4]。一方メーカー利潤は，卸売価格が変わらないのであれば，販売量が増えただけ増える。よって，生産者（メーカー，小売店計）にとっての純利潤は増加するので，社会的純余剰も増加する。

4　この議論は広告の効果を見た図 7.2 での説明と共通する。

268　第 III 部　政策編

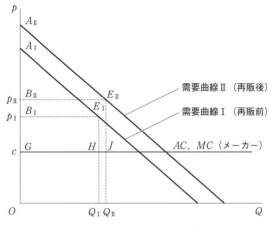

図 13.3 再販導入による小売店サービス向上の効果

再販と競争政策（続）

このため公正取引委員会も，「例えば，事業者が再販売価格の拘束を行った場合に，当該再販売価格の拘束によって（中略）いわゆる『フリーライダー問題』の解消等を通じ，実際に競争促進効果が生じてブランド間競争が促進され，それによって当該商品の需要が増大し，消費者の利益の増進が図られ，当該競争促進効果が，当該再販売価格の拘束以外のより競争阻害的でない他の方法によっては生じ得ないものである場合には，『正当な理由』があると認められる。」としている。

このように，再販が違法かどうかはケース・バイ・ケースで考える必要がある。第 8 章 8.5 節で逆支払いに関連して述べた**合理の原則**である。米国でもかつて再販は当然違法とされたものが，2007 年の最高裁判決（リージン事件）で合理の原則によって判断すべきことが明確にされ，日本でも，2017 年のガイドライン改訂でこのことがより明確にされるなど，産業組織論研究の発展により再販の社会的マイナス効果およびプラス効果が整理され，合理の原則で判断すべきことが今では広く認識されている。

13.5 プラットフォーム間同等性条項

　再販は販売先が再販売するときの価格を拘束するものであるから，上流企業が下流企業に対して課す拘束である。これは，メーカーが大手企業であるのに対し小売店はより小さい存在であることが長く続いたために，こうした上流が下流に課す拘束が起きやすいと考えられていたからである。

　ところが流通企業も大型化した。最初に大型スーパーマーケット・チェーンやコンビニ・チェーン，量販店チェーンがメーカーに対し大きな交渉力を持つようになった。さらにインターネットの時代になって，巨大なオンライン・ショッピングサイトが生まれた。これに伴い，垂直的取引関係における新たな競争政策上の課題も生まれてきた。

　オンライン・ショッピングサイトは，売り手（上流企業）と買い手（消費者）の仲介をする**プラットフォーム**としての役割を果たす。プラットフォームの意味については，次章で説明することになるが，とりあえずここではアマゾン，ヤフー，楽天のような消費者向け小売サイト，エクスペディア，楽天トラベル，一休のような旅行・宿泊予約サイトなどをイメージしてほしい。この後者の例のように，プラットフォームが扱うのは製造品に限らず，無形サービスのことも多く，実際に競争政策上の問題になったケースでも宿泊予約や電子書籍などがしばしば対象になっているので，上流企業をメーカーではなくサプライヤーと呼ぼう。

　図 13.4 にあるように，サプライヤー X は通常は複数のプラットフォーム事業者のサイトおよび自社サイトを通じて販売する。この販売形態には卸売モデルも代理店モデルもある。例えばアマゾンでは，サプライヤーからアマゾンが卸売価格で買い取り，自社倉庫に在庫し，自ら小売価格をつけて販売するという卸売モデルと，サプライヤーが小売価格を決定しアマゾンは手数料を受け取るという代理店モデルを併用している。後者をアマゾンはマーケットプレイスと呼んでいる。一般には電子商店街とかオンライン・ショッピングモールあるいは e モールと呼ばれるのがこれである。

　なお本書では，ビジネスモデル，事業形態あるいは産業を表す言葉としてプラットフォーム，またプラットフォームを運営する個々の事業者をプラットフ

270　第Ⅲ部　政策編

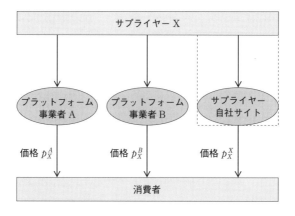

- 図 13.4　プラットフォーム間同等性条項（APPA）

ォーム事業者または略して PF 事業者という。小売でいえば，プラットフォームは小売業，PF 事業者は小売店あるいは小売企業にあたる。

代理店モデルのプラットフォーム

代理店モデルの場合には，小売価格をサプライヤー X が決定するから，図の p_X^A, p_X^B, p_X^X のように小売チャネル（PF 事業者および自社サイト）によって異なった価格にしてよいはずである。ところが，PF 事業者 A が，サプライヤー X に対し，その契約において，X が A を通じて販売するときの小売価格（p_X^A）を他を通じて販売するときの小売価格（p_X^B や p_X^X）より高く設定することがないことを約束させる場合がある。これを**プラットフォーム間同等性条項**（across-platform parity agreement）略して **APPA** と呼ぶ。

┌─ キーワード13.4 ── プラットフォーム間同等性条項（APPA）──
│ 代理店モデルにおいてサプライヤーがプラットフォーム事業者（PF 事業者）と
│ 結ぶ条項で，他の PF 事業者や自社サイトを通して販売するときの販売条件より
│ 不利な販売条件にしないことを保証するもの。
└───────────────────────────────

販売条件の代表例は例示したように小売価格である。厳密には APPA には

第 13 章　垂直的取引制限　　**271**

2 種類あり，すべての他の小売チャネルを通じて販売するときの小売価格よりも高価格ではない，すなわち図の例では $p_X^A \leqq p_X^B$ および $p_X^A \leqq p_X^X$ であることを保証するものを**広義の APPA**，自社サイトでの販売よりも高価格ではない，すなわち $p_X^A \leqq p_X^X$ のみを保証するものを**狭義の APPA** と呼んで区別する。

その他の販売条件についての APPA もあり，以下のコラム 13.2 で紹介するアマゾンジャパン事件では，小売価格についての APPA に加え，商品品揃えについての APPA があった。すなわち他サイトに出品する全商品についてアマゾン・マーケットプレイスにも出品することを求める条項である。

APPA は，第 5 章 5.4 節で説明した最恵待遇（MFN）に類似する。このため APPA も MFN と呼ばれることがある。ただしこれらには大きな違いがある。価格についての条項として説明しよう。

MFN ではサプライヤーまたは小売店が，直接の顧客 A に対し，B など他のどの顧客に対してよりも高価格で販売することはないことを約束する。これに対し APPA では，サプライヤーが代理店モデルの小売店（PF 事業者など）A を経由して消費者に販売するときの小売価格について，B や X など他の小売店・サイト経由で販売するときの小売価格よりも高くすることがないことを約束するものである。つまり，APPA では代理店モデルの PF 事業者が間に介在している。しかも，APPA は PF 事業者の要求によって契約に含まれることが通常である。すなわち A が X の商品をそのサイトで販売する条件として，X に B などの他サイトや X の自社サイトを通じて販売するときの小売価格より高くしないことを求める。この違いは大きい。

コラム 13.2　アマゾンジャパン事件（2017 年公表）

公正取引委員会はアマゾンジャパン（米国アマゾンの日本子会社）に対し，アマゾン・マーケットプレイスへの出品者と同社が締結する契約において，価格などについての同等性条項を定めていたことから，出品者に対する拘束条件付き取引（不公正な取引方法の 1 つ）であり，競争を制限している疑いがあるとして審査をおこなった。これに対し，同社が自発的にこの条項に関する同社の権利を放棄すること，今後締結する契約では同条項を定めないことなどの申し出をしたため，公正取引委員会はこれを了承して審査を終了した（2017 年 6 月 1 日報道発表）。また同

272　第Ⅲ部　政策編

年 8 月には，アマゾンが配信する電子書籍に関する出版社との契約における同等性条項についても，公正取引委員会が審査対象としたため，同様の対応がなされた（2017 年 8 月 15 日報道発表）。

APPA の競争制限効果

MFN に競争制限効果があることは定理 5.3 で説明したとおりで，APPA も同じ効果を持つが，それに加えて，PF 事業者間のブランド内競争を阻害する効果がある。

PF 事業者間では，もちろんウェブサイトのデザインやサービス（商品配達，不良品対策，支払方法など）で競争があるが，それとともに重要なのが手数料（図 13.1（b）での γ）を巡っての競争である。PF 事業者はサプライヤーに課す手数料を小売価格の一定率として定めるから，手数料率を引き下げればサプライヤーの収入は増える。あるいは，小売価格を下げてもサプライヤーの収入は維持される。このため，例えば PF 事業者 B は，手数料を下げることによってサプライヤー X に小売価格 p_X^B を下げるよう要請し，自社サイトの魅力を高めて，PF 事業者間でのシェアを高めようとするインセンティブを持つ。

ところが，A が X に対して広義の APPA を取引条件として課していれば，p_X^B のみを低く設定することはできない。このため B が手数料を下げてもシェアを拡大できなくなるから，PF 事業者間での手数料を巡る競争がなくなってしまう。

もちろん，X は A を通じての販売を断念し，B のみで販売するという選択肢を持つ。しかし，A が最大シェアを持ち，ほとんどの消費者がまず A のサイトにアクセスするような状況だとすれば，消費者が A にアクセスして X 商品がリストされていないならライバル企業の Y 商品を注文してしまうというリスクが危惧されるだろう。このため APPA を受諾せざるを得ず，PF 事業者間での競争の制限が起きる。各国の競争当局が大手 PF 事業者の APPA に対して警戒を強めているのはこのためである。

コラム 13.2 に記したアマゾンジャパン事件はこうした例である。またこれより数年前には，欧州各国の競争当局が，宿泊予約サイトの大手 2 社であるエクスペディアとブッキングドットコムが課した APPA が各国競争法に違反す

第 13 章　垂直的取引制限　**273**

るとして，審査を進め，両社が是正措置をとることを確約して終了している。ただし，いくつかの国では，狭義の APPA，すなわち自社サイトとの同等性条項については容認した[5]。

なぜ狭義の APPA を容認したのか。各国当局がこの理由を明らかにしているわけではないが，再販と同様に，小売サービスにおけるただ乗り問題（定理13.3，13.4）を回避するためだったと考えられている。すなわち，エクスペディア等は多数のホテルをカバーしており，消費者は，旅行先の地名を入力することで複数の現地ホテルについての情報を得ることができる。このとき，もしホテル自社サイトの方が提供価格を安くしていれば，多くの消費者はエクスペディア等で情報を得て利用ホテルを決定したうえで，そのホテルの自社サイトを通じて予約するであろう。すなわちただ乗りである。この結果，エクスペディア等は手数料収入を得ることができず，撤退してしまうかもしれない。これは消費者に不効用をもたらす。このことを懸念して，狭義の APPA を容認した当局があったものと見られる。

とはいえ，APPA は PF 事業者間競争を阻害する可能性が大きい。特にオンライン商取引が活発化し，しかも，それぞれの分野での最大手サイトが支配的地位を確立してきていることから，世界の競争当局は強い関心を寄せている。そこでいよいよ次の最終章で，こうした PF 事業者に特有の諸問題を説明しよう。

● **ポイント**

13.1 メーカー（サプライヤー）・小売店・消費者の垂直的関係において，小売価格を誰が決めるかに応じ卸売モデルと代理店モデルがある。

13.2 再販売価格維持行為（再販）はブランド内競争を制限する場合があり，その場合には独占禁止法により禁止される。

13.3 メーカー段階でも小売店段階でも競争が不完全であれば，二重の限界化により小売価格は高くなる可能性がある。

13.4 二重の限界化や小売店サービスへのただ乗り問題を解消するために，再販が有効な場合がある。

13.5 代理店モデルを用いるプラットフォーム事業者（オンライン・ショッピングモールなど）がプラットフォーム間同等性条項（APPA）を用いれば，プ

---

5 詳細は，拙著『イノベーション時代の競争政策』第 11 章参照。なお確約とは公正取引委員会の警告と異なり法的拘束力が強い手続で，日本でも 2018 年末より独占禁止法に導入されている。

274 第Ⅲ部 政策編

ラットフォーム事業者間の競争が損なわれるおそれがある。

◎ 練習問題◯

13.1 卸売モデルと代理店モデルそれぞれで，小売価格を決定するのは次のいずれか。①メーカー（サプライヤー），②小売店，③消費者。

13.2 卸売モデルの図 13.2 で，次の（ア）（イ）では小売価格はどう決まるか，二重の限界化は起きているか。（ア）メーカーが独占，小売店は完全競争，（イ）メーカーは完全競争，小売店は独占。

13.3 次の行動のうち，小売店のサービスにただ乗りしていると考えられるのはどれか（複数回答可）。①ネットで商品を比較したうえで，近くの店で購入した。②大型店で商品を手にとって比較したうえで，近くの行きつけの店で購入した。③いろいろな店でウィンドウ・ショッピングしたうえで，ネットで安いサイトから購入した。

13.4 読者も本書を定価で購入しているはずであるが，これは独占禁止法が著作物（新聞，書籍，音楽 CD など）については例外的に再販を禁止していないためである。この例外規定をどう評価するか，ブランド内競争とただ乗り問題の観点から検討しなさい。

13.5 プラットフォーム間同等性条項（APPA）が競争制限効果を持つ理由は，次のどれか（複数回答可）。①誰もが自社サイトを使うようになるから。②消費者が値引き交渉しにくくなるから。③プラットフォーム事業者が手数料を値引きするインセンティブをなくすから。

第 13 章 垂直的取引制限 **275**

第14章

マルチサイド市場とプラットフォーム

GAFA は何が問題か？

❖ はじめに

プラットフォームとはもともと「壇」，すなわち演奏，演劇，演説のために上がる壇や乗客が列車に乗るために上がる壇などを意味する言葉であるが，自動車の車体や各種構成部品が載る車台などを意味するようにもなり，さらには有形のモノに限定されずコンピュータやゲームの作動の基盤となるソフトウェア体系などにも使われるようになった。そして今日注目されているのが，複数タイプの主体が相互に作用するリアルあるいはバーチャルな「場」あるいは「基盤」としてのプラットフォームである。

この「複数のタイプの主体が相互に作用する」ことから，複数のサイドを持つ市場，すなわちマルチサイド市場と呼ばれる特徴を持つ。主体とは生産者であったり消費者であったり，あるいはより一般的に参加者，ユーザー，プレイヤーなどと呼ばれる多様な人々や組織であったりする。以下ではユーザーと呼ぶことが多い。

こうした場は太古から存在するが，デジタル技術やインターネットの普及により多数の，また多種類のユーザーがほぼ瞬間的に関わることができるようになり，このためプラットフォームを運営する事業者が巨大化し，しかも日常生活に欠かせないものになった。GAFA と総称されるグーグル，アップル，フェイスブック，アマゾンはその象徴的存在である。

それだけにプラットフォームに関連した産業組織論上の問題や競争政策上の懸念も大きくなった。本章ではこうした問題を扱う。マルチサイド市場におけ

276 第III部 政策編

るプラットフォーム事業者の行動とその結果としての市場均衡をどう理論化すべきか，通常の市場，いわばワンサイドの市場とどのような違いがあるのか，それに伴いどのような政策上の課題が生じるのか，市場集中は不可避なのか，こうした問題を以下では考えていく。

14.1 マルチサイド市場と間接ネットワーク効果

マルチサイド市場（multi-sided market，**多面市場**あるいは**多方向市場**と訳される）では，図 14.1 が示すようにプラットフォームを間に複数タイプのユーザーが関わる。ここでいうプラットフォーム（PF と略す）とは，同種のプラットフォーム・サービス（PF サービス）を提供する単数または複数のプラットフォーム事業者（PF 事業者，プラットフォーマーともいう）の総体である。図では 2 つのサイドだけの例を示しており，この場合は**ツーサイド市場**（**2 面市場**あるいは**双方向市場**）である。

PF 事業者を間に異なったタイプのユーザーが PF サービスを利用するが，これら異なったユーザーを図では S と C と呼んでいる。PF 事業者は S と C にそのサービスを提供する。それに対して S や C は PF 事業者に利用料や会費などの形で価格を支払う。ただし，この価格はプラスとは限らず，ゼロであったりマイナスであったりすることもある。後に説明するように，PF 事業者は利用を促進するためにしばしば無料でそのサービスを提供するからである。また PF 事業者の側からポイントをつけるなどして，事実上，価格がマイナスのこともある。

ここでは両側のユーザーを S と C と記したが便宜上のものである。前章 13.5 節でも取り上げた商取引サイトなどを念頭に，サプライヤー（供給者）やセラー（売り手）の頭文字 S，コンシューマー（消費者）やカスタマー（顧客）の頭文字 C を使ったが，これらの例に限られるわけではない。例えば結婚相談所あるいは婚活サイトもプラットフォームにあたるが，この場合は S と C にあたるのは男性と女性である。

間接ネットワーク効果

ただし，複数のサイドと関わっているというだけなら通常の市場でも起き

第 14 章　マルチサイド市場とプラットフォーム　**277**

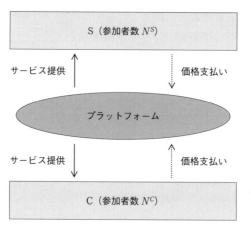

● 図 14.1　マルチサイド市場

る。前章で垂直的取引関係として説明したように，最終需要者である消費者を別とすれば，ほぼすべての事業者は上流と下流という少なくとも2つのサイドの事業者と関わっている。小売店は上流のメーカーや卸売と，そして下流の消費者と関わる。石油元売業者は上流の原油採掘業者，下流のガソリンスタンドと関わる。

　それでは，本章で議論するマルチサイド市場をこうした一般的な市場から区別するのは何か。それが間接ネットワーク効果の存在である。

　ネットワーク効果についてはすでにキーワード 7.3 として説明した。同一ブランドや同一規格のユーザー（消費者，利用者など）が多いほど，個々のユーザーの効用が高まる効果である。本章での表現を使えば，これは同一サイド内で起きる効果である。これに対し，同様の効果がサイド間で起きることがある。S（あるいは C）のユーザー数や利用回数が増えるときに C（あるいは S）の個々のユーザーの効用（企業であれば利潤）が大きくなる効果である。これを**間接ネットワーク効果**と呼ぶ。

キーワード 14.1　**間接ネットワーク効果**

プラットフォームを間に，一方のサイドのユーザー数あるいは利用回数が増えるほど，他サイドの個々のユーザーにとっての効用が高まる効果。

　ネットワーク効果と間接ネットワーク効果の違いは図 14.2 に示されている。

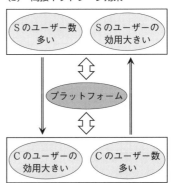

● 図 14.2 2つのネットワーク効果

ここでは間接ネットワーク効果が双方向に働くように示しているが，一方向のみの場合もある。またマイナスに働く場合もある。このときには，例えばSのユーザー数が多いことが個々のCユーザーの効用を下げる。

マルチサイド市場が通常の市場にはない特有の経済的問題をもたらすのは，間接ネットワーク効果が働く場合である。そこで，こうした場合に限定して**マルチサイド市場**という言葉を使う。

キーワード 14.2 マルチサイド市場

マルチサイド市場とは次の2つの要件を満たす市場をいう。①プラットフォームを間に複数サイド，すなわち複数タイプのユーザーが参加する。②これらサイド間で（一方向あるいは双方向に）間接ネットワーク効果が働く。

マルチサイド市場の分類

こうしたマルチサイド市場とプラットフォームの例は多いが，2つの区別をするのが便利である。第1は目的による区別で，マッチング型と呼ばれるものと，ブラウズ型と呼ばれるものの区別である。**マッチング型**とは両サイドの個別のユーザー間，例えばSの1人のユーザーとCの1人のユーザーをマッチングする，すなわちつなぎ合わせたり組み合わせたりすることを目的とするプラットフォームである。商取引に関わるプラットフォームは，ある売り手とある顧客とをマッチングする。婚活サイトはある男性とある女性をマッチングす

第14章 マルチサイド市場とプラットフォーム 279

● 表14.1　マルチサイド市場におけるプラットフォームの例

	マッチング型	ブラウズ型
オフライン	ショッピングモール 結婚相談所 不動産仲介業者	新聞・雑誌 電話帳 放　送
オンライン	オークションサイト eモール 婚活サイト	ニュースサイト ウィキペディア 検索サイト

る。

　これに対し**ブラウズ型**では，ブラウズ（browse）する，すなわち眺めることを目的とする。読者は新聞をブラウズし，パソコンやスマホで検索サイトやウィキペディアをブラウズする。

　第2は手段の区別で，オンラインかオフラインかである。

　よって2×2の区別が可能であり，それぞれにあたる例を示したのが表14.1である。これらにおいてはいずれも間接ネットワーク効果が働く。結婚相談所や婚活サイトでは女性の参加者が多いほど男性にとって望ましく，ショッピングモールやeモールでは，多くの店舗が参加しているほど消費者にとり便利である。しかもこれらの例では間接ネットワーク効果は双方向に働く。女性にとっても男性が多いほど望ましく，多くの消費者が訪れるモールほど出店者にとり魅力的である。

　新聞や雑誌の場合，PF事業者としての新聞社・出版社は3つのサイドに関わっている。読者と原稿提供者と広告主である。原稿提供者には社内記者も社外からの寄稿者（通信社，依頼原稿，持ち込み原稿など）も含まれるから，多くの新聞社は一部については垂直統合し，一部については外注していることになる。読者にとって，原稿提供者からはプラスの間接ネットワーク効果がある。多数かつ多様な原稿が掲載されていることは望ましい。しかし，広告からの間接ネットワーク効果については，読者によっては，また広告内容によってはプラスであるとしても，逆に広告を煩わしく感じるのであれば，間接ネットワーク効果はゼロであったりむしろマイナスであったりするだろう。

　マッチング型とブラウズ型の区別は厳密なものではない。ショッピングモールで眺めたり婚活サイトを眺めたりするだけのユーザーもいるから，この場合

280　第Ⅲ部　政策編

にはブラウズ型のように情報提供機能が利用されている。またブラウズ型でも，コンテンツ（記事など）と読者・視聴者をマッチングさせているということもできる。

　両者をより明確に区別するのは，それぞれのビジネスモデルあるいは簡単にいえば課金の方法である。そこで，この点に注目した経済分析に進もう。

14.2　プラットフォームのビジネスモデル

　マッチング型とブラウズ型を明確に分けるのはビジネスモデルの違い，端的にいえば課金方式の違いである。そこで，この点に注目してこれらを定義しておこう。

キーワード14.3　マッチング型とブラウズ型

マッチング型プラットフォームとは，マッチングが成立したときにユーザーにマッチングの回数や価値に応じた手数料を課すプラットフォームをいう。ブラウズ型プラットフォームとは，ユーザーに会費あるいは参加料として定額料金を課すプラットフォームをいう。

　手数料にせよ，会費や参加料にせよ，プラスとは限らない。ゼロ（無料）やマイナス（PF 事業者からユーザーへ支払い）の場合もある。また，いずれの PF 事業者でも，ユーザー以外による寄附金や広告からの収入などがありうる。実際，例えば大学のホームページもブラウズ型 PF と見なすことができるが，大学自体が経費を負担しているから，大学からの寄附金によって自らが運営するプラットフォームと解釈できる。また新聞や検索サイトなど多くのブラウズ型 PF では広告収入が過半を占めている。

　マッチング型 PF では，異なるサイドのユーザー間でマッチングが起きたときに課金が起きるから，それにより 1 つの取引が成立したといえる。商取引サイトでのマッチングの場合には文字通り取引であり，小売店での購入が取引であるのと同一である。婚活サイトでの結婚成立というマッチングも，それに伴いユーザーからの手数料が発生するのであれば，取引である。このためにマッチング型 PF を取引型 PF，ブラウズ型 PF を非取引型 PF と呼ぶこともある。

第 14 章　マルチサイド市場とプラットフォーム　281

ロシェ゠ティロール・モデル

ツーサイド市場で考えれば，マッチング型PF事業者の収入は次式で表される。

$$(r^C + r^S)N^C \times N^S \tag{14.1}$$

ただしr^C，r^Sはそれぞれ2つのサイドC，Sのユーザーに課す価格すなわち取引手数料である。ショッピングモールやeモールでは買い手である消費者は直接的に手数料を払うわけではないので$r^C = 0$であるが，売り手は支払うので$r^S > 0$である。

N^C，N^SはそれぞれC，Sの参加者数であり，PF事業者への需要量でもある。すると両者の積がマッチングの成立可能数を表す。3人の男性と2人の女性がいれば，可能な男女ペアの数は$3 \times 2 = 6$だからである。この（14.1）式に基づくモデルをロシェ゠ティロール・モデルと呼ぶ[1]。

アームストロング・モデル

これに対し，ブラウズ型PF事業者の収入は次式で表される。

$$m^C N^C + m^S N^S + m^A N^A \tag{14.2}$$

ただしm^C，m^SはそれぞれC，Sに対する価格であり，ユーザー当たり年会費などの形をとる。もちろんゼロの場合もある。N^C，N^SはC，Sのブラウズ参加者数であり，PF事業者への需要量である。収入にはそのほかに寄附金や広告収入も重要な場合がある。上式では，m^Aを広告価格，N^Aを広告需要量として広告収入を加えた。新聞の場合にはm^Cは新聞価格・購読料であり，Sを寄稿者として原稿料を払っていれば$m^S < 0$である。一方，$m^A > 0$であり，広告収入が新聞事業者の収入の大きな部分を占める。この（14.2）式に基づいたモデルをアームストロング・モデルと呼ぶ[2]。

1　J.-C. Rochet and J. Tirole, "Platform Competition in Two-Sided Markets" (*Journal of the European Economic Association*, 1 (4), 2003, 990-1029). なお，彼らのモデルでは各サイドの参加可能なユーザーの母数を1と規準化しているため，N^C，N^Sは参加確率と解釈される。参加可能な母数は所与であるため，こうした規準化は結果に影響を与えない。

2　M. Armstrong, "Competition in Two-Sided Markets" (*RAND Journal of Economics*, 37 (3), 2006, 668-691).

14.3 プラットフォームの経済分析

次にユーザーにとっての余剰，すなわち効用や利益から費用を引いたものを考えよう。以下ではツーサイドの場合を考え，サイド C のユーザーについて分析するが，S についても対称的に考えることができる。

マッチング型 PF では，それに参加することからのユーザー余剰は，マッチングや取引が成立したときに得られる効用（v^C と記す）から手数料（r^C）を引いたものにマッチング成立数（または成立確率）を乗じたものになるから，次式で示される。

$$(v^C - r^C)N^S \tag{14.3}$$

この余剰は，N^S が表すマッチング可能数が乗じられることによって他サイド（ここでは S）参加者数に依存することに注意しよう。期待される余剰（費用を引いたあとの効用の期待値）が他サイド参加者数に依存するので，間接ネットワーク効果である。ここではプラス効果である。

これに対しブラウズ型 PF では，ユーザー余剰はブラウズすることから得られる効用（u^C と記す）から会費（m^C）を引いたものに等しいから，

$$u^C(N^S) - m^C \tag{14.4}$$

である。重要なのは，間接ネットワーク効果によりブラウズからの効用が他サイド参加者数に依存することである。このため，u^C は N^S の関数として書かれている。例えば，他サイドで多くの参加者が多くのコンテンツを提供しているほどブラウズすることから得られる効用が高いのであれば，間接ネットワーク効果はプラスであり，$du^C/dN^S > 0$ である。逆に見たくもない広告で不愉快になるような場合には，間接ネットワーク効果はマイナスであり，$du^C/dN^S < 0$ である。例えば $u^C = \alpha^C N^S + \varsigma^C$（$\alpha^C$，$\varsigma^C$ は定数）と書くなら，間接ネットワーク効果の符号により α^C の符号は変わる。

シングルホーミングとマルチホーミング

ユーザーは複数の PF 事業者から選択するが，その選択基準として 2 つのケ

第 14 章　マルチサイド市場とプラットフォーム　**283**

ースがある。1つは，余剰が最大となる PF 事業者を1つだけ選択するケースである。これを**シングルホーミング**という。もう1つは，余剰がプラスである PF 事業者をすべて利用するケースで，**マルチホーミング**という。シングルホーミングかマルチホーミングかの区別は，ユーザーによって決まるというよりプラットフォームの特性によって決まるのが普通である。シングルホーミングの例としてよくあげられるのは，パソコンやスマホの OS である。Windows と MacOS の両方を使うユーザーもいないわけではないが少数であり，ほとんどのユーザーはどれか1つのみを利用する。これに対し，オンライン（e モール）でもオフライン（実店舗）でも，ショッピングモールについては1つに限定するユーザー（出店者および消費者）は少ないからマルチホーミングである。

需要関数の導出

こうしたユーザーの選択行動を（14.3）式あるいは（14.4）式を利用して解けば，通常の消費者理論と同じく，各 PF 事業者に対する需要関数が得られ，需要（N^C）は価格（r^C または m^C）に対し右下がりの関係となる。S についても同様である。また広告需要についても同様に考えることができる。

ただし通常の需要関数と異なるのは，需要量が他サイドのユーザー数にも依存することである。間接ネットワーク効果である。すなわち，ロシェ＝ティロール・モデルではマッチング成功確率が他サイド・ユーザー数に依存するためであり，アームストロング・モデルではユーザー効用が他サイド・ユーザー数に依存するためである。繰り返し述べているように，この依存関係はプラスに働く場合が多いが，広告を嫌う新聞読者のような場合にはむしろマイナスとなる。

また，通常の需要関数がそうであるように，他の PF 事業者の価格にも依存する。同種 PF サービスを提供する事業者間では代替関係にあるのが普通であり，この場合には需要の交叉弾力性はプラスである。

利潤最大化行動

こうした需要関数を与えられ，PF 事業者は自社利潤を最大化するようユーザーに対する価格（r^C, r^S）または（m^C, m^S, m^A）を決定する。利潤は C と S 両サイドおよび広告からの収入（＝需要量×価格）の合計からプラットフォー

284　第Ⅲ部　政　策　編

ム運営費用を引いたものである。この利潤最大化問題で重要なのは，サイド間の効果を考える必要があることである。例えばＣの価格を上げることによりＣユーザー数が１人減る効果として，Ｃ側の利潤への効果に加え，Ｃが減ったことにより（間接ネットワーク効果がプラスとして）Ｓにとっての余剰が減り，Ｓユーザーの利用が減ることによるＳ側の利潤へのマイナス効果を考慮する必要がある。

均衡条件

こうした分析の詳細はロシェ＝ティロールやアームストロングの論文に譲るが，市場均衡では次の３つの命題が成立する。

定理 14.1 マルチサイド市場の均衡に関する３命題

(1) 価格と限界費用は一致しない。
(2) 大きな間接ネットワーク効果を生み出すサイドの価格は相対的に低い。
(3) 需要弾力性の高いサイドにおける価格が相対的に低いとは限らない。

価格と限界費用が一致しないのは２つの理由による。第１は，PF 事業者間では必ず差別化が起きるため競争が不完全になることである。例えば差別化されたベルトラン・モデル（第３章3.4節）での均衡がそうであったように，価格は限界費用を上回る傾向を持つ。差別化はもちろん通常の意味（例えばショッピングモールの立地やウェブサイトのデザイン）でも起きるが，それとともに間接ネットワーク効果のため，他サイドのユーザー数の違い（例えばショッピングモールにおける店舗数）も差別化を生む。

第２は，間接ネットワーク効果による。（2）が示すのは，例えばＣがＳにもたらす間接ネットワーク効果が，ＳがＣにもたらす間接ネットワーク効果よりも大きいのであれば，すなわち，Ｃのユーザー数が多いことでＳの余剰は大きく増えるが，Ｓのユーザー数が増えることがＣの余剰を増やす程度はそれほど大きくない（ゼロまたはマイナスを含む）のであれば，PF 事業者の最適戦略は，Ｃに課す手数料や会費を低くして多くのＣユーザーを獲得し，それによってＳの余剰を高めて，Ｓには相対的に高めの価格を課すことである。この結果，Ｓについては限界費用を上回る価格となるが，Ｃについては価格が限界費用以下になる可能性がある。

第14章 マルチサイド市場とプラットフォーム **285**

この事実が（3）の理由でもある。CとSを2つの市場と考えれば，それぞれに対する最適価格の決定は市場間での価格差別に類似する。そして価格差別に関して定理5.2は，需要の価格弾力性が低い市場に高価格，高い市場に低価格を設定することが最適であることを教える。ところが間接ネットワーク効果があると，これとは反対のことが起こりうる。価格弾力性の低い市場（例えばS）に高価格をつければSユーザー数が少なくなり，間接ネットワーク効果によりCのユーザー数が減ってしまうというマイナス効果が支配的になる可能性があるからである。例えばロシェ＝ティロール・モデルでは，（14.1）式にあるように，PF事業者の収入は両ユーザー数の積，$N^C \times N^S$ に依存する。すると，例えば両サイドのユーザーをあわせて10人としたとき，SとCとでそれぞれ5人ずつであることが最も望ましい。仮に価格弾力性の高い市場で低価格にして9人の参加を得る一方，価格弾力性の低い市場では価格が高いため1人しかいないのでは 9×1 にしかならない。それよりも前者で高価格，後者で低価格にすることで 5×5 を実現した方がよい。

現実に多くのプラットフォームでは，出店者や広告主は手数料や広告料を払うのに対し，消費者は無料や低価格で利用できることが多い。検索サイトやソーシャル・ネットワーキング・サービス（SNS）は無料で利用でき，新聞にもフリーペーパーがある。これは，消費者によるアクセス数が多いほど，あるいは新聞発行部数が多いほど，広告主に対してプラスの間接ネットワーク効果が及び，多くの広告収入が見込まれるからである。

このように，マルチサイド市場ではサイド間の価格構造が重要な役割を果たす。これに対し価格レベルを決めるのはPF事業者間の競争の程度，特に参入の容易さである。ところがマルチサイド市場への参入は通常の市場への参入以上の困難を伴う。このことを次に説明しよう。

14.4 「鶏が先か卵が先か」問題と参入戦略

読者はオンライン・ショッピングするとき，あるいはレストランを探すとき，どのサイトにまずアクセスするだろうか。多くの皆さんが多分A社やR社，あるいはG社やT社のサイトを選ぶだろう。新しく参入してきたサイトにアクセスしようとする人はいないに違いない。なぜか。出店者数で劣り，ブ

ラウズして得られる情報量が限られるからである。

間接ネットワーク効果がプラスのとき、他サイドのユーザーが十分にいないとそのPF事業者を利用しても効用や便益は低い。SにとってはCのユーザーが十分にいないと利用せず、その結果Sのユーザー数が小さければ、Cも利用しようとしない。このため、新規参入者にとって十分なユーザー数を獲得することが困難になる。また、どちらかのサイドでユーザーを失い始めたPF事業者には、サイド間での需要減少の螺旋効果が始まることもある。

他サイドのユーザーが利用してくれるようにするには、PF事業者はこのサイドに一定数以上のユーザー数あるいは利用回数を確保することが必要である。この一定数を**クリティカルマス**（決定的数量）という。すなわち、Sのクリティカルマスを満たさないとCは利用せず、Cのクリティカルマスが満たされないとSは利用しない。鶏がいないと卵が生まれず、卵がないと鶏は育たないのと同じ問題がここに発生する。

定理 14.2　「鶏が先か卵が先か」問題がもたらす参入障壁

CとSの2つのサイドが利用するプラットフォーム事業に参入する事業者にとり、Cのクリティカルマスを実現しないとSの利用を見込めない。Sが利用せずクリティカルマスを満たさないなら、Cが利用せずクリティカルマスに達しない。この「鶏が先か卵が先か」問題（Chicken and Egg Problem）のために、マルチサイド市場では高い参入障壁が生まれる。

この問題は、シングルホーミングの場合に特に深刻である。ほとんどのユーザーがすでにある1つのPF事業者を利用していて、新規参入者のPFサービスにスイッチしようとはしないからである。マルチホーミングの場合には、使い慣れたPFサービスを使いながら新しいサービスも試すユーザーが出てくる可能性があり、クリティカルマスの達成はシングルホーミングの場合よりは可能性が高いが、それでも大きな参入障壁であることには疑いがない。

参入者の価格戦略

こうした参入障壁に直面するPF参入者がクリティカルマス獲得のためにとりうる価格戦略として、次の3つが提案されてきた。

第1は、すでに定理14.1の(2)で示した戦略である。他サイドへもたらす

間接ネットワーク効果が大きいサイドの価格を低く設定することで，まずこの
サイドのユーザー数を増やし，それが間接ネットワーク効果を通じて他のサイ
ドに波及することを期待する。これはサイド間での価格差別戦略で，複数サイ
ドを分割して統治するという政治手法と類似することから，**分割統治戦略**と呼
ばれる。

第 2 は，**浸透価格戦略**である。定理 7.1 では，真の品質を知ってもらうた
めに低価格でいわゆる試し買いをしてもらう戦略として浸透価格戦略を述べた
が，PF 事業者にとっても，クリティカルマスを達成するまでは赤字を覚悟し
て無料あるいは低料金でサービスを提供し，ユーザー数を増やして間接ネット
ワーク効果が働き出すようにすることが有効な戦略である。

第 3 は，サイド内での**価格差別戦略**である。同一サイドのユーザー間でも，
他サイドに及ぼす間接ネットワーク効果に差がある場合がある。この場合に，
この効果が強いユーザーに低手数料その他の優遇をすることで参加を促す戦略
である。この戦略がとられた代表としてクレジットカードがある。

クレジットカードは，多くの商店に加盟してもらいクレジットカードによる
支払いを可能にすることで，クレジットカードを保有する消費者の利便性を高
めるという間接ネットワーク効果がある。逆に，多くの消費者がクレジットカ
ードを保有するなら，商店にとっても加盟する方が有利であるという逆方向の
間接ネットワーク効果もある。米国で 20 世紀中頃にクレジットカードが初め
て導入されたとき，クレジットカード運営者はデパートやスーパーマーケット
を加盟店として積極的に勧誘する戦略をとった。これは，消費者が最も買い物
をする機会が多いのがこれら商店だったからである[3]。

---

3 M. Rysman, "The Economics of Two-Sided Markets" (*Journal of Economic Per-
spectives*, 23 (3), 2009, 125-143). 余談ながら，米国でクレジットカード・システムが考案
されたのは，米国では当時州を越えての金融サービスの提供が規制されており，預金者が他州へ
旅行すると預金を引き出せない不便さがあったからである。そこで州を跨がる銀行間で提携し，
A 州の住民（a 銀行に口座を持つ）が B 州で買い物をしたときにクレジットカードを使って支
払いをすれば，支払いを受けた商店が B 州 b 銀行を通じ a 銀行に請求する仕組みとして発明さ
れた。こうした州間銀行コンソーシアムとして発足した団体が，後に会社化し，現在のビザやマ
スターカードになっている。このほか，銀行とは独立にクレジットカード事業を始めたダイナー
ス・クラブやアメリカン・エキスプレスもある。D. S. Evans et al., "Platform Economics:
Essays on Multi-Sided Businesses" (*Competition Policy International*, 2011. 以下でも
入手可能。https://papers.ssrn.com/sol3/papers.cfm?abstract_id=1974020, 2019 年 6 月ア
クセス).

以上をまとめると，以下の定理となる。

定理 14.3 **参入するプラットフォーム事業者がとりうる価格戦略**

「鶏が先か卵が先か」問題に直面する参入 PF 事業者がとりうる価格戦略として，次の 3 つがある。
- (1) 分割統治戦略：間接ネットワーク効果を生かすようにサイド間で価格差別する。
- (2) 浸透価格戦略：クリティカルマスを達成するまでコスト割れ覚悟で低価格でサービス提供する。
- (3) 価格差別戦略：サイド内で他サイドへの間接ネットワーク効果が大きいユーザー層に的を絞って低価格でサービス提供する。

参入促進のための競争政策

　こうした戦略を利用しつつ，新しいサービスや安い手数料などを提供することで PF 事業への新規参入は起きるが，支配的となった PF 事業者が存在する状況でクリティカルマスを獲得するのは容易ではない。しかし新規参入が難しければ，競争もイノベーションも阻害されてしまう。それだけに，参入を妨害する行為を規制し，また参入を促進するために，競争政策の役割は大きい[4]。

　そうした参入妨害行為の 1 つが前章で説明したプラットフォーム間同等性条項（APPA，キーワード 13.4 参照）である。マッチング型 PF，典型的には商取引サイトにおいて，支配的 PF 事業者が，出店者がそのサイト上で提示する価格（対消費者の小売価格）を他の PF 事業者のサイト上での価格より高くすることがないことを求める行為である。これにより，新規参入者が出店者に低い手数料を提示して，低い小売価格で販売するよう促すことが不可能になる。支配的 PF 事業者は最大数の消費者がアクセスするサイトを持っているから，出店者としては，その要求を拒むことができない。

　このため，APPA は競争制限効果をもたらすとして，日本や欧州で独占禁止法違反の疑いで審査されたことについては，第 13 章 13.5 節で述べたとおりである。

　また，支配的 PF 事業者が，出店者に他の PF 事業者の利用を制限すること

4　以下の事例についてより詳しくは，拙著『イノベーション時代の競争政策』第 3 部参照。

第 14 章　マルチサイド市場とプラットフォーム　**289**

もある。他モールや他サイトへの出店を禁止したり妨害したりする行為である。日本では，オフラインの事件として，その地区で最も人気を集める農産物直売所を運営する農協が，出荷する農家に対し，新規参入し低手数料を提示した民間事業者の農産物直売所への出荷を禁止した事件がある。

またオンラインでは，携帯電話向け SNS 事業として消費者にソーシャルゲームを提供するプラットフォームで，先行した PF 事業者が，ソーシャルゲーム提供者に，参入してきた他 PF 事業者を通じて提供することを妨害した事件，また，ペット仲介のプラットフォームにおいて，有力な仲介サイトを運営する PF 事業者が，ブリーダー（ペットを繁殖し販売する業者）に対し，他の PF 事業者のサイトに掲載することを制限した事件などがある。

これらは，独占禁止法における不公正な取引方法（拘束条件付き取引，競争者に対する取引妨害など）の禁止に違反するとして，公正取引委員会は排除措置命令を出したり，警告して当該行為を止めさせたりしている[5]。

また北海道新聞事件（2000 年 2 月 28 日同意審決）では，北海道において最大シェアを持つ北海道新聞が，函館新聞の参入を妨害するため，函館新聞に広告を出しそうな中小事業者に広告料金の大幅割引，通信社に対し函館新聞への配信拒否の要請，函館新聞のテレビコマーシャルの妨害と，広告主，原稿提供者，購読者という 3 つのサイドすべてに関連して参入妨害行為をおこなっており，私的独占の禁止に違反するとされた。この例は，マルチサイド市場の特性をいわば悪用した典型例といえる。

競争政策の観点からもう 1 つ重要なのが，参入企業の邪魔をしないことである。参入企業のとる戦略として分割統治戦略，浸透価格戦略，価格差別戦略をあげたが，これらは価格差別・差別対価（第 5 章 5.2 節および第 5 章補論参照）や不当廉売（コラム 8.1 参照）と見なされ，独占禁止法違反とされる可能性がある。実際，1975 年と古い話になるが，東海 3 県で新規参入した新聞社（中部読売新聞）が月額購読料 500 円と原価を下回ると見られる価格で販売し，公正取引委員会が不当廉売として緊急停止命令を申し立て，東京高裁がこれを認めた事件がある。この新聞社の戦略は分割統治戦略でも浸透価格戦略でもあったと考えられるから，参入を促進し，長期的に競争を促進するためには容認さ

---

5 それぞれ，大分大山町農業協同組合に対する件（2009 年 12 月 10 日），ディー・エヌ・エーに対する件（2011 年 6 月 9 日），みんなのペットオンラインに対する件（2018 年 5 月 23 日）。

れるべきであったように筆者には思える。

このように，参入による競争の活発化を進めるため，あるいは参入を邪魔しないためには，マルチサイド市場の特性を十分に配慮した政策が求められることが理解できよう。

14.5　データがもたらす市場集中

繰り返し述べてきたように，間接ネットワーク効果が存在するとき，サイドCのユーザー数の増加がサイドSのユーザーの効用増加をもたらし，それがサイドSのユーザー数の増加を生み，また逆方向の間接ネットワーク効果によりサイドCのユーザーの効用増そして参加者増をもたらす等々という螺旋効果が生まれる。この結果，単一あるいは少数のPF事業者への集中が起きやすい。

もう1つの螺旋効果——データ・フィードバック

こうした螺旋効果は，特にオンラインの場合に，違う形でも生じる。データ・フィードバックのもたらす螺旋効果である。

PF事業者はマルチサイドのユーザーと接触しているだけに，それらから多くの情報を収集できる立場にある。オフラインでも，商店の主人や店員は来客の名前や好みを知り，声をかけて商品を勧めたりするが，オンラインではデータ収集および解析の能力がほぼ無限となった。ウェブサイトで検索や閲覧した履歴，購入その他のマッチングをした履歴，「いいね」などの評価履歴，電子メール，GPSによる位置情報，その他多種多様のデータをPF事業者は収集し，解析する。この結果を利用し，おすすめ商品をユーザー個々に合わせて提示したり，広告主に対してターゲット広告を可能にしたりするようになった。

このようにオンラインPF事業者がデータを収集し，人工知能（AI）なども利用してコンピュータ・システムで解析し，さらにはそれを用いてAI自体が学習し，ユーザーへの情報提供や広告表示などの対応を改善する効果を**フィードバック効果**という。この効果自体は社会的にはむしろ望ましいだろう。例えば，女性・大学生・東京在住・一人暮らしという特性を持つ消費者にとって，商取引サイトを眺めたときに同タイプの消費者が通常好む商品がまず提示され

るのは，検索を楽にしてくれることが多い。

　しかしフィードバック効果は，多くの利用 → 多くのデータ収集 → 解析アルゴリズムの改善 → ユーザー・サービスの改善 → 利用の増加 → データ収集のさらなる増加，等々という螺旋効果を生む。この効果と間接ネットワーク効果による螺旋効果とは補完的に働き，少数の支配的 PF 事業者への集中を生んでいる。すなわち，

定理 14.4　**2 つの螺旋効果による市場集中**

オンライン・プラットフォームでは 2 つの螺旋効果により市場集中が起きやすい。

(1)　間接ネットワーク効果による螺旋効果：一方のサイドでの利用増が他サイド・ユーザーにとっての効用・便益を高めて利用増を促し，これが元のサイドのさらなる利用増をもたらすことによる螺旋効果。

(2)　フィードバック効果による螺旋効果：ユーザーからデータ・フィードバックを受け，アルゴリズムを改善し，個々のユーザーにより適したサービスを提供することで，さらなる利用を促し，さらなるデータ・フィードバックを受けることで生まれる螺旋効果。

　旧来のオフラインのプラットフォームでも，品揃えの多い商店，また顔なじみの商店への客の集まりという形での螺旋効果がないわけではない。しかしオフラインでは，地理的にも時間的にもスイッチング・コストが大きく，集まる客に限度がある。これに対しオンラインでは，こうしたスイッチング・コストはゼロに近く，一方で，データの収集・解析能力は桁違いとなったため，これら螺旋効果による市場集中は留まることなく進行しているように見える。

データは誰のものか

　この問題はデータ，特に個人情報に関するデータをいかに扱うべきかという問題とも密接に関連する。市場集中を抑制し，新規参入を促進するには，データの共有あるいは公開が望ましい。また，データは，技術と同様に，それが何らかの価値を生むかぎり多くに利用されることが社会的に望ましい。しかしそのとき，データを収集しようとするインセンティブを損なう可能性がある。技術について述べた特許制度の二面性（定理 9.2）と同じである。

　それとともに，技術とは異なり，データには個人情報が含まれているものが

292　第 III 部　政策編

多く，個人のプライバシー保護の観点から自由な共有は望ましくない。どのような形なら共有してよいのか，データを共有する場あるいは取引する市場をどう設計すべきか，そこに本人の意思をどう反映させるのか，収集する側のインセンティブをどう維持するかなど，多くの問題があり，各国は試行錯誤中である。データの問題は社会的・倫理的な問題であると同時に，産業組織論と競争政策における大きな問題にもなっている。

　このデータの問題もあって，少数の PF 事業者への集中は現在最も関心の高いテーマといってよいが，技術の急速な発展が理解を難しくしている。いわゆる GAFA（グーグル，アップル，フェイスブック，アマゾン）を考えても，四半世紀前に存在したのはアップルのみであった。しかも iPhone はまだなく iTunes もなかった。それだけに，これからも，新しい技術に対応した革新的企業が登場して GAFA に置き換わり，急速に成長する可能性を否定できないだろう。シュンペーターが「不断に古きものを破壊し新しきものを創造して，たえず内部から経済構造を革命化する産業上の突然変異」を**創造的破壊**と呼び，資本主義発展の原動力と論じたのは，インターネットはもとより電子式コンピューターもまだなかった 1942 年のことであった[6]。当時との比較は難しいとしても，技術変化の加速と国際化の進展を考えれば，創造的破壊は今も生きているのではないだろうか。競争政策はもとより，産業政策や規制政策もこのことを常に念頭に置く必要がある。

● ポイント

14.1　マルチサイド市場では，プラットフォームを仲介として複数タイプのユーザーが参加し，それらの間に間接ネットワーク効果が働く。

14.2　プラットフォームにはマッチング型とブラウズ型があり，マッチング型ではマッチング（取引など）が成立したときに課金されるのに対し，ブラウズ型では会費などの形で課金される。このほか，特にブラウズ型において，広告収入が大きな比率を占めることが多い。

14.3　マルチサイド市場における均衡では，間接ネットワーク効果を生み出す側の価格が相対的に低く設定されるなど，サイド間の価格構造が重要になる。

14.4　間接ネットワーク効果のため，新規参入者にとって参入成功のためのクリティカルマス達成が大きな障壁となる。この結果，「鶏が先か卵が先か」問

6　J. A. シュンペーター（シュムペーター）『資本主義・社会主義・民主主義』（東洋経済新報社，新装版，1995，原著は 1942 年刊），引用は 130 ページ。

第 14 章　マルチサイド市場とプラットフォーム　293

題が起きる。

14.5 特にオンラインのプラットフォームにおいて，間接ネットワーク効果に基づく螺旋効果とデータ・フィードバックに基づく螺旋効果が働き，支配的事業者への集中が起きやすい。

◎ 練習問題◎──────────────────────────────

14.1 間接ネットワーク効果の例として正しいのはどれか（複数回答可）。①友だちが使うのと同じ規格の商品を使うといろいろ便利だ。②交通系の IC カードが多くの店で使えるようになったから消費者にとって便利だ。③多くの商品が出品されているオンラインモールは消費者の価格比較に便利だ。

14.2 次にあげるのはいずれもオンライン・プラットフォーム・サービスの例である。それぞれマッチング型（取引型），ブラウズ型（非取引型）のいずれか答えなさい。（ア）天気予報サイト，（イ）民泊サイト，（ウ）オークションサイト。

14.3 オンライン・プラットフォーム（PF）事業者が提供するサービスで，タダで使えたり，使うとポイントがついたりするものがあるのはなぜか（複数回答可）。①消費者にたくさん使ってもらえば広告主がつきやすいから。②PF 事業者は他のサービス提供で利益をあげているから。③サービスの便利さを消費者に知ってほしいから。

14.4 オンライン・プラットフォームの新規事業者は赤字経営なのに株価が高いことが多い。その理由として考えられるのは次のどれか（複数回答可）。①赤字サービスすることで競争事業者が倒産すれば独占利潤をあげられる。②今は赤字サービスでユーザー数を増やすことが重要だが，間接ネットワーク効果により将来は需要増が見込まれる。③今は赤字サービスでもユーザーからのデータが増えればサービスが改善され，需要増が見込まれる。

14.5 オンライン・プラットフォームによるデータの収集が市場集中を高めやすいのはなぜか，説明しなさい。

付録　ゲーム理論

この付録では，ゲーム理論の基本的な概念や用語を説明する。本文，特に第3章で述べたように，寡占市場における企業間の相互作用は寡占企業間のゲームと解釈でき，このため産業組織論における多くのトピックではゲーム理論を応用した考え方が使われている。本書では，ゲーム理論に固有の表現を最小限に留めて産業組織論を解説したが，関心を持つ読者のため，あるいは他の教科書などでゲーム理論的アプローチを中心に解説しているものとの関連を知っていただくために，ここでそのエッセンスを解説しておく。ただし，本書の理解に資することを主目的とするため，ゲーム理論の解説としては選択的であり最小限に留まる。より包括的で詳しい解説は，ゲーム理論の教科書を参考にしてほしい[1]。

プレーヤーの戦略と利得

2人のプレーヤーがゲームをしている状況を考える。第3章の複占モデルに当てはめれば第1企業，第2企業がプレーヤーであり，生産量あるいは価格の決定がゲームにおける戦略である。この結果各社の利潤が決まるが，一般にゲームからの各プレーヤーの成果や収益をゲーム理論では利得あるいはペイオフという。

クールノー・モデルにせよベルトラン・モデルにせよ，本書でのほとんどのモデルでは，戦略変数は生産量や価格など連続変数であった。これに対しゲーム理論では離散型の戦略を用いて説明することが多い。将棋でコマを上げるか下げるか，トランプでカードをめくるかめくらないか，といった選択である。生産量でいうなら，増産するか減産するかの選択だと考えればよい。単純化のため，以下では選択肢は2つに限定され，高い（High，略して H）か低い（Low，L）かの選択として記す。よってプレーヤーが2人（AとBとする）であれば，これらのとる戦略の組み合わせには，A，Bの順に記して (H, H)，(H, L)，(L, H)，(L, L) の4つの可能性があり，それぞれのもとでの利得が決まる。

単純な例として，付録表1を見よう。AとBがそれぞれ H と H の戦略をとったときの利得がAにとり2（マスの中の左の数字），Bにとり2（右の数字）などとして示されている。これを利得表という。なお，戦略の選択肢や利得表など，ゲームの構造と呼ばれるものについて，すべてのプレーヤーは完全情報を持っているもの

---

1 例えば岡田章『ゲーム理論・入門』（新版，有斐閣，2015）。また，寡占理論などを含むミクロ経済学への応用を中心にしたものとして，梶井厚志・松井彰彦『ミクロ経済学——戦略的アプローチ』（日本評論社，2000）。

● 付録表1　支配的戦略があるゲームの利得表

		B	
		H	L
A	H	2, 2	1, 1
	L	1, 1	0, 0

とする。

支配型ゲーム

　付録表1の例では，読者は，Aのとるべき戦略，Bのとるべき戦略に直ちに気が
つくだろう。BがHをとろうがLをとろうが，AにとってHをとった方が利得
が大きいからである（BがHなら1より2が大きい，BがLなら0より1が大きい）。
Bにとっても同様である。よって，AもBもHをとり，それぞれ2の利得を得
る。

　このように，他者がどの戦略をとろうが，常に自分の利得が高くなる戦略がある
とき，この戦略を支配的（ドミナント）と呼び，すべてのプレーヤーにとり支配的
戦略があるゲームを支配型ゲームという。

ナッシュ均衡

　この例のように，互いに他プレーヤーがとっている戦略のもとで自分がとってい
る戦略が自分にとって最善であるとき，どちらのプレーヤーももはや戦略を変更す
るインセンティブを持たないから，均衡となる。これをこの概念を提案した数学者
J. F. ナッシュ（ノーベル経済学賞を受賞）の名前をとり，**ナッシュ均衡**と呼ぶ。

　本文第3章で説明したクールノー均衡もベルトラン均衡もナッシュ均衡である。
相手の生産量あるいは価格に対し，自社利益が最大化される戦略（生産量あるいは
価格）をとっており，もはや変更するインセンティブを持たないからである。

　ただしナッシュ均衡は1つとは限らない。例えば付録表1の右下マスが（0, 0）
でなく（3, 3）であれば，この戦略組み合わせ（L, L）もナッシュ均衡となること
がわかるだろう。このときには（H, H），（L, L）のいずれもがナッシュ均衡であ
る。

　また，ナッシュ均衡が存在するとも限らない。付録表2を見よう。（H, H）は
均衡ではない。BがHをとっている状況では，AはLをとった方が利得を3から
4に増やせるからである。しかしAがLをとっているなら，BもLをとった方が

● 付録表2　ナッシュ均衡が存在しないゲームの利得表

		B	
		H	L
A	H	3, 4	2, 3
	L	4, 1	1, 2

● 付録表3　囚人のジレンマが生じるゲームの利得表

		B	
		H	L
A	H	2, 2	0, 3
	L	3, 0	1, 1

1から2に増やせる。今度は，BがLをとっているなら，AはHをとった方が1から2に増やせる。するとまた，BはHにした方が3から4に増やせる。このようにいつまでも循環するので，このようなゲームを循環型というが，ナッシュ均衡が存在しない。

囚人のジレンマ

　付録表1のゲームでは，ナッシュ均衡が存在し，(2, 2) という A，B 両者にとり最善の結果を生んでいた。今度は付録表3を見よう。少し考えれば A も B も L の戦略をとることが支配的なことがわかるだろう。2より3が大きく，0より1が大きいからである。この結果 (L, L) が均衡となり，(1, 1) という利得が生じる。

　しかし，これは最善ではない。両者が H をとれば，(2, 2) となって，いずれにとっても利得が増えるからである。両プレーヤーで相談して H にすることで合意できれば，すなわち共謀（キーワード 11.2）すれば，両者にとりより高い利得を得られるのに，それぞれ独立に意思決定する結果，最善の結果を得られないのである。

　この状況を**囚人のジレンマ**と呼ぶ。戦略 H を黙秘，L を自白とする。また利得0，1，2，3をそれぞれ懲役10年，5年，0年（すなわち無罪放免），0年プラス報賞金とする。そして A は検察官に「お前が黙秘していても，B が自白してしまえば，懲役10年だぞ。B が自白しても，お前も自白すれば5年で済む」と告げられるとしよう。

付録　ゲーム理論　　**297**

すると，Aは自白（L）を選び，Bもまた同様に自白（L）を選ぶ。この結果，ともに懲役5年（表での（1, 1））となる。お互いに自白しないという共謀が成立し守られるなら，ともに黙秘して無罪放免になったはずであるにもかかわらず，お互いに自白して懲役5年になってしまったというので，これを囚人のジレンマと呼ぶのである。

囚人のジレンマは，他者が資源を乱獲するなら自分も乱獲した方がましだという共有地の悲劇や，本当は共有した方がよい技術群についてそれぞれの特許権者が高いライセンス料を課すため起きてしまう反共有地の悲劇（キーワード9.7）とか，他社が広告キャンペーンするので対抗上自社もせざるをえない（第7章7.4節）などの問題を説明する。また，カルテルについての課徴金減免制度がこれを利用した制度であることは，第11章で表11.1を用いて説明した。

逐次ゲームとコミットメント

これまでは両プレーヤーが同時に戦略を決定する形のゲーム（同時手番ゲームという）を考えてきた。今度は，いずれかのプレーヤー（Aとする）が先に戦略を選び，それを見てBが自分の戦略を選ぶ形のゲームを考えよう。これを逐次決定のゲーム，あるいは単に**逐次ゲーム**と呼ぶ。

ここで重要なのは，Aがいったん戦略を決定するとあとから変更できないことである。これをAがその戦略にコミットしているという。すなわち，**コミットメント**である。Bは，Aがとった戦略を，またAがその戦略にコミットしていることを知っている。第8章8.2節・8.3節で説明したように，コミットメント戦略は，あとからの修正を不可能にするという意味で一見不利に見えるが，実は有利な戦略となる場合がある。

付録表2が循環型で均衡がないことはすでに述べた。しかし，同じゲームが同時手番ではなく逐次決定であり，Aが先決してコミットするものとしよう。これを図示したのが付録図1(a)である。左から進み，まずAが戦略としてHかLかを選択する。例えばHであることをBは確認し，自分の戦略としてHかLを選択する。Hであれば，一番上の線を進み，利得はAが3，Bが4となる。こうした図を**ゲームツリー**と呼び，こうした形式を**展開形**という。

このゲームの分析は，あとで選択するプレーヤーから始める。**後ろからの推論**（バックワード・インダクション）という。図では右からの分析である。AがHを選択したときBはどうするか。Hにすれば自分の利得（カッコ内右側の数字）は4，Lにすれば3である。よってHが有利である。AがLを選択したなら，同様にして，Lが有利である。

298

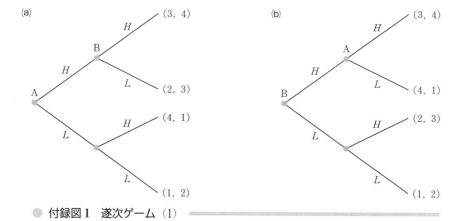

● 付録図1　逐次ゲーム (1)

このBの選択をAは予見できるので，自分がHを選択すればBはHを選択し自分（A）の利得は3，Lを選択すればBはLを選択するので利得は1になると予見できる。よって，明らかにAとしてはHを選択した方が有利である。結果として，A，BともにHを選択し，利得は(3, 4)となる。

逐次ゲームにおける手番の影響

このゲームは，付録表2で見たように同時手番では均衡のないゲームであったが，逐次型であれば均衡が存在する。しかも，Aにとって3という利得は最善ではないにせよ，2番目によい利得であるし，Bにいたっては4という最善の利得を得ている。

試みに今度は逆にBが先決するとしよう。同じ付録図1の(b)である。すると，ふたたび後ろからの推論として今度はAから始め，そのうえでBの選択を分析すれば，BがL，AがHを選択して利得が(2, 3)になることが理解できよう。(a)での利得は(3, 4)であったので，均衡利得は手番，すなわちプレーヤーの決定の順番に依存することがわかる。さらに，(b)ではA，B双方の利得が(a)より低くなる。よって，先決する方が常に有利なわけでもなく，この例では，Bは追随する立場になって(a)が実現するようにした方が有利である。

ただしこれはA，Bの利得が対称的ではない場合である。これに対し第8章8.2節では，両者が対称的な状況，すなわち両者の費用条件が同一という状況で，先決者がコミットメント行動をとることによって，シュタッケルベルグ・モデルでのリーダーになったり，後決めする新規参入企業が利潤をあげられないようにして参入

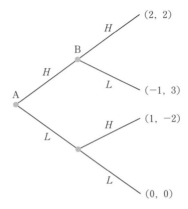

● 付録図2　逐次ゲーム（2）

を阻止できたりすることを示した。

繰り返しゲーム

　今度は付録図2を見よう。上と同じ考え方をすれば，AがHを選択すればBはLを選択してAの利得は-1，AがLを選択すればBもLを選択してAの利得は0。よって後者の方がましなので，AもBもLを選択してしまい利得は$(0, 0)$になることがわかる。ともにHを選択して$(2, 2)$を実現した方がお互いに改善されるのに，それが起きないという囚人のジレンマの状況である[2]。

　次に，ゲームが1回限りではなく，繰り返されるものとしよう。そして仮に，AがHを選択したときにBがHを選択すれば，Aは安心して2回目にもHを選択するとBが予想しているとしよう。すると，AがHを選択したときのBにとっての最適な戦略の選択は複雑になる。もし1回目にBがLを選択すれば，Bの利得は3になる。しかし，このBの行動を知ったAは2回目のゲームではHでなくLを選択するだろう。よってBの利得は0になる。2回分をあわせればBの利得は$3 (= 3 + 0)$である。

　一方，BがHを選択したとしよう。Bの利得は2である。しかし，BがHを選択したことを見て，Aは2回目のゲームでも安心してHを選択するだろう。BがHを選択すれば，2回分のBの利得は$4 (= 2 + 2)$に増える。よって，囚人のジレンマから脱し，AもBもHを選択して，それぞれ2回分で4の利得を得る。

---

[2] この結果は逐次型でなく同時手番でも起きる。付録表3と同様の利得表を作成すれば，ナッシュ均衡ではA，BともにLの戦略をとり，利得が$(0, 0)$になる。

最終期問題

こうなれば平和だが，実はそううまくはいかない可能性がある。ゲームが2回で終わるなら，2回目にはBはLを選択した方が利得が3に増えて有利だからである。Aはこのことを予測できるので，2回目にHでなくLを選択する。すると，このことを予測して，Bも1回目ゲームでHを選択しなくなってしまう。

これを有限回繰り返しゲームにおける**最終期問題**という。最終期があるなら，その回に裏切る（Lを選択する）方が有利である。そのことを予測して相手プレーヤーも裏切る。であれば，その前の期で信頼して（Hを選択して）次期に相手が信頼してくれることを期待するというインセンティブもなくなる。結局，最初からお互いに裏切ることになってしまうのである。

無限回繰り返しゲーム

言い換えれば，ゲームが無限の将来まで繰り返されるのであれば，この問題は発生せず，毎期両プレーヤーとも信頼を続けることが期待できる。

この議論はカルテルに適用可能である。すなわち，カルテルでの合意を遵守するか（戦略H），遵守せずカルテルから逸脱してライバルからマーケットシェアを奪うか（戦略L）の選択を考えるとき，有限回の繰り返しであれば，最終期で逸脱が有利になり，遡って，最初からカルテルが成立しなくなってしまう。これに対し，第11章の数学注で示したように，無限の将来までカルテルが続くと各社が予想しているのであれば，(11補.6) 式が成立するかぎり，各社ともカルテル合意を遵守することになるだろう。これが定理11.1の根拠であった。

現在価値と割引率

こうした繰り返しゲームを正確に理解するために読者が知っておくべき概念がある。定理11.1で述べた将来利得の割引である。今日の1円は1年後の1円と等価ではない。今日の1円を投資や貯蓄すれば，rを利子率として，1年後には$1+r$円になるからである。言い換えれば，今日の$1/(1+r)$円が1年後の1円と等価である。このことを，1年後の1円の**現在価値**は$1/(1+r)$円であるという。またこのことを**割引率**rで割り引くという。

金利は複利計算されるから，2年後の1円の現在価値は$1/(1+r)^2$円である。一般化すれば，n年後のy円の現在価値は$y/(1+r)^n$円である。そうすると，1年後（今期末）から$T+1$年後（T期末）まで毎年y円を受け取る場合の合計の現在価値は次のようになる。

付録　ゲーム理論　**301**

$$\frac{y}{1+r} + \frac{y}{(1+r)^2} + \frac{y}{(1+r)^3} + \cdots + \frac{y}{(1+r)^{T+1}} \qquad \text{(付 1)}$$

等比級数の公式を用いれば，これは，

$$\frac{y}{r}\left[1 - \frac{1}{(1+r)^{T+1}}\right] \qquad \text{(付 2)}$$

に等しい[3]。T が無限大に近づけば，大カッコ内の第 2 項は 0 に近づき，

$$\frac{y}{r} \qquad \text{(付 3)}$$

に等しくなる。つまり，毎年 1 円ずつの利得（$y = 1$）が無限の将来まで続くのであれば，利子率を 10% として，その現在価値は 10（$= 1/0.1$）円に等しい。

そこで付録図 2 のゲームに戻れば，このゲームが無限回繰り返されるとして，B が信頼し続ければ（戦略 H をとり続ければ），利得の現在価値は，利子率が 10% であるなら，20（$= 2/0.1$）であり，これに対し，B が信頼しないなら（戦略 L をとれば），第 1 回は 3 の利得を得るが，2 回目以降はともに L の戦略をとり利得ゼロになってしまうので，全期間をあわせても 3 の利得に留まる。よって，20 > 3 より，B は戦略 H（他者を信頼する，カルテルを遵守する，など）をとり続けることが有利になる。A にとっても同様に H をとり続けることが有利であり，両者は戦略ペア（H, H）を維持することになる。すなわち，カルテルでいえば，誰も逸脱しないことになる。

成長率の影響

なお上記では毎期利得 y は一定であるとしたが，経済成長などに伴って y が一定率 g で成長する場合も検討しよう。つまり，（付 1）式を修正し，利得の現在価値が次式で表される場合である。

$$\frac{y}{1+r} + \frac{y(1+g)}{(1+r)^2} + \frac{y(1+g)^2}{(1+r)^3} + \cdots + \frac{y(1+g)^T}{(1+r)^{T+1}} \qquad \text{(付 4)}$$

これに等比級数の公式を当てはめれば（付 2）式は次式のように修正される。

$$\frac{y}{r-g}\left[1 - \left(\frac{1+g}{1+r}\right)^{T+1}\right] \qquad \text{(付 5)}$$

よって，$g < r$ であるなら，T が無限大に近づけば大カッコ内第 2 項は 0 に近づ

3　等比級数の公式は一見難しいと思うかもしれないが，簡単に導出可能である。（付 1）式の値を Z と置き，それから，Z を $(1+r)$ で除したものを引けば右辺の最初と最後の項以外は消去され，整理すれば（付 2）式を得る。

き，（付 3）式の代わりに次式を得る。

$$\frac{y}{r-g} \tag{付 6}$$

　すなわち，利得が毎期 g の率で成長することは，割引率を g だけ下げるのと同じ効果である。割引率が低いのも成長率が高いのも，今日の利得に比して将来利得をより重要にする点で同じだからである。よって，その場合には戦略 H の有利性が高まる。

◎ 練習問題解答

第 1 章

1.1　$(60/1000)/(5/100) = 1.2$。

1.2　①。新幹線で数時間以内の都市間の移動では航空と新幹線が代替的（航空運賃が上がれば新幹線利用が増える）であることは，いくつかの実証分析によって確認されている。②や③はむしろ補完的であろう。

1.3　②③。図 1.2 を見れば，p^* が下がったときの消費者余剰（右上がり斜線部分）の増加は，Q^* までの消費者について価格低下による消費者余剰増（設問の②），Q^* が右に増加することによる新たな消費者の余剰増（設問の③）の両効果によることがわかる。後出の第 6 章 6.5 節では，これらを消費者余剰へのそれぞれ価格効果と数量効果と呼ぶ。

1.4　②。キーワード 1.5 参照。

1.5　会計上の利益と経済学でいう利潤とは異なり，後者は正常利潤を費用と見なすため，会計上の利益より小さくなる。このため，設問におけるトヨタ自動車の当期純利益が大きくても，利潤がプラスかどうかは正常利潤の大きさによる。

第 2 章

2.1　いずれも % 表示で，3 社集中度 ＝ 87%，10 社集中度 ＝ 100%。$HHI = 39^2 + 32^2 + 16^2 + 12^2 + 1^2 = 2946$。なお，数学注により，各社規模が同一であれば $\sigma^2 = 0$ のため HHI は企業数の逆数に等しい。よって，HHI で見るかぎり，ビール産業の集中度は，3.4 社（$\approx 10000/2946$）が同一規模である市場と同程度であるということができる。

2.2　①②。第三のビールでは，1 位企業のシェアが低下し，3 位企業のシェアが上昇する。このため 3 社や 10 社のシェア合計は変わらないが，企業間のシェア分散が小さくなるため HHI は減少する。

2.3　完全競争均衡では $p = MC$ でなければならないので $p^c = 40$ 円。これを逆需要関数 $p = 100 - Q$ に代入して，$Q^c = 60$。$p^c = AC$ でもあるので利潤はゼロ。独占均衡では以下のとおり。収入は $p \times Q = (100 - Q) \times Q = 100Q - Q^2$，限界収入はこれを Q で微分して $100 - 2Q$。これを限界費用 40 円に等しいと置けば，$Q^m = 30$（または定理 2.8 を用い，$S = 60$ より $Q^m = 60 \div 2 = 30$ として解いてもよい）。$p^m = 100 - 30 = 70$ 円。利潤は $(p^m - AC)Q^m = (70 - 40) \times 30 = 900$ 円。

2.4　③。図 2.3 または図 2.4 を見れば，消費者全体としては両方の損害を被っていることがわかる。①消費量が Q^m までの消費について，独占下でも購入できているが，より高い価格（$p^m > p^c$）を払うことを余儀なくされている。② Q^m から Q^c までの消費について，完全競争下では購入していた消費者が，独占では価格が高すぎて購入できなくなっている。

304

2.5 売上高営業利益率を PCM と同一視するのは 2 つの点で危険である。第 1 は，限界費用と平均費用の違いである。PCM は価格から限界費用を差し引いたものを分子にとっているのに対し，売上高営業利益率は価格から平均費用を差し引いたものを分子にとっている。第 2 は，利潤と利益の違いである。特に営業利益は，利子支払いなど資本費用を控除する前の利益であり，よって資本費用が大きければ，利潤は営業利益を大きく下回ると予想できる。化学産業はプロセス産業で，大きな製造設備を必要とするから資本費用が特に大きく，営業利益率が高くても利潤率は高くない可能性が大きい。

第 3 章

3.1 $S = (100 - 40)/1 = 60$ であるから，クールノー均衡（対称均衡）では，(3.10) 式，(3.11) 式により，$Q^2 = 2 \times 60/(2+1) = 40$，$p^2 = 40 + (100 - 40)/(2+1) = 40 + 20 = 60$ 円，ベルトラン均衡では定理 3.4 により $p^b = 40$ 円，$Q^b = S = 60$。

3.2 ②③。定理 3.4 参照。

3.3 ①。定理 3.5 およびその前後参照。

3.4 ③。定理 3.6 に続く説明を参照。①②は戦略的補完関係。

3.5 図 3.6 において，右上がりで描かれたフォロワーの供給曲線は，そのシェアあるいは供給量が少なければ左へシフトする。この結果，リーダーへの需要曲線（残余需要曲線）はより右上へシフトするから，残余需要曲線のもとでリーダーが利潤最大化すれば，価格はより高く決定される。フォロワーの供給がゼロに近づけば，残余需要曲線は市場需要曲線に近づき，最後は独占均衡に一致する。

第 4 章

4.1 ②。キーワード 4.1 および定理 4.4 参照。

4.2 ①。キーワード 4.3 参照。③は図 4.3 では成立しているが，①のようにパレート最適の生産量とラムゼイ最適の生産量が一致する場合もあるので，前者が必ず上回るわけではない。

4.3 ②。定理 4.3 参照。サンクコストの負担が必要なら参入障壁があるので③は誤り。

4.4 入学金は返還されないのでサンクコストであるのに対し，授業料は返還されるのでサンクコストではない。このため，ある大学から合格通知を受け取った受験生が入学金を支払ってしまうと，その後に希望順位が上位の他の大学から合格通知を受け取っても，その大学への入学を諦める可能性がある。

4.5 不可欠設備として，航空事業については空港を公営または独立した空港運営会社が運営し，高速バスについては高速道路を高速道路会社が運営して，いずれも希望者は平等に利用できる。これに対し鉄道では，線路や駅を鉄道サービス運行会社（東海道新幹線では JR 東海）が保有・運営し，他社に利用させていない。鉄道についても上下分離し，新規参入者が線路保有会社に使用料を払って運行できるようにするという形での規制緩和が可能で，英国をはじめ欧米では実施している国がある。

練習問題解答　305

第 5 章

5.1　③。JR 北海道で安い切符を買って JR 東日本に乗車する利用客に転売することはできない。これに対し，文房具については九州で買って東京で転売することが可能であるから，地域間で送料以上の価格差が発生することはない。

5.2　これは第三種価格差別である。ブランド品を購入する消費者は比較的に需要の価格弾力性が低い消費者と予想できるからである。

5.3　②③。会員になるのは，割引による節約額が年会費を上回ると予想する顧客，すなわち当該チェーンでの購入頻度および購入金額が大きい顧客である。会員制度をとる主な理由はこれら顧客を囲い込むことにある。また，忠実な顧客が自己選抜され，彼らの購入行動に関する情報が得られるのも大きな理由である。データ収集に関連する問題については第 14 章で解説する。

5.4　②③。定理 5.3 参照。①については買い手にとり望ましい場合もあるが，③により，常に望ましいわけではない。

5.5　②。公正競争阻害性については章末の補論を見よ。

第 6 章

6.1　（ア）垂直的差別化（料金が同じなら，誰しもビジネスクラスに乗りたい），（イ）水平的差別化（V 首が好きな人も丸首が好きな人もいる），（ウ）水平的差別化（人によりデスクトップかノートブックかの選択は分かれるだろう）。

6.2　③。定理 6.1 参照。チェンバリン・モデルでは，消費者の好みの問題も開発費用も考慮されていない。

6.3　①。有権者の政治的嗜好は左派から右派までホテリングの線分モデルのように並んでいると考えることができる。

6.4　②。メモリ容量は大きい方を誰しも好むから，垂直的差別化の例である。パソコンの大きさは，大型が好きな消費者から小型が好きな消費者までいるだろうから，線分モデルが当てはまる。

6.5　②。表 6.1 参照。

第 7 章

7.1　①③。②は水平的差別化の例であり，高コストの塗料を利用するなど特殊な色でないかぎり，どの色だから価格が高いというものではない。なお，表 7.1 同様に，日本銀行は自動車についてもヘドニック関数を推定しているので参照するとよい（https://www.boj.or.jp/statistics/outline/exp/pi/cgpi_2015/hed2015f.pdf）。

7.2　①。定理 7.1 参照。

7.3　①②③すべて正しい。定理 7.2 参照。

7.4　②。図 7.2 およびその説明参照。

7.5　③。7.5 節参照。

第 8 章

8.1 ①②。定理 8.1 参照。市場がコンテスタブルであれば参入障壁はない。

8.2 ①。キーワード 8.3 参照。

8.3 ②。キーワード 8.3 にあるように不可逆的となる投資，すなわちサンクコストとなる投資をすることがコミットメントには必要であり，レンタルではコミットメントにならない。

8.4 ②。キーワード 8.4 参照。なお③は，安値販売をする小売店を排除する目的などで実施されれば，不公正な取引方法として独占禁止法違反とされる可能性がある。ただし，ライバル消費財メーカーを排除するわけではないので市場閉鎖ではない。

8.5 ①③。第 8 章 8.5 節の医薬品産業における逆支払いの項を参照。

第 9 章

9.1 ①。キーワード 9.1 参照。

9.2 ①②③。①②については定理 9.2 および定理 9.3 参照。③は反共有地の悲劇（キーワード 9.7）。

9.3 （ア）②（これを規格と呼ぶかどうかは微妙だが），（イ）①（JIS 規格），（ウ）③。

9.4 ②。9.5 節参照。

9.5 ①②。キーワード 9.9 参照。

第 10 章

10.1 ③。10.1 節，特にキーワード 10.1 に続くパラグラフ参照。

10.2 ②。10.3 節参照。

10.3 ①②。10.2 節の「市場構造の国際比較」の項を参照。なお多国籍企業がどれだけ参入しているかは産業により，また国により異なる。

10.4 各自で調査・考察してほしい。

第 11 章

11.1 ①③。カルテルは独占と同じ効果を持つので定理 2.9 参照。

11.2 ②③。定理 11.1 参照。

11.3 ③。キーワード 11.4 参照。①や②も協調による可能性がないわけではないが，限界費用曲線の上方シフトや需要曲線の右方シフトによる市場均衡の変化が主原因であり，協調がなくても起きると予想される。

11.4 ②。11.5 節参照。囚人のジレンマの意味については本書末尾の付録参照。

11.5 各自で調査・考察してほしい。

第 12 章

12.1 ②。シェアの大きい企業同士の合併は HHI を高めるから，（12.1）式により価格上

練習問題解答　307

昇をもたらしやすい。またマーケットリーダーを作り，協調を促進するおそれが大きい。①では輸入からの競争圧力が期待できる。③は混合型合併であり，個々の市場の構造を変えない。

12.2 ③。表 12.1 参照。

12.3 ③。定理 12.3 およびその前後の説明を参照。

12.4 ②③。定理 12.3 および（12.7）式にあるように，マーケットシェアは不要である。

12.5 各自で調査・考察してほしい。

第 13 章

13.1 卸売モデル——②，代理店モデル——①。キーワード 12.1 参照。

13.2 いずれでも小売価格は p^m に等しくなるから，二重の限界化は起きない。卸売価格は（ア）では p^m，（イ）では c。

13.3 ①②③。①ではネットの商品情報提供サービスに，②では大型店の品揃えサービスに，③では複数店の陳列サービスに，それぞれただ乗りしている。

13.4 書籍などの再販については，ブランド内競争がなくなり，どの書店に行っても安くならないという観点から否定的な論者と，再販があるからこそ書店が維持されているとして肯定的な論者とがいる。読者自身はこのバランスをどう考えるか，自分なりに考えてほしい。

13.5 ②③。②については第 5 章 5.4 節（ただし PF 事業者との値引き交渉は現実には一般的でないかもしれない），③については本章 13.5 節参照。

第 14 章

14.1 ②③。①は同一サイドの話なので（間接ではない）ネットワーク効果。

14.2 （ア）ブラウズ型，（イ）（ウ）マッチング型。

14.3 ①③。①は分割統治戦略，③は浸透価格戦略にあたる。なお②も他のサービスとの補完性があり，このサービスを使ってもらうことで他のサービスへの需要が増えるような場合には，正しい。

14.4 ②③。①は略奪的価格戦略（キーワード 8.2）であり，プラットフォームに限った問題ではない。また略奪的価格戦略はすでに市場で確立された企業がおこなうのが通常であり，設問のように新規事業者がとる戦略としては考えにくいから，それを見込んで投資家が高い株価で投資するとは考えられない。

14.5 14.5 節のフィードバック効果による螺旋効果の説明を参照。

◎ 索 引

* 太字はキーワードまたは定理において定義されている個所を示す。人名は本文中に引用されたものに限る。n は脚注，c はコラムを指す。

○ アルファベット

AC → 平均費用
APPA → プラットフォーム間同等性条項
AR → 平均収入
FC → 固定費用
FRAND 条件（公正，合理的かつ非差別的な条件）　**192**
GUPPI（グッピ）　201c, **244**
HHI → ハーフィンダール指数
k 社集中度　28
M&A（合併・買収）　232
MC → 限界費用
MES → 最小最適（効率）規模
MFN → 最恵待遇
MHHI → 修正ハーフィンダール指数
MR → 限界収入
PCM → プライス・コスト・マージン
PF → プラットフォーム
PMG → 価格対抗保証
RP → リバース・ペイメント
RRC 戦略 → ライバルの費用を高める戦略
SCP パラダイム（構造・行動・成果パラダイム）　**30**, 52
SEP → 標準必須特許
SSNIP → スニップ
SSO → 標準化団体
UPP → 価格上昇圧力
U 字型平均費用曲線　**17**, 33, 65, 111
VC → 可変費用

○ あ 行

アウトサイダー問題　**190**

アギオン，P.　179
アバーチ゠ジョンソン効果　76
アームストロング・モデル　282
安全港基準　242
アンチコモンズの悲劇（反共有地の悲劇）　**187**
暗黙の協調　**220**, 240
域外適用　167n
意思の連絡　**220**
一物一価の法則　**37**, 85
逸 脱　**212**
イノベーション　30, 171
ウィリアムソン，O. E.　236
ウィリグ，R. D.　67
後ろからの推論　298
上澄み価格戦略　137
エージェンシー・モデル　**256**
エッセンシャル・ファシリティ（不可欠設備）　**78**
円環モデル　120
卸売モデル（ホールセール・モデル）　**256**

○ か 行

会 社　20
価格規制　76
価格決定モデル　44
価格差別　85, 92, 288, **289**
価格上昇圧力（UPP）　244, 247-9
価格対抗（保証）（PMG）　**97**
下級財　9
学 習　236
　──効果　140
囲い込み　**161**

過剰差別化　112, 122
過剰参入定理　122, **126**
寡　占　27, 43
　——利潤　164
仮想的独占テスト　197, **198**, 241, 244
課徴金　167, 224
　——減免制度（リニエンシー制度）
　　226, 298
合　併　231, 245
過当競争論　126c
カニバリゼーション効果（共食い効果）
　175
株式会社　20
株式取得　245
株式持合　**246**, 249
可変費用（VC）　**15**
空の脅し　159
下　流　161, 255
カルテル　210
　——摘発確率　225
　——不当利得　224-5
カルドア, N.　146
間接ネットワーク効果　**278**, 283-5, 292
完全価格差別（第一種価格差別）　**86**
完全競争　27, **31**
　——均衡　**33**, 51
機会費用　21, 73
企　業　19
企業結合　232
　——規制　**5**
規制撤廃　78
規模の経済　17, 69, 91, 98, 236
逆支払い（リバース・ペイメント）　**164**,
　186n
逆需要関数　9
キャプチャー理論（囚われ理論）　77
供給曲線　**33**, 59
競争政策　2, 4
競争法　4

協　調　168, **220**, 240
共通株主　**246**, 249
共　謀　**218**, 240
均　衡　**34**
グッドウィル　147
グッピ　→ GUPPI
繰り返しゲーム　300, 301
クリティカルマス　287
クールノー, A. A.　44
　——均衡　46, 48, 55, 156
　——・モデル　44, **45**, 125, 233
クレップス＝シャインクマン・モデル
　54, 156
　——定理　**55**
経験財　**131**
景品表示法　146
ゲームツリー　298
ゲーム理論　44, 295
限界効用　11
　——逓減の法則　11
限界収入（MR）　**18**, 37
限界費用（MC）　**15**
原価主義　72, 76
現在価値　183, 214, 301
公益事業　76
広　告　141
公正競争阻害性　92, 106
公正収益率基準　76
公正取引委員会　5
厚生トレードオフ　236, 239
交通費節約効果　123
工程革新　175
効用最大化　9
効率性（合併による）　235, 239, 253
合理の原則　166, 269
コーエン, W. M.　172, 178
顧客奪取効果　123-6, 175n, 234
顧客閉鎖　**161**
告　発　224

個人事業者　19

固定費用（FC）　**15**, 74

コミットメント戦略　155, **158**, 159, 160, 298

コングロマリット型合併　232

混合合併　232

コンテスタブル市場　**65**, 164

○ さ 行

最恵待遇（MFN）　95, **97**, 272

最終期問題　301

最小最適（効率）規模（MES）　17, 111, 201

最小差別化定理　115

最大差別化定理　119

裁定取引　87

再販売価格維持行為（再販）　**263**, 264, 268-9

差別対価　92, 290

鞘取り　87

産　業　27

産業組織論　1

サンクコスト（埋没費用）　**74**, 153, 155

参　入　62

　——がブロックされる　63

　——障壁　29, 43, **72**, 74, 111, 147, 152, 203, 287

　——阻止　157

　——阻止価格　64, 151, 173

　——遅延のための支払い（ペイ・フォー・ディレイ）　165

事業者　19

　——団体　217, 221

自己選抜（セルフ・セレクション）　89, 93

市　場　26, 196

　——画定　27, 197-9, 241, 244

　——間価格差別（第三種価格差別）　**90**, 286

　——構造　27

　——行動　29

　——集中度　28, 202, 204-8

　——成果　30

　——占有率　27

　——分割カルテル　167

　——閉鎖　**161**, 200c, 232

自然独占　17, **69**, 91, 162

次善の見えざる手の定理　**71**

持続可能な均衡　65, **67**, 112

しっぺ返し戦略　213

私的独占　**5**, **151**, 223c

シナジー効果　236

支配的戦略　296

社会的

　——厚生の損失　**39**, 51, 60, 70, 221

　——最善　71

　——次善　71

　——余剰　**23**, 30

　——余剰基準　24

シャピロ，C.　137

囚人のジレンマ　145, 226, 297

修正ハーフィンダール指数（MHHI）　250

集積型技術　186

収　入　**18**

　——均衡　59

　——モデル　44, 58, 157, 239

シュタッケルベルグ，H. F. von　44

　——・モデル　**58**, 157, 239

シュマーレンゼー，R.　136

需　要　8

　——関数　9

　——曲線　8

　——の価格弾力性　**10**, 37, 45, 216, 285

　——の交叉弾力性　**13**, 108, 197-9, 245

シュンペーター，J. A.　171, 178, 293

　——仮説　**177**, 180

上下分離　**79**

上限価格規制　77

少数株主　**246**, 249

消費者余剰　**13**, 86

　──基準　24

情報提供的広告　143

上　流　161, 255

所得効果　9

シングルホーミング　284

新産業組織論　30

浸透価格戦略　**136**, 153, 288, **289**

信頼できる脅し　159

推測的変動　45

垂　直

　──型企業結合　162, 163c

　──合併　232

　──的差別化　**109**

　──的取引制限　255

　──統合　161

水　平

　──合併　232, 234

　──的差別化　**109**

数量決定モデル　44

数量割引　98

スニップ　197

　──・テスト　**198**, 241

スミス, A.　i, 1

生産者余剰　**22**

生産能力　54

正常利潤　21

製　品　108n

　──革新　175

　──差別化　29, 43, 55, 108, 202

　──バラエティ　109

　──バラエティ効果　123

　──ポジショニング　110

説得的広告　144

セット割引　100

セーフハーバー基準　242

セルフ・セレクション（自己選択）　89

ゼロ利潤の定理　**36**

線　形

　──需要曲線　**10**

　──費用関数　**16**

　──モデル　**32**, 38, 48

先行者の優位性　139, **141**, 157, 159

占有率リベート　99

戦略的代替関係　56

戦略的補完関係　56

創造的破壊　293

双方向市場（ツーサイド市場）　277

粗利潤消失効果（レント消失効果）　**175**,
　176

損失回収条件　152

○　た　行

第一種価格差別（完全価格差別）　**86**

第二種価格差別（不完全価格差別）　88,
　95

第三種価格差別（市場間価格差別）　89,
　90

対称均衡　50

代替効果　9

代替財　13, 55

代理店モデル　**256**, 266, 271

抱き合わせ販売　102

ただ乗り問題（フリーライダー問題）
　127c, **267**, 268, 274

多方向市場（マルチサイド市場）　277

多面市場（マルチサイド市場）　277

談　合　168, 210

探索財　**131**

チェンバリン, E. H.　110, 122

置換効果　172, **174**, 176

逐次ゲーム　298

知的財産権　139, 181

忠誠リベート（ロイヤルティ・リベート）
　99

超過利潤　21

ツーサイド市場（2面市場，双方向市場）　277

ディキシット・モデル　155

デジュール規格　**185**

データ・フィードバック　291-2

デッドウェイト・ロス　**39**

デファクト規格　**185**

展開形　298

転換率　**243**

電撃的参入　75

伝統的産業組織論　30

当然違法　166, 264

投入物閉鎖　**161**

独　占　27, **36**

　——均衡　38, 51

　——禁止法　**5**

　——的競争　**111**, 112

　——度指標　41, 180

　——利潤　164

独立型技術　186n

特　許　73, 140, 165, 179, 181, 183

　——制度の二面性　**181**, 292

　——の積み重ね問題　187

トーナメント型競争　183

共食い効果（カニバリゼーション効果）　175

囚われ理論（キャプチャー理論）　77

トリガー戦略　212

取引型プラットフォーム　281

○ な 行

ナッシュ均衡　296

二重の限界化　**261**, 264-5

二部料金制　92, 263

2面市場（ツーサイド市場）　277

鶏が先か卵が先か問題　287, 289

ネットワーク効果　**140**, 278

ネルソン，P.　144

のれん　147

○ は 行

買　収　232

排除措置命令　224

ハーシー，M.　148

派生需要　8

パテント・トロール　191n

パテントプール　**188**

ハブ・アンド・スポーク型カルテル　**222**, 264

ハーフィンダール指数（HHI）　**28**, 42, 47, 51, 204-6, 233, 242

パレート最適　1, 35

範囲の経済　91, 101

反共有地の悲劇（アンチコモンズの悲劇）　**187**, 298

パンザー，J. C.　67

反応関数　**49**, 56

反応曲線　49, 56

非完全価格差別　88

非専有性　181

費　用　**15**

　——関数　14

　——曲線　14

標準化団体（SSO）　185, 187, 192

標準規格　**185**

標準必須特許（SEP）　**186**

品　質　109, 130

フォロワー　44, 58

不可欠設備（エッセンシャル・ファシリティ）　**78**, 161

不完全価格差別（第二種価格差別）　89

複　占　**49**

不公正な取引方法　**5**, 154, 264, 290

物価指数　133

不当な取引制限　**5, 218**

不当廉売　101, 106, 138, 153, 154c, 290

プライス・キャップ規制　77

索　引　313

プライス・コスト・マージン（PCM）
40, 46, 47, 179, 216, 233, 244
プライステーカー　31, 59
プライスメーカー　36
プライスリーダーシップ・モデル　44,
59, 221, 239
ブラウズ型　280, **281**
プラットフォーム（PF）　256, 270, 271,
276, 277
　　——間同等性条項（APPA）　98, **271**
フランチャイズ契約　93, 263
ブランド　73, 108, 147
　　——間競争　**258**
　　——内競争　**258**, 264, 273
フリーライダー問題（ただ乗り問題）
267, 269
プロセス・イノベーション　175
プロダクト・イノベーション　175
分割統治戦略　288, **289**
平均収入（AR）　**18**
平均費用（AC）　**15**
ペイ・フォー・ディレイ　165
ヘドニック関数　**132**
ベルトラン，D.　44
　　——均衡　52, **53**, 117
　　——の逆説　53
　　——・モデル　44, **52**, 75
報　復　212
補完財　13
ポーター，M.　3n, 119, 150
ホテリング・モデル　112
　　——均衡　**115**
ボーモル，W. J.　67
ホールセール・モデル（卸売モデル）　**256**

○　ま　行

埋没費用（サンクコスト）　73
マーケットシェア　27, 45
マージン・スクイーズ行動　162
マッチング型　279, **281**
マルチサイド市場（多面市場，多方向市場）
277, **279**
マルチホーミング　284
見えざる手の定理　1, 27, 35, 67, 71
目玉商品　153
モジリアニ＝ミラー定理　20n, 247n

○　ら・わ　行

ライバルの費用を高める戦略（RRC 戦略）
161
螺旋効果　**292**
ラーナーの公式　**40**
ラムゼイ最適　**71**
ラムゼイ定理　92
リクープメント条件　152
リザーブ価格（留保価格）　12
利　潤　18, 21
　　——最大化　**18**, 20
リーダー　44, 58
リードタイム　140
リニエンシー制度（課徴金減免制度）　**226**
リバース・ペイメント（RP，逆支払い）
164
略奪的価格戦略　**152**
留保価格（リザーブ価格）　12, 85
累積型技術　186n
レント消失効果（粗利潤消失効果）　**175**
ロイヤリティ・スタッキング　**187**
ロシェ＝ティロール・モデル　282, 286
割引率　214, 301

◎ 著者紹介

小田切 宏之（おだぎり　ひろゆき）

1969 年，京都大学経済学部卒業。1973 年，大阪大学大学院修士課程経済学研究科修了（経済学修士）。1977 年，米国ノースウェスタン大学大学院博士課程経済学専攻修了（Ph.D. in Economics）。

米国オバリン大学経済学部助教授，筑波大学社会工学系教授，一橋大学大学院経済学研究科教授，成城大学社会イノベーション学部教授，公正取引委員会競争政策研究センター所長，公正取引委員会委員などを経て，現職。

現在，一橋大学名誉教授，公正取引委員会顧問（専攻：企業経済学，産業組織論，技術革新の経済学）

主要著作に，『日本の企業進化』（共著，東洋経済新報社，1998 年），『新しい産業組織論』（有斐閣，2001 年），『バイオテクノロジーの経済学』（東洋経済新報社，2006 年），『企業経済学』（第 2 版，東洋経済新報社，2010 年），『イノベーション時代の競争政策』（有斐閣，2016 年），『競争政策論』（第 2 版，日本評論社，2017 年）などがある。

産業組織論──理論・戦略・政策を学ぶ
Industrial Organization:
Basic Theory, Business Strategy, and Competition Policy

2019 年 11 月 15 日　初版第 1 刷発行
2022 年 11 月 30 日　初版第 3 刷発行

著　者　小 田 切　宏 之
発行者　江 草　貞 治
発行所　株式会社　有 斐 閣

郵便番号 101-0051
東京都千代田区神田神保町 2-17
http://www.yuhikaku.co.jp/

印刷・大日本法令印刷株式会社／製本・大口製本印刷株式会社
©2019, Hiroyuki Odagiri. Printed in Japan
落丁・乱丁本はお取替えいたします。
★定価はカバーに表示してあります。
ISBN 978-4-641-16553-3

[JCOPY] 本書の無断複写（コピー）は，著作権法上での例外を除き，禁じられています。複写される場合は，そのつど事前に（一社）出版者著作権管理機構（電話03-5244-5088，FAX03-5244-5089，e-mail:info@jcopy.or.jp）の許諾を得てください。